本书出版幸承宁夏大学优秀学术著作出版基金资助

本书为国家社科基金一般项目"西部农村地区教师政策问题研究"（10BSH009）的研究成果

本书为 2016 年宁夏大学西部一流大学重大创新项目"民族地区教育精准扶贫理论与实践问题研究"（SKZD2017005）的阶段性研究成果

A Study of the Development and Improvement of
Western Rural Teachers Policies

西部农村教师政策的
发展与改进研究

王安全　著

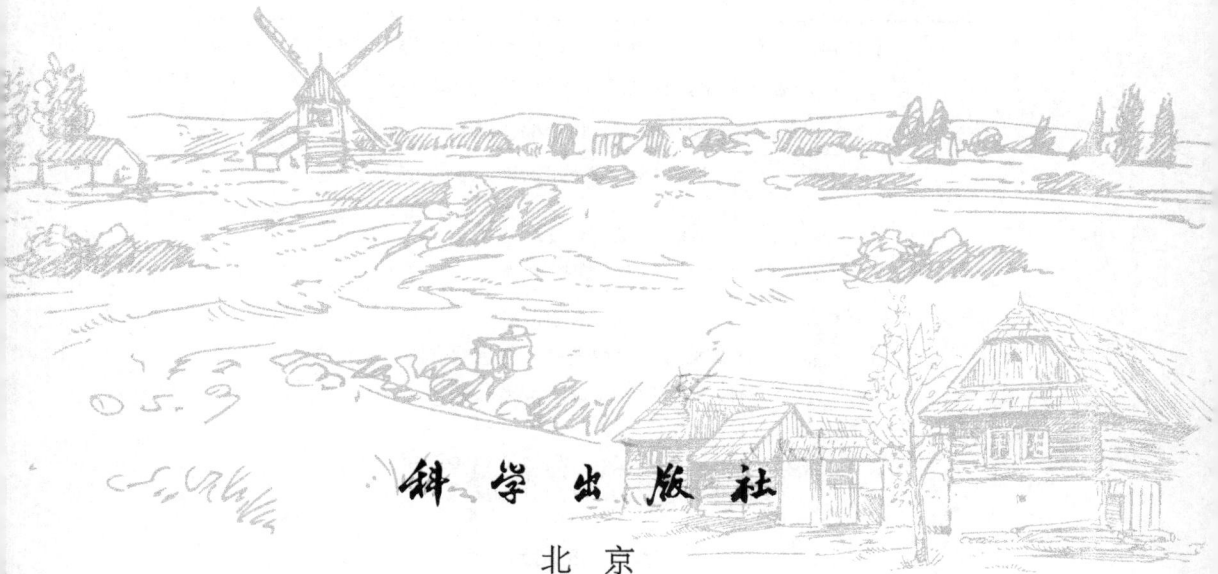

科学出版社

北京

内 容 简 介

影响中小学教师队伍发展的关键因素是中小学教师政策，影响西部农村中小学教师队伍发展的关键是国家及西部地区的各项农村教师政策。教师政策决定着教师队伍发展的目标、方向，方法、措施和手段，影响着教师队伍发展的质量和水平。

本书通过文献研究法、行动访谈法和典型案例研究等方法，深入剖析了五十多年来西部农村非正式教师政策、教师培训政策和知识分子政策的演变情况和演变中的问题与不足，全面分析了新时期西部地区的农村教师政策现状、特点及存在的问题，通过大量的政策案例研究和价值分析，指出了西部农村教师政策问题形成的原因，进而提出西部农村地区教师政策发展与改进的基本思路和设想。

本书适合政府部门、教育行政部门领导，教育政策研究者，教育学专业的本科生、研究生，以及其他教育工作者使用。

图书在版编目（CIP）数据

西部农村教师政策的发展与改进研究 / 王安全著 . —北京：科学出版社，2018.6

ISBN 978-7-03-055923-4

Ⅰ.①西… Ⅱ.①王… Ⅲ.①农村-师资培养-教育政策-研究-西北地区② 农村-师资培养-教育政策-研究-西南地区 Ⅳ.①G525.1

中国版本图书馆CIP数据核字（2017）第308962号

责任编辑：付 艳 苏利德 王志兰 / 责任校对：何艳萍
责任印制：张欣秀 / 整体设计：铭轩堂
编辑部电话：010-64033934
E-mail: edu_psy@mail.sciencep.com

科学出版社 出版
北京东黄城根北街16号
邮政编码：100717
http://www.sciencep.com
北京虎彩文化传播有限公司印刷
科学出版社发行 各地新华书店经销

*

2018年6月第 一 版 开本：720×1000 B5
2018年6月第一次印刷 印张：17 1/2
字数：300 000
定价：98.00元
（如有印装质量问题，我社负责调换）

序 一

西部是中国的特殊地域，党和国家对西部发展有很多特殊政策，西部农村教师政策是这种特殊性的一个重要方面。但其特殊性特殊在哪里，包括哪些具体方面、内容，它的发展变化过程怎样，它发挥的作用怎样，存在什么问题，如何改进，都需要认真研究。但关于这些方面的专门研究并不多见，王安全教授的《西部农村教师政策的发展与改进研究》对这些问题做了全面系统和深入的研究。

该书由七章组成：导论，西部农村教师政策本质，西部农村教师政策价值，西部农村教师政策沿革，西部农村教师政策现状，西部农村教师政策问题，西部农村教师政策走向与改进。这七章结构安排合理，内容比较丰富，既有理论的阐述、政策演变过程的梳理、存在问题的提出，也有大量的数据统计分析、中肯的政策建议。

总之，该书是一部内容丰富和理论结合实际的专著，是一部能了解和研究西部农村教师政策且有重要意义的专著，是很值得一读的专著。

郝文武

2016 年 12 月于陕西师范大学

序　二

　　教师是影响学生健康成长的关键人物，是提高教育质量的能动因素，是促进教育公平的重要保证，是一切重大教育变革的核心力量。在"知识改变命运"和"教育蕴藏财富"的时代背景下，如果没有优秀农村教师的存在，农村教育的质量就难以得到有效保障，农村学生的成长和发展就会处于不利地位。因此，大力支持农村教师发展，积极加强农村教师队伍建设有重要意义。

　　发展农村教师队伍的关键是教师政策。王安全教授的新著《西部农村教师政策的发展与改进研究》，从西部区位经济社会文化发展状况、西部农村教育资源状况及西部农村教师政策制度状况出发，全面探讨了西部农村教师政策的功能价值及现实意义，历史性地分析了20世纪80年代前后农村教师政策的沿革情况，并从国家和地方两个维度探讨了针对西部农村的支教教师、大学生到农村地区就业、清退代课教师等政策提出的背景、内容、特点、价值，对西部农村教师政策制定、执行和效果进行了比较分析，分析了存在的问题、原因，说明了未来基本走向，并提出了国家和地方西部农村教师的政策目标、政策内容及政策方式改革的基本设想。

　　整本著作立足西部、针对教师、着眼发展，有较强的理论价值和现实意义，也有重要的学习和研究价值，可供教师、教育管理者和教育政策研究者学习、研究使用，也是本科生和研究生学习的重要材料。

邬志辉

2017年1月23日于东北师范大学

前　言

　　从中小学教师队伍的数量比例及其构成来看，农村中小学教师是我国中小学教师的主体。西部农村中小学教师是西部中小学教师的主体。但从教师数量、质量、结构和专业化程度等各个方面看，由于受社会经济、文化、历史、政治等因素影响，农村中小学教师的数量、质量、结构和专业化程度等方面都是我国中小学教师队伍中的薄弱环节。西部农村中小学教师数量、质量、结构和专业化程度在西部中小学教师中又最薄弱。因此，做好农村及西部地区农村的中小学教师工作，对西部地区乃至全国农村中小学教师队伍的整体发展具有全局性意义。

　　影响中小学教师队伍发展的关键因素是中小学教师政策，影响西部农村中小学教师队伍发展的关键因素是国家与西部各地区的农村教师政策。教师政策决定着教师队伍发展的目标、方向，方法、措施和手段影响着中小学教师的自身发展，同时决定着中小学的教学质量和水平，且最终会影响中小学生的发展。所以，好的政策可以缓解师资数量、质量的有限性与教师资源需求的无限性矛盾，可以极大地刺激、调动、聚集各种"不存在"或"不属于"的教师资源，进而推动教育教学质量的提高和学生水平的提高。不良的教师政策可以把极其有限、宝贵的教师资源浪费殆尽，进而影响学生本身发展。因此，"政策和策略是党的生命"。做好西部农村教师政策的研究工作，对于做好西部农村教师工作有重要意义。做好西部农村教师队伍建设工作，对西部农村学校教育教学质量的提高，以及西部农村学生发展也具有重要意义。从理论上讲，做好西部农村教师政策的研究工作，对于丰富和发展教师政策学和教育政策学理论，弥补我国教师政策学、教育政策理论研究上的空缺也具有深远意义。

为了全面、系统地认识西部农村教师政策的现状与问题，揭示西部农村教师政策发展的特点和规律，探究西部农村教师政策的发展路径与走向，拙著通过文献研究法、行动访谈法和典型案例研究等，深入剖析了20世纪50年代以来，国家及西部的新疆、青海、宁夏、四川、云南、贵州等省（自治区、直辖市），农村民办教师政策、支教教师政策、知识分子改造政策、农村教师培训政策的演变情况，以及演变中的问题与不足，全面分析了国家及西部地区新时期农村特岗教师政策、支教教师政策、免费师范生政策的现状、特点及存在的问题，通过大量的政策案例研究和价值分析，指出了西部农村教师政策问题形成的原因，进而提出了西部农村地区教师政策发展的基本设想和思路。

拙著基本观点有以下几点。

（1）有些西部农村教师政策最初是直接针对西部农村地区形成的，但随后又推向了全国；有些西部农村教师政策最初是针对全国农村地区制定的，之后又推及至西部农村地区并形成了自己的特殊形态。因此，它们都应该是西部农村教师政策研究的范畴。研究西部农村教师政策不能孤立地就西部地区而言，必须联系东部地区和全国来分析。

（2）好的教师政策可以缓解农村教师资源的有限性与农村教育资源需求无限性的矛盾，可以极大地刺激、调动、聚集各种"不存在"或"不属于"教育的资源，不良的教师政策会把宝贵的教师资源浪费殆尽。

（3）自20世纪50年代以来，我国西部农村地区主要教师政策内容变化的轨迹、变化的特点、变化的优点及不足，都为农村教师政策和西部农村地区今后教师政策的制定提供了极其宝贵的经验教训。

（4）在中央集中统一领导和管理的社会体制下，西部各地方农村教师政策的内容、特点总体上应该是一致的，但随着国际国内形势变化，各地方农村教师政策的不同之处也在增加。因此，西部各地农村教师政策的制定既要考虑国家农村教师政策的总体要求，也要考虑各地区的实际特点。

（5）西部各省（自治区、直辖市）农村教师政策的内容变化与国家西部农村教师政策的内容变化之间有一致性，也有不一致、不协调的地方。其中有些教师政策内容的变异有其合理性，有些教师政策的内容变化不够合理。

（6）随着国家政治、经济、文化和教育的自身发展变化，西部农村教师政策从关注农村教师数量发展到关注农村教师质量和专业化，从单一化、独立化发展到多样化和兼容化，从管理到促进发展，日益丰富合理。

拙著由七章构成。

第一章在提出西部农村教师意义、地位的基础上，指出了西部农村教师的数量、质量、生存与发展状况及影响因素与具体原因。本章认为，西部农村地区自然、经济、社会发展情况是影响西部农村教师发展的基础性因素，西部地区教育资源状况是影响西部农村教师发展的根本性因素，而农村教师政策、制度是影响西部农村教师发展变迁的关键性因素。

第二章在分析政策、教师政策的基础上，重点分析论证了西部农村教师的内涵、结构及特点。

第三章从正反两方面，分析西部农村教师教育政策对教师、学生，以及教学等方面的影响。合理的西部农村教师政策能满足农村教师、农村学生的生存及发展需要，对农村教师、农村学生及农村教育教学发展有一定的价值，不合理的农村教师政策会影响农村教师的生存发展、农村教育教学质量的形成与提高，也会影响农村学生的生存与发展。

第四章从20世纪80年代前和80年代至20世纪末两个阶段，分别分析了国家西部农村教师政策和西部部分省（自治区、直辖市）农村教师政策的沿革情况，揭示了西部农村教师政策变化与国家农村教师政策沿革之间的紧密关系，也说明了西部农村教师政策沿革的特点和规律、沿革中的异同性、沿革中的问题与启示。

第五章从教师政策的背景、内容、特点、价值与缺陷几个方面，分析了21世纪我国西部地区，特别是西部农村地区教师政策的内容、特点，并将西部部分省（自治区、直辖市）的支教教师政策、大学生到农村地区的就业政策、清退代课教师政策的内容与特点进行了比较，真实地反映了21世纪国家及西部农村教师政策发展的特点与规律。

第六章在介绍西部农村教师政策现状的基础上，分别从国家和地方两个层面，对西部农村教师政策的制定、执行和执行结果进行了比较分析，指出了国家和地方在制定、执行农村教师政策中存在的问题及原因。

第七章依据国家及西部农村教师政策的现状、问题，以及教师政策的沿革情况，说明了西部农村教师政策在制定和执行上的基本走向，并提出了国家、地方农村教师政策目标、政策内容及政策方式改革的一些基本设想。

希望拙著能重点展示国家及西部地区在不同时期农村教师政策的基本概况，并对西部农村教师政策措施的形成和完善有所帮助。也希望拙著可以为从事农村和西部农村教育管理、研究的各方面理论和实践工作者提供学术及实践指导。

王安全

目　录

西部农村教师是我国农村教师的重要组成部分，也是我国教师队伍特别是中小学教师队伍的重要组成部分。做好西部农村教师队伍的建设工作，不仅需要从社会、经济、文化等方面去努力，也需要从政策方面去努力。因此，把握好农村教师政策及其研究思路和方法，对研究和解决好西部农村教师政策问题有重要意义。

第一节　研究的历史、思路、方法及对象

一、研究缘起

笔者的小学、中学时光都是在农村度过的。童年、少年时期的经历，让笔者和农村地区、农村教育结下了很深的情结。大学毕业以后，笔者直接被分配到了西部农村贫困地区的中学任教，这段经历使笔者对农村地区教师、农村教师政策问题有了更深的了解。在中等师范学校任教的十二年中，笔者执教过的八百多名中等师范毕业生绝大多数成了农村教师。他们经常向笔者述说发生在农村学校的那些事儿，使笔者能源源不断地获取农村教师生存、发展的鲜活素材和最新状态，进而引发了笔者对农村教师政策的深层次思考。到宁夏大学工

作后，笔者 2004 年到华东师范大学教育系访学。访学期间，在陆有铨教授的指导下，笔者写作完成了三篇关于农村教师政策、农村教育政策方面的学术论文，并有幸被教育类核心期刊《教学与管理》《教育探索》《教育发展研究》相继刊登，这大大激发了笔者教育研究的热情，也为笔者进行农村教师政策研究奠定了理论和经验基础。2005 ～ 2009 年，笔者陆续申报了省级、厅级教师教育方面的课题，并发表了数篇这方面的文章。前期的工作既为本书的撰写奠定了基础，也促成了这项工作的开展。可以说，本书既是笔者二十多年教育教学经历的结果，也是研究结果的具体反映。

二、学术史概况

随着社会的文明程度和社会现代化程度快速的提升，农村教育与农村教师发展问题日益受到广泛关注。

（一）农村教师政策现状研究

田慧生（2003）、胡伶（2009）等分别在《教育研究》《教育发展研究》等刊物上发表过《关于农村教师发展问题的思考》《义务教育均衡发展背景下农村教师政策的问题与改进》等文章，从区域性教育公平角度对农村教育、农村教师发展问题做了专题研究，并提出了一些政策建议；袁振国（2003）在《教育研究》《人民教育》等刊物上发文，从教育政策学的角度，对农村教育滞后的原因做了政策方面的分析，提出了建立"义务教育均衡系数"和解决农村教育、农村教师问题的政策思路，为进一步唤起社会各方力量，推动中国义务教育的进程，特别是贫困地区义务教育发展提供了思路；陈永明（2003）等从教师专业化发展的角度，提出了农村教师专业化发展的策略和途径。庞丽娟和韩小雨（2006）、李继星（2001）等在《教育研究》《教育科学研究》等刊物上发文，从义务教育经费保证角度分析了农村教师的发展问题。张天雪（2011）在《集美大学学报》，邓涛和孔凡琴（2007）在《中国教育学刊》等刊物上发文，从教师流动的角度，研究了农村教师的发展问题。王嘉毅和李颖（2008）、司晓宏和杨令平（2010）在《教育研究》刊物上发文，从西部地区教育发展的角度，谈到了西部农村地区义务教育教师经费保障和特殊津贴实施等方面的问题。这些研究都是从宏观的国家或地方农村教师政策的某些方面提出了教师政策方面的问题，为改进国家或者地方相关政策提供重要的思路。但这些研究很少触及国家与地方农村教师政策之间的辩证关系，特别是很少触及国家与西部农村教师政策之间的辩证关系，所以其研究又有不足之处，这也是本书将要思考和解决的问题。

（二）农村教师政策变迁研究

王献玲（2008）对"民办教师"的演变情况进行了分析，有助于反思民办教师政策制定和执行中的系列问题，但其并未对民办教师政策的演变情况进行专题分析，更没有对国家民办教师政策与地方民办教师政策的制定、执行关系进行系统分析，不利于直观政策制定执行中的原委。Robinsona 和 Yi（2008）专门论述了西部农村地区代课教师的产生、现状及未来趋向等问题，也有助于从另一个角度了解非正式教师形成的政策问题。但他们没有对代课教师政策的制定、执行关系进行系统分析，不利于直接了解其中的政策原委。孙翠香和卢双盈（2013）在职业技术教育领域，就"双师型"教师政策的变迁过程、特点及未来态势发表了个人观点。这有助于了解职业教师政策问题，但对了解中小学教师政策变迁问题意义较小。李霞和符淼（2012）的研究对理解改革开放以来农村教师政策变迁的缘由及效果有重要帮助，却不能帮助人们理解改革开放前农村教师政策变迁的问题。余子侠和冉春（2007）就近代西部地区教育变迁发展的历史进行了深刻反思，提出借力中央政策、吸收外来资源、调动地方人士兴学热情、吸引普通民众向学热情等建议，并论述了确保教育政策的稳定有效、确立教育优先发展的开发战略、营造教育便利发展的社会环境的重要性。曲铁华和袁媛（2010）认为，师范生上学时享受免费待遇和毕业后履行服务义务的规定是相同的，不同的是对免费师范生入学时的承诺方式和毕业后履行服务义务的年限、激励与惩罚措施的规定。这种论述有助于国家当下对免费师范生的政策进行调整，但对国家其他方面如农村教师政策改进影响有限。赵静和武学超（2006）从保守党到工党政府教师政策的比较，就英国教师教育政策的演变进行了评析，说明了教师政策的渐变性与稳定性问题，对我国农村教师政策改进有重要启示，但并没有说明英国教师政策演变与我国农村教师政策演变之间的联系及借鉴的可能性。总之，国内外教师教育或教师政策变化方面的研究普遍有其优势和可借鉴之处，但各种研究都有其局限性。其研究的不足之处要么是研究的时间较短、内容狭窄，要么是宏观笼统，不能全面系统地分析农村教师政策发展变化的情况。

（三）农村教师政策价值研究

王继平（2005）提出，当前我国教师政策价值取向应进行教师社会价值定位从阶级定位向职业定位转变，教师政策价值标准从干部标准向人才标准转变，教师政策价值追求从加强管理向促进发展转变三个方面的调整。合理调整我国教师政策价值取向操作层面的方法是确立"四个尊重"（尊重劳动、尊重知识、尊重人才、尊重创造）的社会主流价值导向，实行教师政策职能机构的相对专门化和人员的专业化，建立开放互动的教师政策制定系统，建立和完善教师政策评价制度。黄小莲（2009）就师范生免费教育政策的利益与风险作出价值判断，认为师范生免费教育政策的回归可以促进新农村建设和教育均衡发展，解决贫困大学生入学难等问题；但师范生免费教育政策同样使国家和个人面临风险，所以对这一政策是否在全国推行还需慎重决策。季飞（2009）通过中美基础教育政策价值取向之比较，说明了教师政策调整的一般取向。这些研究为西部农村教师政策的价值形成提供了一般依据，但没有对西部农村教师政策的价值需求进行具体分析，这也是本书要解决的问题。

（四）农村教师政策问题研究

笔者（王安全，2008）提出了影响西部地区学生就学的教师政策因素，说明了不完善的教师政策对西部农村学生发展带来的不良影响。张秀陶和郑晓婷（2011）提出了农村特岗教师政策存在的问题及改进办法，指出部分地区特岗教师政策在执行过程中存在"走样"、特岗教师到岗后"教非所学"的现象。邓旭（2007）就我国教师政策执行问题及路径选择方面提出了个人观点。他认为，教师政策执行主体地位的缺失、目标利益群体激励机制的缺位、教师利益主体利益诉求与表达政策考量的缺乏是当前教师政策执行中存在的问题。毕正宇（2008）以农村中小学教师政策执行为例，分析了我国教育政策执行受阻中执行者方面的原因。他认为，部分教育政策执行者的管理知识欠缺和实践经验不足、对教育政策的认同程度低，相互之间缺少有效的沟通协调机制，个人利益膨胀、地方保护主义思想盛行，是教师政策执行受阻的根本原因。这些研究涉及教师政策制定、执行和执行结果等多方面的问题，为全面深刻理解农村教师政策问题提供了基础。但这些分析要么是针对某个具体的农村教师政策而言的，要么是针对教师政策制定的整体情况而言的，很少就国家与西部教师政策问题的关系进行探讨，因此，该问题也是本书需要探讨的一个重要问题。

（五）教师教育政策改革研究

笔者（王安全，2005）针对我国贫困地区教师教育中存在的问题，提出了补充数量、提高质量和完善结构方面的政策建议。顾建新和牛长松（2008）就南非解决师资短缺和师资培训落后、教师教育政策变革方面的问题提出，要在充分调查的基础上制定农村教师政策，在教师专业化发展方面要尊重教师自主决策的权利。同时，他们也指出教师教育不能完全通过综合院校进行，也应发挥专业化师范院校的作用。庞丽娟和夏婧（2010）就代课教师的政策改革提出：应承认代课教师的历史贡献，将其纳入师资管理范围；研究制定代课教师招考转正政策；建立代课教师补偿政策，妥善安置未转正的代课教师；建立妥善解决代课教师问题的经费保障制度，并建立监督问责机制与激励机制的对策建议。邬跃（2010）以"农村义务教育阶段学校教师特设岗位计划"为例，运用政策分析理论，从问题认定、执行评价、政策调整等方面对"农村义务教育阶段学校教师特设岗位计划"试点工作进行分析，提出了继续深入推进实施并扩大规模和范围，建立完善农村教师的长效补充机制的政策改革建议。胡伶（2009）针对义务教育均衡发展背景下农村教师数量补充、素质提升与地位保障的问题提出，要统筹考虑相关因素，提高农村教师政策的质量；淡化行政意识，明确农村教师政策的根本指向；加强对政策的解释和宣传，促进政策执行者及相关人员对政策的理解；提高政策主体的执行力，促进政策实效的最大化。胡春梅（2007）运用制度分析法对教育政策执行情况进行了深入研究，指出影响和制约教育政策执行过程及结果的因素纷繁复杂，教育政策执行过程失真的原因有权力、利益、人员、情感、态度、文化、习俗、规章制度、组织、机构等的影响。根据抓住主要矛盾和矛盾主要方面的辩证唯物主义矛盾论原则，研究者应该在影响教育政策执行的诸多因素中寻找关键的、主要的因素，而这种因素是关乎教育政策执行中所有要素、所有环节和全过程、对教育政策执行具有举足轻重作用的因素。这些研究对农村教师政策的某些方面或者某些农村教师政策的改革起到了重要作用，其中有些研究对农村教师政策改革也起到了方法论方面的指导作用。但这些研究很少是针对西部农村教师政策改革而言的，对西部农村教师政策变革所起的作用还比较有限。

总之，以上研究分别从不同角度对农村教育及西部农村教师的发展问题做了具体分析，为全面深入研究农村教育和农村教师发展问题提供了基本依据。但为了更好和更加行之有效地解决西部农村地区教育发展问题，需要从国家及西部各省（自治区、直辖市）关于西部农村地区教育和教师政策角度，从农村教育和农村教师政策产生、发展的纵向历史脉络和国家宏观统管、各省（自治区、直辖市）横向农村教育政策比较的角度，作出全面反省和深刻检讨，系统总结经验教训，而这正是本书想要着重解决的问题。

三、研究对象的界定

（一）农村教师

关于农村教师的概念，目前仅发现唐松林、黄白、周险峰等少数几位学者作了专门界定。唐松林（2005：5）认为，农村教师是以农村人口为教育对象并为农村经济社会发展服务的教育工作者。黄白（2009：11）认为，农村教师是指"履行农村中小学教育教学职责的专业人员"。周险峰（2011：57）认为，农村教师主要是指在广大乡镇和农村地区从事教育事业的专职教师。三种界定都有一定的道理，但唐松林的界定只说了农村教师含义的一半内容，看到了农村教师是以农村人口为教育对象、为农村经济社会发展服务的教育工作者，没有看到农村教师不仅为农村经济社会发展服务，同时通过人才培养也在为城市建设服务。而黄白从农村教师职责方面对农村教师的实质进行了表述，但没有看到农村教师职责之外的特点，而且表述得不够具体、不够完整。周险峰对农村教师进行了地域上的界定，但没有看到教师除地域之外的特点，而且其地域界定比较模糊。

我们认为，农村教师有广义和狭义之分，广义的农村教师是在农村地区以农业人口为主要教育对象的教师，包括农村职业学校教师、普通中小学教师、幼儿园教师，也包括农村地区正规办学机构中的教师及非正规办学机构中的教师。狭义上的农村教师是指县域内以农业人口为主要教育对象，在农村地区从事基础教育工作的中小学教师。本书所谓的农村教师是狭义上的，即本书谈到的农村教师不包括幼儿园教师、职业技术中学教师及各种非正规办学机构中的教师。

农村教师是相对城市教师而言的。因此，从城市教师的反面我们就能完善农村教师的定义。与农村教师相比，城市教师在经济发达、交通便利、生活方便的城市学校中任教，而农村教师则是在经济相对落后、交通相对不便利、离城市有一段距离、生活条件相对较差的学校任教。相比之下，同年级城市教师的工资待遇一般都比农村教师高，因此，生活条件也比农村教师优越。而且城市教师所在的城市学校比起农村教师所在的农村学校而言，其硬件设施相对较好，而农村学校的学校环境、教学资源等都与城市学校存在一定的差距。

（二）农村教师政策

通过文献检索发现，把教师政策作为重要概念专门进行界定的文章为数不多。但在为数不多的几个概念中，各个界定又各不相同。有的认为，教师政策是指党和国家为了调动教师的积极性，提高教育质量，对教师的要求及待遇方面所作出的准则性规定。王继平（2005）认为，教师政策是教育政策和人力资源政策的一部分，是政党、政府等政治实体在一定历史时期，为了实现一定的教育和人力资源目标任务，在协调教师内外关系过程中所形成的行动依据和准则。教师政策是政党、政府等政治实体为了实现一定的教育目标，通过政策系统发现教师队伍中存在的问题、列入政策议程、研究对策方案、选择政策方案，并用一定形式予以表达的过程。杜晓利（2012：7-8）认为，教师政策是教育政策的一部分，是以教育者为对象的教育政策，也是以"育人"为根本目标的政策。

各种界定的视角、方式各个不同，但都有一定道理。那么，教师政策到底是什么？根据本书对教育政策文本的理解，笔者认为，教师政策主要是指对教师发展的方针、原则、目标、措施、策略、对策和方法等方面作出的政治性规定。教师政策是国家政治在教师管理领域的最重要的体现。教师政策的根本宗旨在于协调教师发展的各个方面的关系，以利于教育事业核心贡献者——教师的发展。教师政策有广义和狭义之分。狭义的教师政策是指政党和政府为了建设一支数量充足、质量高而又充满活力的教师队伍，为了实现培育人才的根本目标而对教师问题作出的战略性、准则性的规定。广义的教师政策是政府、教育行政部门或各级各类学校为了发展教育事业、提高教育教学质量而制定的各种措施要求或规定。本书的教师政策主要是狭义上的范畴，即用以指导整个地区教育发展的教师政策。

根据教师政策和农村教师的定义，我们认为农村教师政策是政府部门依据农村地区教育教学和教师队伍的建设需要，对农村教师数量、质量、结构及生存发展问题作出的战略性和原则性规定。农村教师政策既会对农村教师的数量、质量、引入、流出作出一般性规定，也会对农村教师的专业、学历、职称、身份等问题作出安排。由此我们也可以给西部农村教师政策下一个定义，即它是国家及西部地区各级政府部门依据西部农村教师队伍的建设需要，对西部农村教师问题作出的战略性和原则性规定。它主要规定的是西部农村教师的数量、质量，以及专业、职称、学历、身份等结构标准及形成方式。合理有效的农村教师政策不仅可以维护农村教师合法权益，保障农村教师的正常生存与发展，还可以有效维护农村地区的正常教育教学秩序，促进农村学生的良好发展。合理有效的西部农村教师政策不仅可以维护西部农村教师的合法权益，保障西部农村教师的正常生存与发展，还可以有效维护西部农村地区的正常教育教学秩序，促进西部农村学生的良好发展。

四、研究思路与方法

（一）文献研究法

文献是指具有历史价值和资料价值的媒体材料，或者是用文字、图表、符号、声频和视频等手段记录下来的人类知识。文献研究法是指通过对文献的查阅、分析、整理，找出事物本质属性的一种研究方法（丁念金，2004：150）。本书运用文献研究法进行研究，就是要广泛查阅农村教育、西部农村教育方面既有的各种文献资料，全面系统地把握我国农村教育、西部农村教育的基本情况。在此基础上重点掌握农村教师、西部农村教师政策方面的历史文献资料，全面把握农村教师和西部农村教师政策的发展变化状况及其研究现状，充分掌握不同时期我国农村教育、农村教师政策，以及西部地区和西部农村教师教育政策的基本内容、本质特征，为解释农村教师队伍的形成与变化进行相关研究，并奠定外围资料基础；为全面分析农村教师政策，特别是西部农村教师政策研究方面取得的成绩、研究中存在的不足及其经验教训，系统分析影响教师政策制定、执行方面的各种因素及其不同影响力提供素材；为深入探寻引起农村教师队伍政策变化的原因提供事实依据；同时，为完成本书做好前期准备，也为进行本书的正式写作研究奠定扎实的理论基础。

（二）案例研究法

Yin（1994）认为，案例研究法是对当代某一种现实环境中的现象进行考察的一种经验性研究方法。案例研究法适合对"是什么"和"怎么样"的问题进行研究。案例研究法实施的步骤是准备→收集资料→分析资料→得出结论，其中对既有材料的收集整理和分析是案例研究的关键环节（刘丽华和杨乃定，2005）。本书通过20世纪50年代至20世纪末，国家与青海、云南、贵州等省（自治区、直辖市）民办教师、支教教师、教师培训政策资料的收集整理和分析，说明不同时期我国西部农村教师政策在西部各省（自治区、直辖市）的执行情况及其存在的问题，为正确认识和处理国家与西部农村教师政策提供经验教训与启示。

（三）历史比较法

"比较"一词的意思是根据一定的标准，把彼此有某些关联的事物放在一起进行考察，寻找其异同，以把握研究对象所特有的质的规定性。比较研究是确定对象间异同的一种逻辑思维方法，也是一种具体的研究方法。教育科学的比较研究方法是对某些教育现象在不同时期、不同地点、不同情况下的不同表现进行比较分析，得出符合客观实际的结论，以揭示教育的普遍规律及特殊表现（裴娣娜，1995：223）。而历史比较法是对历史现象进行比较和对照，并分析其异同及缘由，从而寻求历史规律的一种方法（秦新林，1997：73）。历史比较法适用于某个特殊结果，如社会变迁是如何引起的，将焦点集中在个案，集中在行动、过程和顺序上，将过去置于结构、情势与事件之中，并对复杂整体与个案间的个别变量进行比较。研究者接触整体时的取向，就好像整体由几个不同层次所构成的。研究者不但要抓住表面，还要揭露普遍的、隐藏的结构，看不见的机制或因果过程（劳伦斯·纽曼，2007：523）。本书在分析西部农村教师政策变迁的特点、原因时，将通过国家与西部六省（自治区、直辖市）不同时期、不同教育阶段的民办教师政策、支教教师政策、教师培训政策及知识分子政策等方面进行比较，说明西部农村教师政策变化的特点、优点与不足，揭示西部农村教师政策变迁的功能、效果及其合理性。同时分析导致不同时期农村教师政策差异的因素，或者分析某一时期农村一种教师政策不合理、出现了不良功能效果，另一种农村教师政策合理、产生了积极的功能效果，而另一个时期农村教师队伍各种政策不合理，出现了失调或负面的功能效果的原因。C.赖特·米尔斯说过，只根据某一社会群体自己经过的历史，无法理解或解释它所经历的主要历史阶段，以及它今天表现出来的面貌，只有在与其他社会群体历史的对比中，才可以将它们表达清楚。

五、案例研究区域地理背景

不同时期西部地区的范围不同。"七五"期间，我国西部地区包括重庆、四川、贵州、云南、陕西、甘肃、青海、宁夏、新疆、西藏 10 个省（自治区、直辖市），是一个纯粹地域上的称谓。"八五"期间，更多的研究者从政治、经济、文化、环境、地域诸方面分析西部，将内蒙古、广西涵盖在西部地区之内，这意味着西部地区包括了 12 个省（自治区、直辖市）（毕诚，2002：1）。因此，在不同历史时期，西部地区具有不同的集体概念，但都是涵盖西部不同省（自治区、直辖市）的一个整体性区域。西部地区也可以泛指西部部分地区或多数地区，也可以是西部部分市县有意或无意累加的一种结果，这也是本书分析中的指称。

西部地区是我国多民族地区和少数民族聚集地区。全国 55 个少数民族、约 6570.52 万人口，72% 以上分布在西部地区，少数民族人口占西部人口总数的 20.34% 以上（毕诚，2002：78）。西部地区面积约 686.1 万平方千米，占全国土地面积的 71.5%（吴云龙，2003：35-39），人口 34 952 万，占全国人口的 28.13%（毕诚，2002：81）。西部地区南北跨越 28 个纬度，东西横贯 37 个经度，远离海洋、深居内陆。从地理位置构成及走向上看，青藏高原、黄土高原和云贵高原占据西部的大部分地区，柴达木盆地、塔里木盆地、准噶尔盆地和四川盆地位居其中，"三原四盆"是其基本地势特征。从自然资源构成上看，西部地区自然资源特别丰富。"一高一干一季"构成了西部三类自然区，即青藏高原区、西北干旱区和局部地区的季风气候区，呈现出各自的自然特点。其水能蕴藏总量占全国的 82.5%，已开发水能资源占全国的 77%，但开发利用尚不足 1%。从矿产资源看，西部地区矿产资源的储量十分可观。依据已探明储量，西部地区煤炭、石油、天然气储量分别占全国的 38.6%、43.9% 和 78.8%。全国已探明的 140 多种矿产资源中，西部地区就有 120 多种，一些稀有金属储量名列全国乃至世界前茅（毕诚，2007：53）。从边境线看，西部地区与十多个国家接壤，陆地边境线长达 12 747 千米。如此之长的陆地边境线，无疑为西部地区发展边境贸易展现了诱人前景。历史上穿越西部地区的"丝绸之路"曾是中国对外交流的第一条通道。壮阔的西部自然风光和深厚的历史文化底蕴养育了农村教师，为农村教师提供了独特的知识视野，也为农村教师发展提供了坚实的生长基础。而类型多样的民族人口既给农村教师的语言和社会能力带来了巨大挑战，又促进了农村教师语言和社会能力的发展。

西部地区疆域辽阔，人口稀少，是我国经济欠发达和需要加强开发的地区。全国 592 个国定贫困县中，西部地区有 307 个，占我国国定贫困县总数的 51.86%。我国农村贫困人口，57% 分布在 592 个国定贫困县，50% 生活在西部地区。全国尚未实现温饱的贫困人口大部分分布于该地区。应该说，西部地区艰苦的自然和生活环境既可以促进农村教师意志品质的发展，又可以练就西部农村教师坚韧、奉献的品格。但是，西部地区艰苦的自然和生活环境也在很大程度上考验着西部农村教师的生存能力和生存水平，影响着农村教师的教育观念和思想（冯之浚，2000：206）。而从自然条件、生态环境和社会基础几个不同方面看，各个因素对西部农村教师发展的负面影响又各不相同。

第二节　西部农村教师的意义和地位

一、西部农村教师界定

西部教师是指在我国西部地区从事各级各类教育教学活动的专业技术人员。其中既有西部高校教师，也有中小学教师；既有公办教师，也有民办、代课教师；既有普通学校教师，也有职业学校教师。本书的西部教师主要是西部中小学教师，他们是西部教师队伍的主体。由于西部教师长期和普遍生存于工作条件、生活待遇较差的地区，因此，与东部地区相比较，西部教师长期和普遍处于生存与发展的劣势地位。这也是市场经济条件下西部教师队伍愈发不稳定、大量向东部地区流动的一个重要原因。同时，与东部地区相比较，这也是西部教师数量少、质量总体不高，且到高中阶段后质量问题日趋突出的根本原因。因此，为西部教师提供工作、生活条件，解决好西部教师队伍数量和质量问题，是建设好西部教师队伍的关键。

要想理解西部农村教师，首先需要清晰界定农村的概念。关于农村概念的界定，许多学者有不同看法，代表性的观点有：①高耀明（1999）认为，农村是指行政区划意义上的县（市）、乡（镇）和村，县城不应包括在农村之内。②于鸣超（2002）认为，县虽然有市的特征，但从历史上看，县的行政职能的出现是以处理农村事务为职责的。在两千多年的朝代更迭与治乱循环中，中国县制基本保持稳定，长期负担着农村基层政权的职能。它是国家政权与农村社会保持关系的接合部和政治枢纽。因此，县应当隶属于农村范畴。③唐松林（2005：3-4）依据国家统计局的定义认为，农村是指广大的乡（镇）和村等行政区域。④刘冠生（2005）在系统分析了城市、城镇、农村、乡村概念变迁及其相互关系后认为，从用语方面看，在人民公社时期，人们通常把"农村"作为与城市相对应的概念，称作"农村人民公社"；在废除人民公社、设立乡镇政府之后，人们在继续使用"农村"这一概念的同时，又开始较多地使用"乡村"这一概念。这既与城市相对应又与城镇相对应，于是，出现了用语上的混乱。我国传统用语习惯把农村与城市相对应，这种方案的划分原则是先确定城市区域，然后把不属于城市的区域均划为农村。执行这种方案的城市按行政级别划分，包括直辖市、较大城市、地级市、县级市四个层次。目前县政府驻地一般称为城镇而不是城市，但是，随着国家经济社会的发展和人口的城镇化流动，县政府驻地在不久的将来肯定会发展成为城市。

在《现代汉语词典》中，农村被界定为县以下地区，也包括小城镇，主要是指"以从事农业生产为主的人聚居的地方"。因此，"农村"是一个地域上的概念，主要指县和县以下的乡镇和村庄，是相对于城市而言的。

在美国，确定农村的标准是 2500 人以下的人口聚居区或旷野散居地区。但在美国的教育历史文献中，用于表达村落概念的词汇有两个，一个是 village，另一个是 town。根据教育史学家克雷明的解释，自然村 town 一词源自古英语的 tun，意为乡村，是面积为 4 ～ 10 平方英里[①] 不等的授权土地。village 一般指比 town 更小的居住点（王强，2007：14）。

通过以上研究可以看出，国内外关于农村的界定方式、方法不同。国内主要从社会结构和社会等级、生产方式等层面进行界定，国外主要从人口数量和土地面积等层面进行界定。两种界定各有道理，但我们的界定只能从国情出发，作出符合我们自身实际的界定。

综合以上分析我们也认为，对农村概念的界定可以从广义的与城市相对应的角度去进行，也可以从狭义的与城镇相对应的角度去分析。狭义的农村概念是政府和社会普遍应用的一种农村定义，也是广大民众对农村定义习惯性的认识。广义的农村概念则是在对农村历史、现实及其未来综合考虑的基础上，形成的一种前瞻性和深层次的定义。本书认为，对农村概念的界定既要考虑历史特点，又应迎合现实和未来。历史上一直将县作为农村的重要机构，县也是管理农村教育的承上启下单位。农村教育政策的制定、执行，教育经费的供给、教师的管理绝大部分直接以县为单位。在经济不发达的西部农村地区，县一级

---

① 1 平方英里 =2.59 平方千米。

政府更是农村教育的主要承担者。而现实中的县级政府机关驻地普遍在镇，而不像城市以"区"为行政机关驻地。由此将农村限定在县一级单位比较合理。本书将农村界定为以从事农业生产为主的农业人口居住的地区，即县（镇）和乡村等行政区域。农村是同城市相对应的区域，有其所处环境决定的特定自然景观，有特定的社会文化氛围和社会经济条件。从教育者与受教育者层面分析，县级学校的教师多数来自乡镇以下地区，县级学校的多数学生也来自乡村。因此，无论从历史、现实还是学校教育与受教育对象层面看，将县属乡、镇学校统一划定在农村学校范围是比较合理的。将农村和农村教育概念限定在县（镇）及以下学校也是本书对农村、农村教育的认定。随着农业、农村人口的减少和县级学校生源身份的改变，农村概念将会随之下移（王安全，2012）。

　　本书目前尚未发现有关西部农村教师的专门界定。但本书综合上述分析以后认为，西部农村教师也有广义和狭义之分。广义的西部农村教师是指以农村人口为主要教育对象，在西部县域内从事各级各类教育教学活动的教师，包括职业学校教师、普通中小学教师及幼儿园教师等。这里既包括了正规办学机构的教师，也包括非正规办学机构的教师。本书的西部农村教师是指狭义上的农村教师，即以农村人口为主要教育对象，在西部县域内从事基础教育教学的中小学教师（王安全，2012）。

二、西部农村教师的意义

（一）农村教师对西部农村地区教育的意义

1. 农村教师是西部农村教育教学的主体

与城市和东部地区相比较，西部农村地区经济发展较缓慢，没有充足的能力开设城市和东部沿海农村随处可见的辅导班和补习学校，农村地区的多数家庭也没有财力供孩子去辅导班、补习班接受教育。西部农村地区学生除了在学校学习科学文化知识之外，很难进入其他社会机构提供的学习场所。而且，由于西部农村地区基础教育长期落后，西部农村地区学生家长的文化程度普遍不高，所以多数家长没有能力或者没有精力去辅导学生学习。而城市的基础教育起步早、发展快，很多家长都能在一定程度上辅导孩子学习。由此看来，西部农村地区学生除了在学校课堂接受文化知识教育之外，他们普遍缺乏其他形式的教育。他们除了接受农村教师对他们的知识传授之外，基本上没有机会接受其他人对知识的讲解与传授。所以，西部农村学校教育是农村学生接受教育的主要场所，而农村教师也成为西部农村地区教育教学的主体。

2．农村教师是西部农村学校教育教学质量的根本保证

教师是学校开展教育教学活动的根本依据。没有教师的存在，也就无所谓学校教育教学活动的存在。教师质量高，学校教育教学质量一般都要好；教师质量不高，学校则很难开展高质量的教育教学活动。因此，教师质量是学校教育教学质量的根本保证。西部农村教育教学质量的高低主要依赖于西部农村教师。西部农村学校以其教师的知识、能力和技能水平，形成了基本的教育教学质量。从农村教育教学质量的课外保障体系上看，对于多数西部农村地区的课外学习情况而言，由于广大农村家长文化水平普遍不高，他们往往只是学生作业能否完成的监督者，无力对孩子作业的质量进行检查、纠正与辅导；对于不少外出务工的家长而言，他们甚至无力和无暇了解学校的教育教学情况。所以，学生课外学习情况也主要依赖于教师在教学过程中的指导帮助与课后的学习评价。因此，在西部农村学校，学校的教育教学质量的高低在很大程度上都取决于教师的教学水平。

（二）西部农村教师对西部农村学生发展的意义

1．西部农村教师是西部农村学生存在的依据

教师是学生存在的依据，学校有了教师才可能有学生。农村教师是农村学生存在的依据，农村有了教师才可能有学生。然而，在大部分西部农村地区，公办、民办的小学数量不多，一个重要原因就是缺乏教师，特别是缺乏优秀教师。很多小学因为没有足够的教师，出现一个教师教多个年级、多个科目的情况，以维持学校课堂教学工作的正常运转。因此，在这种形势下，农村地区的多数小学生基本没有在当地通过优质教学获得发展的机会，有学校就读已经是很多学生家长值得庆幸的事了。在很多西部农村偏远山区，由于学校教师数量不够，学校不能维持正常的教学，只好与其他学校合并，这就使很多学生要到离家很远的地方去上学。有的学生甚至因为附近没有学校可读，在远处读书又不够安全而被迫辍学，失去了求学的机会。所以，农村教师的有与无、多与少，都成为农村孩子是否有学可上的重要影响因素。

2. 西部农村教师是西部农村学生发展的根本保证

与城市和东部发达农村地区的学生相比较，西部农村学生获得自身发展的机会显得尤其有限。他们不像城市和东部发达地区学生那样从小就可以上课外兴趣辅导班。城市和不少东部发达地区的学生除了学习文化知识之外，还有条件发展自己的音乐、美术、体育等方面的特长。他们还可以在学校或城市举行的丰富多彩的课外活动中发展自己的人际交往能力、语言表达能力、随机应变能力等。对于西部农村学生而言，他们只有通过学校的学习来发展自己，从书本、课堂特别是教师那里获得知识、技能和能力，在学校学习是他们追逐梦想的核心途径。因此，西部农村教师是西部农村学生发展的根本保证。西部农村教师不仅是西部农村地区传道、授业、解惑的主要力量，同时也是西部农村学生发展的精神支柱。没有西部农村教师的存在与发展，西部农村学生就失去了发展自身、成就未来的信心和动力。

三、西部农村教师地位

（一）西部农村教师在西部教师队伍中的地位

无论从西部农村教师数量还是比例来看，西部农村教师在西部教师队伍中都有独特的地位。从表 1-1 可以得出，2008 年西部中学专职教师人数占全国中学专职教师总数的 27.57%，而西部农村中学专职教师数量占西部中学专职教师总数的80.54% 以上；代课教师中西部中学代课教师占全国代课教师的 25.03%，西部农村代课教师能占到西部中学代课教师的 71.13%。这说明，无论从正式专职教师还是代课教师数量、比例层面看，西部和西部农村教师都是教育领域一支不可忽视的力量。解决好西部农村教师的地位问题，直接关系到西部乃至全国中小学教师地位的改善。但从各类教师所占的比例来看，西部农村地区普通中学专职教师所占比例明显超过西部普通中学专职教师所占比例，也远远超过全国普通中学专职教师所占比例。而西部农村中学代课教师、兼课教师所占比例则明显低于西部普通中学平均比例，更低于全国普通中学平均比例。西部农村普通中学教师的专业化程度超越西部平均水平，也明显超过全国平均水平。

表 1-1　2008 年不同区域各类身份中学教师数量与比例比较表

类型	全国 / 人	比例 / %	西部 / 人	比例 / %	西部农村 / 人	比例 / %
专职教师	4 944 490	97.52	1 363 221	97.72	1 097 916	98.0
代课教师	103 309	2.04	25 859	1.85	18 393	1.64
兼任教师	22 227	0.44	5 975	0.43	4 014	0.36
总计	5 070 026	100	1 395 055	100	1 120 323	100

　　资料来源：根据《中国教育统计年鉴（2008）》原始数据计算所得（教育部发展规划司．中国教育统计年鉴（2008）．北京：人民教育出版社，2009：69，309-310）

　　20 世纪 80 年代之后，随着我国农村"两基"① 攻坚计划的全面展开和农村教师数量不足问题的凸显，农村代课教师数量开始急剧攀升。1987 年全国农村代课教师 40.15 万人，到 1997 年增加到 82.89 万人。2000 年后，随着国家对农村教育治理的加强，农村代课教师数量开始明显减少。2004 年，全国农村代课教师数量减少到 36.7 万人，但绝大多数分布在西部农村地区，特别是西部农村小学，农村初高中代课教师所占比例相对较小，且城乡差别不大（马立，2006：60）。从表 1-1 可以看出，2008 年西部农村中学专职教师占西部农村教师的 98.0%，农村代课教师占西部农村教师数量的 1.64%，而兼任教师占西部农村教师总数的 0.36%（图 1-1）。

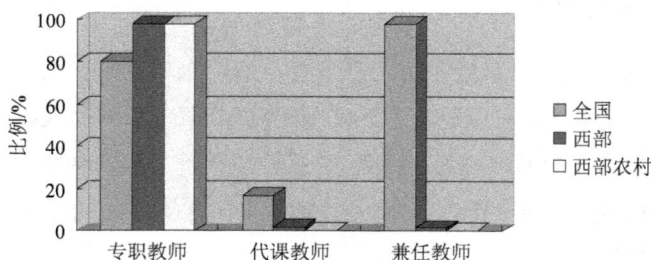

图 1-1　2008 年不同区域各类身份中学教师比例图

　　从表 1-2 和图 1-2 观察得出，与全国和西部地区相比较而言，西部农村小学专职教师在当地所占比例相对较低，但西部农村小学专职教师占西部小学专职教师的 89.92%，其比例较高。西部农村小学代课教师占西部农村小学教师总数的 5.89%，在西部小学代课教师中所占比例更是达到了 92.12%。西部农村小学兼任教师也达到西部小学兼任教师的 76.07%。说明西部农村小学教师已经成

————————
　　①　"两基"是基本普及九年义务教育和基本扫除青壮年文盲的简称。

为西部小学教师任何一个层面的主要构成。而不同层面上的西部农村小学教师，都为西部农村地区义务教育普及、西部农村人口素质提高作出了重要贡献。

表 1-2 2008 年不同区域的各类小学教师数量与比例统计表

类型	全国 / 人	比例 / %	西部 / 人	比例 / %	西部农村 / 人	比例 / %
专职教师	5 621 938	95.44	1 720 179	93.99	1 546 855	93.89
代课教师	250 852	4.26	105 371	5.76	97 066	5.89
兼任教师	17 537	0.30	4 660	0.25	3 545	0.22
总计	5 890 327	100	1 830 210	100	1 647 466	100

资料来源：根据《中国教育统计年鉴（2008）》原始数据所得（教育部发展规划司.中国教育统计年鉴（2008）.北京：人民出版社，2009：69，162-166）

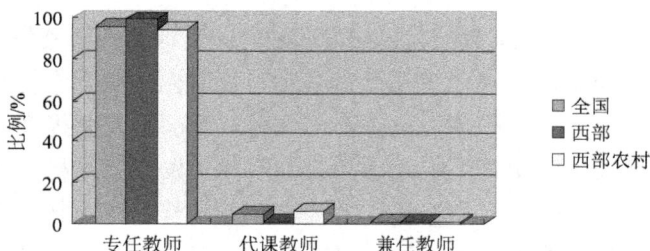

图 1-2 2008 年不同区域的各类小学教师比例图

（二）西部农村教师在西部教育中的地位

农业、农民、农村问题是当代中国经济和社会发展的突出问题，其发展状况，将在很大程度上决定我国的现代化发展进程。"三农"问题的解决既要从"三农"自身演变的历史进程中找方式，也要从教育中找办法。农村教育是农村经济社会发展的动力，也是农村经济社会发展的条件。只有办好农村教育，提高农村人口的整体素质，才能真正实现农村的现代化发展。西部农村教育既是西部农村发展的基础性条件，也是西部农村发展状况的重要表征。只有将西部农村地区的教育办好，才有可能从整体上提高西部农村人口的整体素质，继而实现西部农村地区的现代化发展。但是，直至 21 世纪初，中国中西部农村人口仍占全国总人口的 65% 以上，其中文盲和半文盲人口 2.19 亿，在农村就业人口中文盲和半文盲占 35.9%，小学文化程度者占 37.2%，每万人中大学生人数为 4 名，平均文化程度为 4 年（王世军，2005），而农村学生与城市学生相比较，其文化综合素养等各项指标更低，这种状况是西部农村地区现代化进程中的沉重负担。因此，大力发展农村教育，大力发展西部农村教育，把沉重的人口负担转变为人力资源优势是西部农村地区现代化建设进程的战略性任务。这不仅是西部农村地区教育行政部门的重要目标，也应该是西部各级行政部门的共识。而发掘西部农村人力资源的关键在教育，办好西部农村教育的关键在教师。西部农村中小学教师是中国农村中小学教师的主要部分，其文化素质和教育水平，既影响西部农村地区学生文化素质的提高程度，也影响我国农村地区普及教育和基础教育的实现程度。从教育质量要求上看，没有西部农村教师质量和水平的提高，就不可能实现我国农村教育质量和水平的提高，更谈不上农村教育的现代化。

据《中国教育统计年鉴（2008）》显示，西部农村中学专职教师数量占西部中学专职教师数量的 80.54%，而西部农村小学专职教师数量占西部小学专职教师的 89.9%。西部农村所有教师（包括专职教师、代课教师和兼任教师）数量占西部教师数量的 85.77%，从这些量化的数据可以看出，西部农村教师在西部教育发展中起着至关重要的作用。没有西部农村教育的普及和提高，就无法实现西部教育的公平发展，更谈不上西部教育的现代化发展。农村义务教育是我国西部农村教育发展中的"重中之重"，西部农村中小学教师队伍建设是西部农村义务教育普及过程中的"重中之重"。因此，关注西部农村教育就是关注中国西部未来发展。对西部农村义务教育阶段教师问题的探讨，不仅对稳定西部农村教师队伍、促进西部农村地区义务教育的健康发展具有重大意义，对西部地区教师队伍的稳定发展，以及全国农村教师队伍的稳定发展也有重大意义。

总之，西部农村教师在全面发展西部农村教育活动中具有基础性、先导性、关键性的作用。西部农村教师不仅是发展西部农村教育的前提和基础、办好西部农村学校的关键，也是西部地区数亿农民未来切身利益、满足广大农村人口学习需要的关键。西部农村教师在提高西部地区劳动者素质，促进西部地区传统农业向现代农业转变，从根本上解决西部农业、农村和农民问题的过程中起到先导性和关键性的作用；在转移西部农村富余劳动力，推进西部地区工业化和城镇化，将西部人口压力转化为西部人力资源优势过程中也会起到举足轻重的作用。做好西部农村教师队伍建设工作，不仅能从整体上提高西部地区未来农民的思想道德水平，发展和加强西部地区的农村精神文明建设，同时，也是实现西部城乡教育公平，体现社会公正的一个重要方面，是社会主义教育的本质要求。因此，必须从实践科学发展观重要思想和全面建设小康社会的战略高度，切实提高农村和西部农村教师的质量和素质，进而提高农村教育和西部农村教育的质量，使广大农民群众及其子女能真正享受到良好的教育，促进西部农村经济社会的可持续协调发展。

第三节　西部农村教师的现状与问题

一、西部农村教师数量与质量状况

我国是一个农业大国，2005 年，全国农村人口占总人口的 57.01%，2009 年占总人口的 53.41%（凡勇昆和邬志辉，2012），而农村教师却占不到全国中小学教师总数的 50%。因此，长期以来，我国农村中小学教师总体数量不足，师生比严重失调。以 2005 年为例，我国农村中学实际需要 293 万名教师，而农村地区只有 164.77 万名中学教师。其中普通高中教师短缺 78.6 万人，需要在 2003 年 66.4 万人的基础上分别增加 18 万、12.3 万和 4 万人（袁桂林，2009：290），而西部农村地区中学教师的供求关系更加紧张。从数量变化上看，虽然全国中学教师减少量呈不规则状态，但我国农村中学教师减少量却持续不断，且农村中学教师每年的流失率都占全国中学教师流失率的一半以上。2004 年我国农村中学教师比上一年减少 2.07 万人，2006 年我国农村中学教师比上一年减少 2.25 万人。由此可以看出，我国农村中学教师减少的速度总体很快。当前我国农村教师数量已经处于严重不足的状态，而西部农村教师数量不足问题更是突出。

从生师比方面看，我国农村教师生师比也严重失调。2004 年全国小学生师比为 19.98 : 1，而农村地区生师比为 20.3 : 1。小学生师比高的地区主要集中在贵州、西藏、甘肃和广西的农村贫困地区（马立，2006：201）。2007 年，我国城市小学生师比为 15.65 : 1，而农村小学生师比为 25.73 : 1；城市中学生师比为 14.83 : 1，农村中学生师比为 22.47 : 1，城市与农村生师比的差距较大，也表明农村教师严重不足（张谦，2009）。而这种现象在西部农村地区更是明显。随着乡村学校的撤并，西部农村教师数量也在锐减。许多乡村学校已经人去楼空，没有了教师，也没有了学生。

从教师质量方面看，西部农村教师质量也存在严重问题。这既体现在教师的学历方面，也体现在教师的职称、年龄、性别和专业来源方面。首先，西部农村教师专业化程度总体偏低，不少教师源于非师范专业。中华人民共和国成立以来，我国长期执行的是城市中心取向的办学模式，城市教师的专业化程度长期高于农村地区。2006 年实行西部农村特岗教师政策以后，农村教师招聘范围扩大到普通高校所有专业领域，导致农村教师特别是农村初中教师非师范专业化现象扩大。而在特岗教师的分配过程中，地方教育行政部门对农村教师队伍专业化发展的重视不足，导致农村教师学非所用的现象高于城市地区。农村教师的专业质量水平总体低于城市地区，一个重要因素是地方政府决策方面出现了问题。但就不同教育阶段的农村教师专业质量而言，笔者 2010 年对西部某县农村教师专业结构五十多年的变迁情况做了调查，发现在西部农村小学、初中、高等不同的教育阶段中，师范专业毕业的教师占所有任课教师的比例差别也比较明显：高中教师师范专业化程度为 91.38%，初中教师师范专业化程度为 88.61%，小学教师师范专业化程度为 86.87%。由此可以看出，西部农村高中教师的师范专业化程度高于初中教师，初中教师师范专业化程度高于小学教师。说明随着教育阶段的提升，西部农村教师的专业水平在提升。但与东部地区相比，西部农村地区教师的师范专业化比较低。如 2008 年，山东普通高中教师来源结构显示，来自师范专业的教师为 96.56%，占了绝对多数；来自非师范专业的教师只占到 3.44%。此外，西部农村教师学历层次总体偏低，具备本科学历的教师多数是二次学历教师。司晓宏和杨令平（2010）特别通过比较统计计算指出，2008 年东部地区小学专任教师学历高于标准学历的比例为 77.22%，西部地区仅为 71.50%，相差 5.72 个百分点。东部地区初中专任教师学历高于标准学历的比例为 66.44%，西部地区仅为 53.95%，相差 12.49 个百分点。而这种差距主要体现在西部农村地区。金东海等（2010）的调查发现，2008 年西北农村地区具有本科及以上学历的初中教师比例仅为 42.16%，低于 2007 年的国家水平（47.3%）5.14 个百分点。

从表 1-3 和图 1-3 高中教师学历结构可以看出，与全国普通高中合格学历教师相比，2008 年具有本科学历的全国普通高中教师比例明显高于西部和西部农村地区，西部地区普通高中本科学历教师比例则明显高于西部农村地区。2008 年全国普通高中本科学历教师为 89.35%，西部地区为 87.63%，西部农村地区则仅为 83.16%。而在具有硕士学历的高中教师比例比较中，全国为 2.2%，西部地区为 1.7%，西部农村地区则仅为 1.0%，全国普通高中具有硕士学历的教师比例也明显高于西部和西部农村地区。西部地区普通高中教师中，具有硕士学历的高中教师比例则明显高于西部农村地区。说明西部地区普通高中教师队伍中，学历越高的农村地区普通高中教师所占比例越小，学历越低的农村地区普通高中教师所占比例越大。

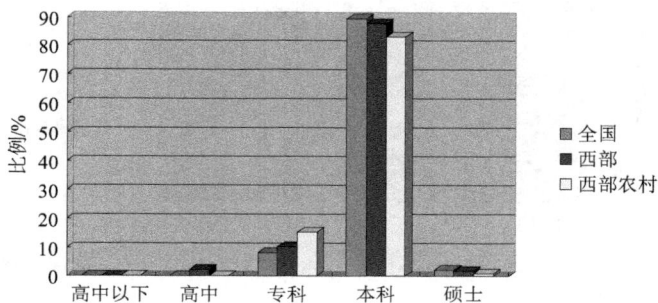

图 1-3　2008 年全国、西部、西部农村地区普通高中专任教师学历统计比较图

表 1-3　2008 年全国、西部、西部农村地区普通高中专任教师学历比较表

学历	全国 / 人	比例 / %	西部 / 人	比例 / %	西部农村 / 人	比例 / %
硕士	32 520	2.20	6 512	1.70	288	1.00%
本科	1 318 341	89.35	335 444	87.63	23 886	83.16%
专科	122 055	8.27	39 965	10.44	4 441	15.46%
高中	2 499	0.17	841	0.22	106	0.37%
高中以下	118	0.01	53	0.01	3	0.01%
合计	1 475 533	100	382 815	100	28 724	100

资料来源：根据《中国教育统计年鉴（2008）》原始数据计算所得（教育部发展规划司 . 中国教育统计年鉴（2008）. 北京：人民教育出版社，2009：318-319；322-323）

从表 1-3 和图 1-3 可以看出，西部农村高中教师学历达到本科的占 83.16%，低于西部地区约 4 个百分点，低于全国约 8 个百分点，和全国相比较，农村地区高中教师学历不合格问题也较为突出，而与初中和小学教师学历相比较，西部农村地区高中教师学历不合格问题也很突出。

初中教师过去的合格学历以专科学历为准，现在合格学历则开始以本科学历为准。但从表 1-4 可知，2008 年西部农村初中具备本科学历的教师比例为 46.56%，明显低于西部地区 50.29% 的比例，更低于全国 52.83% 的比例。而在具有硕士学历的初中教师比较中，西部农村地区仅为 0.14%，也明显低于西部地区 0.29% 的比例和全国 0.39% 的比例（图 1-4）。

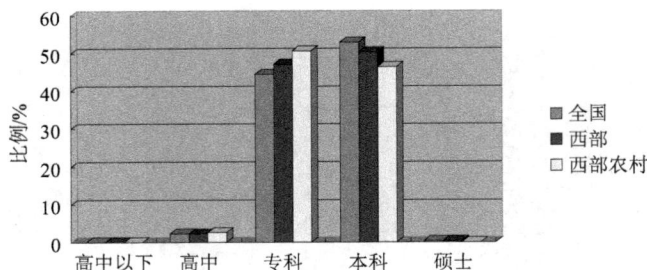

图 1-4　2008 年全国、西部、西部农村初中专任教师学历统计比较图

表 1-4　2008 年全国、西部、西部农村地区普通初中专任教师学历统计表

学历	全国/人	比例/%	西部/人	比例/%	西部农村/人	比例/%
硕士	13 557	0.39	2 868	0.29	1 178	0.14
本科	1 832 605	52.83	493 008	50.29	391 832	46.56
专科	1 546 219	44.57	461 349	47.06	426 580	50.70
高中	74 771	2.16	22 507	2.30	21 252	2.53
高中以下	1 805	0.05	674	0.06	613	0.07
合计	3 468 957	100	980 406	100	841 455	100

资料来源：根据《中国教育统计年鉴（2008）》原始数据计算所得（教育部发展规划司．中国教育统计年鉴（2008）．北京：人民教育出版社，2009：470-477）

以往小学阶段教师的合格标准是达到中等师范水平或同等学力水平，目前小学教师的合理学历标准提高到专科水平。而从表 1-5 和图 1-5 的数据比较来看，2008 年在西部农村小学教师中，具备专科以上学历的教师比例明显低于西部地区小学教师平均比例，也低于全国小学专科学历教师平均比例。在本科学历的教师比例中，西部农村地区小学教师本科学历的比例为 9.23%，低于西部地区的 11.97% 的比例，更低于全国 15.60% 的比例。西部农村小学教师学历明显偏低。

表 1-5　2008 年全国、西部、西部农村地区小学专任教师学历统计表

学历	全国 / 人	比例 / %	西部 / 人	比例 / %	西部农村 / 人	比例 / %
硕士	3 386	0.06	800	0.05	273	0.02
本科	877 063	15.60	205843	11.97	140 595	9.23
专科	3 104 234	55.22	990523	57.58	886 941	58.20
高中	1 596 066	28.39	499709	29.05	473 371	31.06
高中以下	41 189	0.73	23304	1.35	22 675	1.49
合计	5 621 938	100	1 720 179	100	1 523 855	100

资料来源：根据《中国教育统计年鉴（2008）》原始数据计算所得（教育部发展规划司. 中国教育统计年鉴（2008）. 北京：人民教育出版社，2009：550-557）

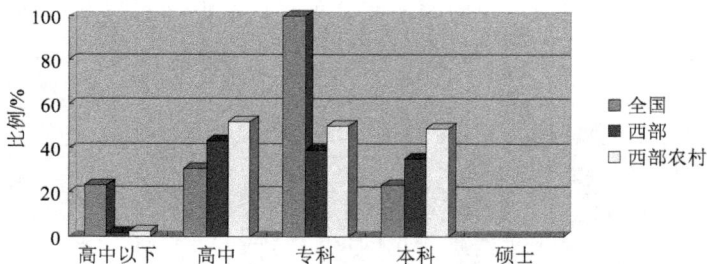

图 1-5　2008 年全国、西部、西部农村小学专任教师学历统计比较图

从表 1-6 和图 1-6 的统计数据中不难看出，与全国和西部地区高学历教师的比例相比较，目前具有本科以上学历的西部农村中小学教师比例明显低于西部中小学教师的比例，也远远低于全国比例。2008 年，全国中小学本科学历的教师数量占全国中小学专任教师总数的 38.27%，西部地区的比例为 26.56%，西部农村地区则仅为 17.60%。在拥有硕士学历的中小学教师队伍中，全国中小学教师的比例为 0.47%，西部地区为 0.37%，而西部农村地区则仅为 0.06%。而在专科及以下学历教师中，农村地区专科学历和高中毕业学历教师的数量较多、比例也偏高，全国和西部城市地区的比例偏低。而且据笔者 2009 年在陕西、宁夏地区进行的调研，西部地区许多农村学校 90% 以上教师的本科学历源于二次学历。

在教师队伍职称比较中，农村高职称教师相对更少。"2007 年我国西部小学教师群体中具有小教高级职称的教师比例均不足 15%，中学教师群体中具有中教高级职称的教师比例均不足 1%。西北地区教师职称整体偏低，尤其是具有高级职称的中学教师数量少之又少。"（陈富，2009）2008 年，西北农村小学具有

高级职称的教师比例为 0，初中为 6.62%，九年制学校为 4.32%；而同期全国普通小学、初中专任教师中具有高级职称的比例分别为 0.6% 和 8.8%。西北农村小学无高级职称教师，西北农村初中具有高级职称的教师比例比全国平均水平低 2.18 个百分点。西北农村九年制学校具有高级职称的教师比例虽然高于全国小学平均水平，但是比全国初中平均水平低 4.48 个百分点（金东海等，2010）。2001 ～ 2006 年，西部地区城乡教师职称差距比例小学由 13.9% 降低到 10.3%，初中由 25.7% 降到 21%，高中由 20% 降到 17%。城乡教师之间的职称差距开始缩小，但这种差距依然很明显。这既是职称评定普遍是近水楼台先得月，农村教师高级职称评定指标相对少，城市教师高级指标相对多的结果；也是许多农村教师评上高级职称后，想方设法流动到城市的结果。这些方面总体反映了农村教师质量和水平存在的严重问题，而这种状况在西部农村偏远落后地区更加普遍和突出。

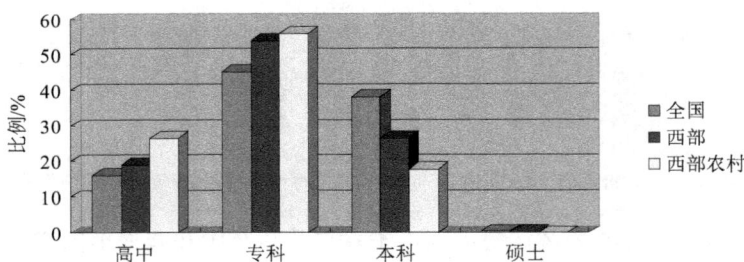

图 1-6　2008 年全国、西部、西部农村中小学专任教师学历比较图

表 1-6　2008 年全国、西部、西部农村地区中小学专任教师学历比较表

学历	全国 / 人	比例 / %	西部 / 人	比例 / %	西部农村 / 人	比例 / %
硕士	49 463	0.47	10 249	0.37	846	0.06
本科	4 028 009	38.27	732 440	26.56	261 724	17.60
专科	4 772 508	45.35	1 491 837	54.10	831 830	55.95
高中	1 674 336	15.91	523 057	18.97	392 395	26.39
合计	10 524 316	100	2 757 583	100	1 486 795	100

资料来源：根据《中国教育统计年鉴（2008）》原始数据计算所得（教育部发展规划司．中国教育统计年鉴（2008）．北京：人民教育出版社，2009：316-323）

从表 1-7 和图 1-7 可以看出，一方面，农村高中高级职称和一级职称的教师比例明显低于西部地区平均比例，也低于全国比例。2008 年全国普通高中高级

职称教师的比例为 22.33%，西部地区为 21.72%，而西部农村地区仅为 13.59%。2008 年全国普通高中中学一级职称教师的比例为 34.22%，西部地区为 33.63%，而西部农村地区仅为 30.2%。而西部农村普通高中二级及以下职称的教师比例高于西部，更高于全国比例。另一方面，在西部普通高中教师队伍中，职称越高的农村高中教师所占比例越小，职称越低的农村高中教师所占比例越大。西部农村普通高中高级教师仅占西部高中高级教师的 4.7%，西部农村高中三级教师占西部高中教师的近 20%。

表 1-7　2008 年全国、西部、西部农村普通高中专任教师职称比较表

职称	全国 / 人	比例 / %	西部 / 人	比例 / %	西部农村 / 人	比例 / %
中学高级	329 460	22.33	83 133	21.72	3 904	13.59
中学一级	504 970	34.22	128 734	33.63	8 676	30.20
中学二级	502 012	34.02	134 334	35.09	11 744	40.89
中学三级	24 619	1.67	6 356	1.66	1 157	4.03
未评职称	114 472	7.76	30 258	7.90	3 243	11.29
合计	1 475 533	100	382 815	100	28 724	100

资料来源：根据《中国教育统计年鉴（2008）》原始数据计算所得（教育部发展规划司. 中国教育统计年鉴（2008）. 北京：人民教育出版社，2009：470-477）

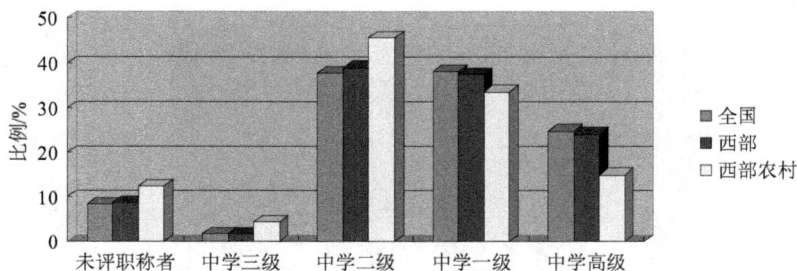

图 1-7　2008 年全国、西部、西部农村普通高中专任教师职称比较图

从表 1-8 和图 1-8 可以看出，西部农村普通初中一级及以上教师的比例低于西部地区整体比例，更低于全国比例，而西部农村普通初中二级及以下教师的比例高于西部地区整体比例，更高于全国比例。一方面，普通初中一级和中学高级教师比例随区域的扩大而变大。2008 年全国初中专任教师队伍中具备高级职称者占全国初中专任教师的 10.04%，西部地区初中高级教师占西部初中教师的 7.7%，而西部农村初中高级专任教师比例占西部农村初中教师总数的

5.8%。2008 年全国初中专任教师队伍中具备一级职称者占全国初中专任教师的 41.03%，西部地区初中一级教师比例占西部初中教师的 34.53%，而西部农村初中高级专任教师比例占西部农村初中教师总数的 33.49%。另一方面，西部农村初中二级及二级以下教师所占比例高于西部地区初中教师，也高于全国比例。西部农村初中二级教师占到了西部农村初中教师的 44% 以上，高于西部地区同级职称初中专任教师比例，也高于全国同级职称初中教师比例。而西部农村初中三级教师也占到了西部农村初中三级教师的 7.91%，高于西部地区初中三级职称教师的比例，更高于全国初中三级职称教师的比例。

表 1-8　2008 年全国、西部、西部农村普通初中专任教师职称比较表

职称	全国 / 人	比例 / %	西部 / 人	比例 / %	西部农村 / 人	比例 / %
中学高级	348 124	10.04	75 519	7.70	48 895	5.80
中学一级	1 423 602	41.03	338 572	34.53	282 017	33.49
中学二级	1 302 747	37.55	415 459	42.38	371 372	44.10
中学三级	161 170	4.65	69 085	7.05	66 611	7.91
未评职称	233 314	6.73	81 761	8.34	73 260	8.70
合计	3 468 957	100	980 396	100	842 155	100

资料来源：根据《中国教育统计年鉴（2008）》原始数据计算所得（教育部发展规划司．中国教育统计年鉴（2008）．北京：人民教育出版社，2009：551;553）

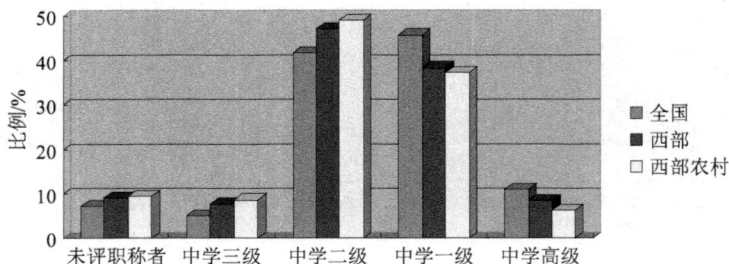

图 1-8　2008 年全国、西部、西部农村普通初中专任教师职称比较图

从表 1-9 和图 1-9 可以看出，在具有小学高级职称和中学高级职称的小学教师中，西部农村地区高级职称小学教师比例明显低于西部地区，更低于全国。2008 年，西部农村地区小学高级职称教师占西部农村小学教师总数的 39.81%，而西部地区小学高级职称教师比例为 41.15%，全国比例为 49.73%，西部农村地区小学高级职称教师比例低于全国小学高级职称教师比例近 10 个百分点。2008

年，西部农村地区小学教师队伍中具有中学高级职称教师占西部农村小学教师总数的 0.44%，而西部地区小学教师中具有中学高级职称教师比例为 0.56%，全国比例为 0.75%，三者差距也相当明显。西部农村小学一级职称以下教师比例明显高于西部，也高于全国。相应的在西部小学教师队伍中，职称越高的农村小学教师所占比例越低，职称越低的农村小学所占比例越高。西部农村小学中具有中学高级教师职称的人数仅占西部小学中具有中学高级教师职称人数的 1/3。农村小学具有中级及以下职称教师所占比例较大，占西部小学中中级职称教师的 66% 以上。说明西部农村小学教师整体学术能力、学术水平要低于西部地区的平均水平，更低于全国小学教师学术能力和水平。

表 1-9　2008 年全国、西部、西部农村小学专任教师职称比较表

职级	全国 / 人	比例 / %	西部 / 人	比例 / %	西部农村 / 人	比例 / %
中学高级	41 881	0.75	9 604	0.56	6 704	0.44
小学高级	2 795 610	49.72	707 913	41.16	609 096	39.81
小学一级	2 170 542	38.61	750 085	43.61	679 067	44.39
小学二级	269 333	4.79	126 978	7.38	125 840	8.23
小学三级	19 479	0.35	6 674	0.39	5 536	0.36
未评职称	325 093	5.78	118 925	6.90	103 625	6.77
合计	5 621 938	100	1 720 179	100	1 529 868	100

资料来源：根据《中国教育统计年鉴（2008）》原始数据计算所得（教育部发展规划司. 中国教育统计年鉴（2008）. 北京：人民教育出版社，2009：313-314）

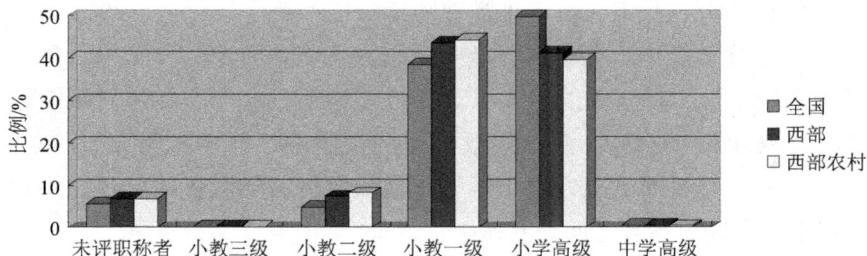

图 1-9　2008 年全国、西部、西部农村小学专任教师职称比较图

　　从普通中学教师的性别构成看（表 1-10），西部农村地区普通中学教师的性别比例有明显差别。2008 年，西部地区普通中学专任教师中男教师的比例明显高于女教师，代课教师中女教师的比例高于男教师，这在西部农村中学更为明显。这与高中课程的难易程度及男女教师的学历有很大关系。

表 1-10 2008 年西部地区普通中学男女教师数量统计表

身份	男教师 / 人	女教师 / 人	男女比例
专任教师	753 431	609 780	1.24：1
代课教师	12 704	13 154	0.97：1
兼任教师	3 864	2 111	1.83：1

资料来源：根据《中国教育统计年鉴（2008）》原始数据计算所得（教育部发展规划司. 中国教育统计年鉴（2008）. 北京：人民教育出版社，2009：548-549）

从表 1-11 可以看出，2008 年，西部地区小学男教师比例明显低于女教师。但据笔者调查，2008 年，宁夏某县有小学男教师 1689 人，占小学教师总数的 67.91%，而女教师仅有 798 人，占小学教师总数的 32.09%，说明西部农村地区小学男教师比例高于女教师比例（王安全，2012：63）。该数据反映了西部农村小学男教师在西部农村小学教育教学活动中发挥突出功能的同时，也反映了西部农村学校男女教师比例失衡进而影响学生身心发展的事实。

表 1-11 2008 年西部地区小学男女教师数量统计表

身份	男教师 / 人	女教师 / 人	男女比例
专任教师	755 181	964 998	0.78：1
代课教师	46 899	58 472	0.80：1
兼任教师	2 185	2 475	0.88：1

资料来源：根据《中国教育统计年鉴（2008）》原始数据计算所得（教育部发展规划司. 中国教育统计年鉴（2008）. 北京：人民教育出版社，2009：70-71，142-143，164-165）

从年龄结构看，我国农村中小学教师年龄结构趋于年轻化。2008 年，全国 35 岁以下的小学、初中、高中专任教师分别占 45%、57.9%、59.2%，青年教师占到了全国中小学教师队伍的一半以上；45 岁以下的小学、初中、高中教师分别占 71%、86.4%、90.1%，中青年教师占到全国中小学教师队伍的 3/4 以上。可以看出，中青年教师已成为中小学教师包括农村教师队伍的主体。不过，这种趋势在地区之间、城乡之间还有差距。

从表 1-12 和图 1-10 可以看出，2008 年西部农村普通高中 35 岁以下的青年教师比例明显高于城镇。而在 35 岁以上的教师队伍群体中，城镇高中教师比例则显著高于农村地区。2008 年西部农村普通高中 35 岁以下的青年教师占西部农村普通高中教师总数的 62.11%，而普通高中 35 岁以下的青年教师占西部城市普通高中教师总数的 56.09%，说明西部农村普通高中教师的年轻化程度远远高于城市普通高中教师。36~45 岁经验丰富的农村普通高中中年教师占西部农村普通高中教师总数的 28.90%，而该年龄段城市普通高中中年教师占西部城市普通高中教师总数的 33.72%。这与农村普通高中高级职称教师比例低于城市地区是相似的，说明西部农村普通高中中年骨干教师比例明显低于城市高中教师。西部农村普通高中 50 岁以上的老教师占西部农村普通高中老教师的 4.2%，而西部城市普通高中 50 岁以上的老教师占西部城市普通高中老教师的 4.82%，说明城乡高中老教师比例相差不大，但城市地区老教师比例更加合理。

表 1-12　2008 年西部普通高中专任教师年龄结构比较表

年龄	25 岁及以下	26~30 岁	31~35 岁	36~40 岁	41~45 岁	46~50 岁	51~55 岁	56~60 岁
农村 / 人	14 710	32 026	27 007	20 422	13 893	5 648	3 176	1 844
比例 /%	12.39	26.97	22.75	17.20	11.70	4.76	2.68	1.55
城镇 / 人	152 801	339 091	267 426	255 493	201 072	72 687	44 962	20 288
比例 /%	11.29	25.05	19.75	18.87	14.85	5.37	3.32	1.50

资料来源：根据《中国教育统计年鉴（2008）》原始数据计算所得（教育部发展规划司 . 中国教育统计年鉴（2008）. 北京：人民教育出版社，2009：70-71）

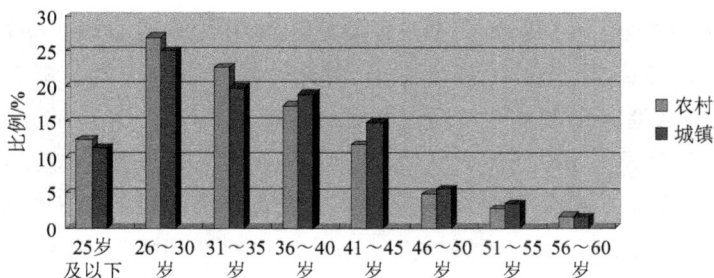

图 1-10　2008 年西部普通高中专任教师年龄结构比较图

从表 1-13 和图 1-11 可以看出，2008 年西部地区 35 岁以下普通初中教师群体中，农村教师的比值明显高于城镇。以 40 岁为分界点，40 岁及以下的农村普通初中教师占 73.69%，比例明显高于 41 岁及以上的教师，说明西部农村普通初中教师年龄结构的特征是教师队伍比较年轻，教学实践时间较短，因此农村初中教师的实践知识、实践能力整体上稍逊于城市初中教师。而 36~50 岁的普通初中教师队伍中，城镇各年龄段的教师比例均高于农村，说明城市初中教师的实践能力、实践知识普遍高于农村初中教师。

表 1-13 2008 年西部地区普通初中专任教师年龄结构比较

年龄	25 岁及以下	26~30 岁	31~35 岁	36~40 岁	41~45 岁	46~50 岁	51~55 岁	56~60 岁
农村 / 人	131 640	321 248	311 227	225 928	159 755	84 044	75 816	33 910
比例 /%	9.80	23.91	23.16	16.82	11.89	6.26	5.64	2.52
城镇 / 人	176 159	437 795	481 926	427 310	302 577	137 575	116 602	43 809
比例 /%	8.29	20.62	22.69	20.12	14.25	6.48	5.49	2.06

资料来源：根据《中国教育统计年鉴（2008）》原始数据计算所得（教育部发展规划司. 中国教育统计年鉴（2008）. 北京：人民教育出版社，2009：142-143）

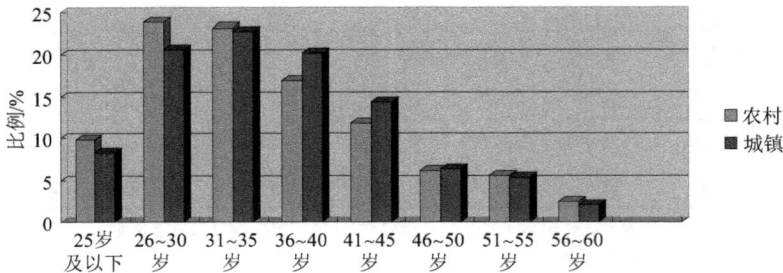

图 1-11 2008 年西部地区普通初中专任教师年龄结构比较图

从表 1-12 和表 1-13 中学不同教育阶段教师年龄结构的比较中得出，2008 年西部地区普通高中阶段 40 岁及以下的农村教师数量占到农村教师总数的 79.31%，农村普通高中教师的年轻化程度超过城市高中 74.96% 的比例，也超过农村初中教师 73.69% 的比例。这与农村地区普通高中教育的迅速发展和高中教师的快速补给有关，从各个层面上看，也说明农村高中教师由于教学实践时间短，实践知识、实践能力都比较薄弱。因为从成熟教师的形成时间来看，无论是普通初中还是普通高中的教师队伍，年轻教师过多或过少都不是好事，作为入职与退休的中间年龄，40 岁以上教师与 40 岁以下教师所占比例应当持平。

从表 1-14 可以看出，西部地区小学教师年龄结构存在一些突出问题：一是 50 岁以上的老教师比例过高。西部地区 50 岁以上的小学教师占小学教师总数的 18.33%，由于 50 岁以上的男女教师平均只有 7 年的任教时间，50 岁以上的教师占教师总数的 20% 较为合适（王安全，2014：233），西部地区该年龄段小学教师比例略高，严重超出了该年龄段任教年限比例。二是西部地区超过 40 岁的中老年教师比例也比较高。西部地区 41 岁及以上的小学教师占西部小学教师总数的 42.63%，占到了小学教师总数的将近 1/2。

表 1-14　2008 年西部地区小学专任教师年龄结构表

年龄	25 岁及以下	26~30 岁	31~35 岁	36~40 岁	41~45 岁	46~50 岁	51~55 岁	56~60 岁
人数 / 人	448 851	1 067 468	923 869	784 365	741 222	624 199	752 970	277 207
比例 /%	7.98	18.99	16.44	13.96	13.19	11.11	13.40	4.93

资料来源：根据《中国教育统计年鉴（2008）》原始数据计算所得（教育部发展规划司．中国教育统计年鉴（2008）．北京：人民教育出版社，2009：164-165）

无论教师队伍年轻化发展还是老龄化发展，都会影响学校正常的教育教学活动的开展。老教师有其教育教学上的经验优势，也有其精力等方面的缺陷和不足。老教师经过长期的教育教学实践锻炼，普遍积累了丰富的教育教学经验，容易避免教育教学上的一些错误。但老教师也有不足之处，如传统守旧、不愿意进行教学改革，难以承受农村地区因师资匮乏而普遍存在的大负荷量的教育教学活动任务等，也为农村小学教学质量的提高带来了负面影响。

二、西部农村教师的生存与发展状况

（一）21 世纪前西部农村教师队伍生存发展情况

21 世纪前，西部地区经济社会经历了复杂变化，造成西部农村教师队伍生存发展的复杂状况。20 世纪 50 年代至 80 年代，农村多数教师由学历层次不高的民办、雇佣等各类身份教师构成。不少农村小学教师队伍中具备一次性本科学历的几乎为零，具备一次性专科学历的也少之又少，而具有中等师范学历和民办转正的教师却占到小学教师总数的 85% 以上，这又为农村教师队伍的学历提升带来了巨大压力。这部分教师虽然学历和文化水平不高、社会地位较低、生活待遇较差，但在不被社会重视的情景下，仍顽强地生活在乡村学校中。但由于其进修学习和参加各类培训的机会少，所以发展的空间不足，发展水平不高。20 世纪 80 年代至 2000 年，在国家相关政策的要求下，民办教师开始大量转正并最终被基本解决。转正后的民办教师工资收入有了明显提高，生活质量有了明显改善，其社会地位也有了显著提高。而且民办教师转正要经过培训，其专业知识、专业技术和专业能力水平也有了提高。但由于被转正的民办教师大多数是有多年工作经历的老教师，随着这部分教师年龄的增大和退休，农村地区出现了严重的师资短缺问题，继而加大了在职教师的工作和生存压力，也影响了其继续发展的空间。

从农村教师专业及发展来看，21世纪之前，西部农村地区长期存在教师缺编、教师编制被挤占挪用和学科、学历结构不合理的现象。由于上述现象的出现等原因，一些规定学科的教师数量很少，村级小学一人教一个年级和一人教多个学科的现象很普遍。因此，农村教师的工作量普遍较大，工作负担偏重，生存压力偏大，且不能按照自己的喜好、特长发展自己。根据本书对宁夏某市教师情况的不完全统计，20世纪80年代前，西部农村小学的语文、数学等学科只有半数教师教学对口，其他学科很少有专业对口的各科教师。2000年前，西部农村小学教师教授自己本专业课程的不足2/3。在音乐、体育、美术等技能性很强的学科中，专任教师数量不足1/2，以致一些语文、数学专业毕业的大学生兼任了音乐、体育、美术等学科教师，造成农村地区教师队伍专业化发展水平严重不足。

从农村教师的幸福感来看，调查发现，由于物质匮乏、收入不高，20世纪80年代前只有小部分公办教师有一定的职业幸福感，大部分教师缺乏职业幸福感。20世纪80年代至21世纪，西部农村中小学教师对生活条件的主观幸福感仍然不高。多数农村教师，特别是民办、代课教师在工作过程中除了对同事关系、教师职业有初步认可，对自己的工作成绩基本满意之外，对教师的待遇和社会地位普遍表示不满意。西部各地财政收入严重不足和缺乏有效的地方财政投入，农村中小学教师的报酬和福利长期不足，远远低于其他行业，导致其住房问题长期得不到有效解决；工作条件差，工作时间长、压力大，进而造成其职业幸福感缺失的状况。尽管在中学工作的教师工资待遇要好一些，但是这些教师的工作压力和工作负荷相对更高，而且很多教师就是因为超负荷工作而积劳成疾，进而影响其身心健康发展，也严重影响其职业幸福感的形成。对于多数西部农村偏远学校而言，尽管国家采取各种政策措施弥补城乡和薄弱学校教师收入差距，但有时经费也难以兑现。一些农村中小学教师因为拿不到政策允诺发给他们的津贴，心理普遍感到不平衡，也影响了其职业幸福感的形成与提升。

（二）21世纪以来西部农村教师自身发展状况

21世纪以来，为了改善西部农村教师队伍的生存状况，国家相关部门在教师工资待遇、津贴、住房保障、医疗保险等方面又陆续出台了很多政策文件。随着这些农村教师生存政策的落实，拖欠农村教师工资的问题基本得到了解决，农村教师的工资待遇得到了基本保障，生存状况也有了明显改进。而为了改善西部农村教师发展状况，国家在西部农村地区又陆续实施了"城镇教师支援农村教育工作计划""农村义务教育阶段学校教师特设岗位计划""农村学校教育硕士师资培养计划""免费师范生招生计划"和"大学生志愿服务西部计划实施方案"等一系列政策措施，以及提高西部农村教师素质的系列政策措施，如严禁聘用代课教师、大规模开展农村教师培训等政策。新举措实施后，西部农村学校按计划招聘了不同类型的师范类毕业生，减少了不合格代课教师的数量，同时大大提高了在职教师的各方面素养，农村教师的整体情况得到明显改进。

从农村教师学历和知识发展情况看，21世纪以来，国家和西部地区各级政府部门通过增加编制、扩大农村教师规模、实施农村在职教师培训等方式，促进了农村中小学教师的学历层次逐年提高，进而促进了其知识水平、专业能力的稳步提高。21世纪以来，国家不断制订新的农村教师编制计划。例如，2009年教育部下发了《关于进一步落实〈国务院办公厅转发中央编办、教育部、财政部关于制定中小学教职工编制标准意见的通知〉有关问题的通知》。该通知下发后，西部各地教育部门均展开了全面清查中小学教职工编制的工作：清理所有被挤占、挪用和截留的编制，严禁在有合格教师来源的情况下，"有编不补"、长期聘用不合格代课人员的行为。这些工作为实施"农村义务教育阶段学校教师特设岗位计划""免费师范生招生计划""大学生志愿服务西部计划实施方案"等政策扫清了障碍，促进了大批高学历师资队伍快速进入西部农村，促进了西部农村教师学历和知识水平的快速提高，也促进了农村教师的学历提高。年轻的毕业生到西部农村学校任教之后，不仅使西部农村教师队伍获得了大量新鲜血液，有力缓解了农村地区教师紧缺和结构性矛盾的问题，有效改善了农村学校教师队伍的年龄、学历、学科结构状况，提高了教师队伍的整体素质，也在一定程度上缓解了农村在职教师的生存、发展压力，大大提高了农村教师队伍整体的专业化水平。

从农村教师专业发展条件、专业发展水平看，随着教师资格制度的全面实施，到2008年，西部农村中小学正式教师已全部取得教师资格，大多数非正式代课教师也取得了教师资格。教师资格制度的实施为农村教师专业化发展提供了基本条件，对形成教师准入机制，规范教师来源渠道，提高中小学教师包括农村教师队伍专业化水平和整体素质也发挥了重要作用（黄白，2008）。而随着中小学职称制度改革的实施，农村中小学正式教师中的多数人取得了职称证书，农村中小学教师的职称结构有了大幅改善，高级职称教师人数及比例也有了明显提高，这在某种程度上又促进了农村教师的专业能力和专业水平的提高。

从农村教师专业思想、专业理念看,21世纪以来,通过大规模补充新教师、城乡对口交流和培训学习等政策实施,农村教师的学生观、课程观、教学观有了显著改善,农村教师对课程改革和素质教育也有了新的认识。许多教师认识到,在现代知识观念和新课程的环境下,教师不再是传统的"知识的传递者和灌输者",也不再是知识的权威和代表,而是知识学习的引路人。通过专业思想变革,这些教师逐渐成为有一定理解能力、认识能力和思考能力的积极、主动的新型教师。

当然,受政治、经济、文化传统和自然环境等多方面因素影响,我国西部农村地区依然存在着师资质量偏低,师资力量薄弱,高学历教师不愿意去等诸多问题,这在很大程度上又影响着农村教师生存状态的进一步改善。而且某些农村教师政策,特别是在"农村义务教育阶段学校教师特设岗位计划"的实施过程中,没有考虑到毕业生所学专业与农村中小学教师需要的对接问题,没有明确限制特岗教师岗位条件及所需专业条件,致使某些岗位专业应聘者所学专业呈多样化的特点,以及新任教师所教科目与自己大学所学专业不符、新任教师到岗后"教非所学"现象的发生。有些学校教师专业与学科不配套,数学、外语、物理、地理、音乐、美术等学科教师不足,一个专业毕业生教两个不相关学科的现象在一些学校十分普遍,这些都在不同程度上影响了教师队伍专业化发展(张秀陶和郑晓婷,2011)。

三、西部农村教师生存发展问题原因

(一)信息环境是影响农村教师发展的关键原因

从上述农村教师生存、发展状况看,经过政府、学校、社会各界的数十年努力,西部农村教师生存、发展状态有了一定改善,但是,由于多种因素影响,农村地区教师生存发展问题始终没有彻底解决。系统总结下来发现,封闭的信息环境、单调的生活方式及本土化教师队伍是西部农村教师生存与发展问题十分突出的重要原因。

其一,封闭的环境影响着西部农村教师的思想观念和行为方式变化。农村教师大多生活于交通不便的地区,不少西部农村偏远地区的教师还常年生活于信息封闭地区。这些教师除了上课之外,很少与外界联系和交往,更少通过网络媒体主动了解外界。因为西部农村地区的多数学校没有互联网,许多教师获取最新知识信息的途径除了电视以外，只有报纸。而农村学校订阅的报纸种类繁杂，教育类信息较少，知识更新速度慢容易导致其信息闭塞、教育观念陈旧、教育思想保守。很多教师长期沿袭着传统的教学技术路线，固守粉笔加黑板的教学手段，也大大影响了其教育教学创新的动力。

其二，单调的生活方式影响着西部农村教师的教学热情。西部农村地区的许多小学不同程度地实行了包班制，这些小学班主任老师担任了任教班级的音乐、美术、英语等多种课程教学任务，导致他们常常身兼数科而不能术业有专攻。例如，体育课上，拿几个篮球交到学生手里，提醒他们注意自身安全就算完成了教学任务；自习、午休都待在教室；整日接触的除了教师就是学生，无法建立较多的社会关系。因此，西部农村教师的工作、生活十分单调，缺乏教育教学热情，严重阻碍了教师的生活质量提高和专业化发展。而要想在任何一门课上有所创新，不仅要对课程、对学生有足够的兴趣与热情，还需要周边丰富的自然、社会环境的正向影响。

其三，本土化教师队伍影响着当地教师知识视界的开拓。笔者通过调研发现，在西部农村地区，农村教师的本地化现象更加凸显，乡村小学教师队伍中极少有外地教师存在。由于广大农村中小学教师大部分来源于本地，他们服务于当地农村，他们的行为方式与当地农民的生活习惯和本土的农村文化融为一体，这在很大程度影响了作为知识分子的他们应有的知识视界，也影响到他们专业精神的养成和专业品质的提升。

（二）经济收入是西部农村中小学教师队伍建设滞后的直接原因

经济收入是影响农村中小学教师物质生存现状的最基本问题。尽管《中华人民共和国教师法》规定，"教师的平均工资水平应当不低于或者高于国家公务员的平均工资水平"。但笔者了解到，西部农村中小学教师对教师群体整体待遇的看法上趋于一致，普遍认为农村教师的待遇明显低于当地公务员，且没有额外收入。与城市和东部地区教师相比，西部农村地区的生存环境可能无法为教师提供其他的兼职机会，而且西部农村地区没有"择校费"，也不可能通过向学生收取"赞助费"来改善自己的生活水平，仅是最基本的学杂费已使部分学生家庭负担不轻，而这些学杂费仅能维持教具与办公纸墨所需（陶军明，2007）。因此西部农村教师群体的奖金、教学津贴等总体偏少，尤其是义务教育阶段的农村中小学教师的奖金则更少。据调查，在西部农村地区，许多普通初中教师一学期的教学成果奖人均仅几百元，农村小学教师基本没有奖金，而城市教师的奖金高于农村中小学教师奖金的数倍乃至几十倍。

由于农村教师经济收入不高，为了生存和发展，他们需要精打细算、省吃俭用，因此西部农村教师的消费水平偏低且结构单一。西部农村教师与东部和城市教师相比，其消费水平明显要低很多。不少西部农村公办教师的工资主要用于购买生产生活资料、供养子女上学、走亲送礼，除去这些开支，他们每月的收入所剩无几。所以，对于西部地区的广大农民来说，农村教师的经济来源相对更有保障，在他们眼中，农村教师是有身份、有地位的人。但对于东部发达地区和城市的有知识、无职业者而言，农村教师又是迫不得已而从事的职业。这也是西部农村地区难以吸引和留住师资人才，教师队伍建设长期滞后的重要原因。

（三）教学资金投入和教学条件是西部农村中小学教师队伍发展乏力的重要原因

中华人民共和国成立初期，由于我国经济发展水平不高，教育投入总体严重不足，为了将有限的资金用在精英人才的培养上，国家长期实行办重点学校、办示范学校、快出人才政策。而我国重点学校集中在城市和东部发达地区，导致城乡和东西部教师发展差距越来越大。改革开放以后，特别是 20 世纪 90 年代以来，为了缩小东西部和城乡发展差距，维护社会公平与正义，我国教育领域开始积极实施东西部和城乡教育均衡发展政策，将一部分资金投入到西部农村学校和西部农村教师队伍建设上，来促进农村教育和农村教师队伍的快速发展。但是，1998 年之后的高校扩招拉动了高中教育发展，许多地方把教育经费投入到高中的新建和扩建中，这使得本来就少的教育经费更多地集中到了城市高中，降低了农村的义务教育投入。这些政策虽然使西部农村地区实行免费义务教育后教育经费紧缺的情况有所好转，但依然有严重的负面影响。随着地方经济实力的逐步增强，近年来，西部各地的教育经费又有所增加，但也主要用于城镇学校的教学楼、综合楼、科教楼、仪器室、电教室、图书室和运动场地的达标建设上。所以，尽管城市的教育发展展现出了现代教育气息，但农村地区的不少学校仍然缺乏像样的教室。据有关数据显示，我国西部农村不少中小学的危房尚未得到解决，更谈不上实验仪器设备、图书资料等教学必备条件的改善（刘克亚，2010）。由于历史积淀和现实措施不足，国民经济为西部教育服务的能力与实际需要相差甚远，我国西部农村教师队伍相对落后的状况还没有得到根本扭转，这种状况严重影响着西部农村教师教学水平和教学能力的发挥，也抑制着农村教师稳定于当地教育教学活动的信心和勇气，进而影响着西部农村教师队伍的建设和发展水平。

西部农村中小学教师工作场域环境决定了他们必须面向西部、面向广大乡村。而西部农村学校特别是各村级学校地理位置偏僻、交通不便，加上教育经费严重不足，教学硬件设施配备较差，造成大部分乡镇所在地的中学和中心学校的电脑等教学设施基本上还是多年前的配置，许多村级小学没有电脑，无法进行多媒体教学，更谈不上互联网的运用和学科课程与多媒体技术的整合。据笔者调查了解，一些西部地区 16.14% 的农村小学教师和 8.59% 的农村中学教师从未应用过多媒体技术进行教学，16.14% 的农村小学教师和 9.37% 的农村中学教师仅在公开课上使用多媒体进行教学。广大农村教师固守着粉笔加黑板的教学方式，这种一块黑板、一本书、一支粉笔、一张嘴的传统教学方式，远远跟不上现代教育发展和新课程改革的前进步伐，也严重制约了农村教师的发展。

（四）社会保障机制是制约西部农村教师队伍建设的间接原因

《中华人民共和国教师法》第六章第二十七条规定：地方各级人民政府对教师以及具有中专以上学历的毕业生到少数民族地区和边远贫困地区从事教育教学工作的，应当予以补贴；第二十八条件规定：县、乡两级人民政府应当为农村中小学教师解决住房提供方便（胡寅生，1995：141）。但在现实中，很多农村中小学校都没有住房补贴，西部地区许多教师的住房公积金与城市学校相比要少很多，甚至没有。缺少住房公积金在一定程度上影响了农村教师购房的积极性与可能性，也影响了农村教师安居乐业的可能性，进而影响到农村教师工作的稳定性。因此，加强农村教师住房公积金制度改革，改善西部农村地区教师的住房条件，是政府和教育行政部门改善教师生存发展状态，加强西部农村教师队伍建设过程中需要面临的一个紧迫问题。

从社会保障制度层面看，推行教师全员聘任制之后，就要建立与之相适应的、较为完善的社会保障机制。但是，由于政府部门社会保障制度的设计、执行不到位，当前西部农村中小学教师普遍没有办理失业保险。农村教师下岗、待岗或离开教职岗位后，缺乏应有的经济保障，影响了该地区的教师队伍建设。一方面，推行岗位聘任制以后，西部农村教师养老等社会福利问题更加突出。许多教师在晚年时，分享不到任何社会福利资源，甚至与原学校的关系也逐渐疏远，直接影响了年轻教师进入该地区的信心和勇气，也抑制了本地区的教师队伍发展。另一方面，西部农村偏远地区的中小学教师绝大部分时间在农村度过。他们常年坚守在教学第一线，常年超负荷劳动。由于教学任务繁重，无暇顾及自己的身体健康状况，许多农村教师未到退休年龄就已经出现体质较差的状况。他们往往是小病小养抗着过，遇到重病才去看医生，但在遇到大病需要拿出几万乃至数十万元医疗费时，已经无法应对。而西部农村地区的医疗条件普遍比城市差，因此，尽管农村教师普遍参加了职工医疗保险，但遇到一般疾病时，许多教师仍得不到有效医治。《中华人民共和国教师法》第二十九条规定："定期对教师进行身体健康检查，并因地制宜安排教师进行休养。"（胡寅生，1995：141）我们在现实生活中发现，基层政府部门对农村教师的健康状况普遍关注极少，许多农村教师自工作以来从未参加过任何公费体检，种种事项直接影响了其身心健康发展，也影响着本地区教师队伍建设的质量和水平。

（五）西部农村教师的随意性管理影响了教师队伍整体水平提高

研究发现，西部农村教师发展极不均衡，呈现出两极化发展境况：有些地区的中小学教师在放养下随意发展，有些地区的中小学教师则在严格束缚下循规蹈矩式发展，导致各个地区农村教师的发展水平不同。而农村教师发展水平不一，主要源于农村地区宽松不一的管理方式。从制度层面看，依照人性化管理的要求，国家有关农村教师的政策法规越来越有利于西部农村教师的自主发展。但具体到地方和学校后，有些学校管理者为了凸显自己的权利，往往通过各种具体制度和实施细则，将农村教师的教育教学自由限制到难以正常发展的地步。由于这些农村学校中许多具体的管理制度不是根据适当的教育理念和学校特点制定出来的，而是根据学校管理者的主观意愿想象出来的，更多情况下是为了管理和约束需要而采取的措施。因此，这些学校制定出来的严格的制度，变成了束缚教师思想行动的"脚镣"和教师教育教学创新的"枷锁"，不少农村教师的工作也因此而越来越缺乏自主性。在一些地方调查中发现，不少农村学校对教师考勤管理严格，一般不允许请假。个别学校对于教师教案写作情况检查很严，一般每周一检查，同时要求无论新老教师、主副科教师，都要备详案：主课每节课至少准备6页教案，副课每节课至少准备3页教案（王慧和马晓娟，2007）。这种"一刀切"的管理方式在很大程度上也限制了农村教师教学能力和水平的提高。在各种管理制度的严格约束下、在"分数一统天下"的评价体系影响下，这些农村学校的不少教师也变得因循守旧、盲目顺从，教学方式缺乏个性和创新性。另外，一些学校对教师如何备课、上课，如何考核和评价学生不做具体规定，管理方式自由松散，对教师缺乏任何约束，也影响了教师的专业化发展及教育水平和教学能力的提高，影响了农村教师整体水平的提高。

（六）西部农村教师普遍缺乏知识更新的机会与时间

在享受教师教育资源、更新知识结构方面，西部农村教师与城市教师相比，具有非对称性。西部农村中小学教师普遍缺乏知识更新的机会与时间。

第一，西部农村教育信息化水平严重滞后，不利于教师自主开展知识结构的更新。从农村教师可以利用的教师教育资源（大学、师范学校、教师进修学校）看，西部农村教师与东部地区和城市教师相比较，可以利用的教师教育资源相对较少，导致他们进修学习成本高，如要付出更多的交通费、住宿费等。而他们的进修学习普遍又缺乏学校的经济支持，造成其自主进修的机会少，到大城市接受高等教育的机会就更少，这在较大程度上影响了本地教师队伍的专业化建设水平。

第二，农村教师缺乏进修培训的时间保障。从农村教师的数量结构上看，西部农村教师队伍长期存在数量不足、结构不良等突出问题，进而影响在职教师离职培训的时间和机会。造成农村教师数量不足的原因主要体现在两个方面：一方面，从新教师补给角度分析，尽管在 2000 年后，教育主管部门屡屡强调新上岗教师首先要优先满足农村教育的需要。但是，许多新手教师不愿意到西部去，更不愿意到西部农村和农村基层学校去，致使国家即使通过设立特岗教师这一方式，也不能彻底扭转西部农村基层学校教师长期短缺这一局面。另一方面，城市化流动导致农村骨干教师数量减少。尽管我国西部地区有上百万乡村教师，他们承担着上千万农村中小学生的教育任务。可是，西部农村基层教师的实际收入远低于同等层次的城市学校教师，也低于乡镇中心学校、乡镇中学的教师，导致农村基层教师，特别是农村青年骨干教师、优秀教师大量流失。由于农村教师频繁向城市化流动，农村教师数量每年都在减少，一些西部农村学校甚至出现六个年级只有 3～5 名教师的情况，进而严重影响在职教师的离职培训学习。而且西部农村地区已有教师长期大量流失、新手教师又得不到有效补给的现象，许多西部农村学校因为师资力量紧缺，常常无法抽出多余的教师，安排其去进修学习。许多农村教师即使是为了提高学历，也只能以自学考试、函授辅导等形式进行，这又大大影响了农村教师知识结构更新的质量和教师队伍专业化发展的速度。

第三，从农村教师的培训学习经费方面看，由于地方财政收入严重不足，许多地方政府和教育行政部门也无力筹集专门的资金用于教师培训。尽管按照教育行政部门的经费预算安排，各农村学校也会有一定的教师培训费用。但西部农村教师的培训经费主要源于国家财政拨款，即使有了国家财政拨款，西部农村教师的培训经费管理规范也差强人意。一般来说，农村学校普遍愿意将上级部门核拨的教师培训费用，用于日常的教育教学管理方面，而很少将这笔资金拿出来邀请专家讲学，对教师进行集体辅导培训，也很少用这笔钱送教师外出培训。由于以上条件的限制，农村教师参加工作后，其业务能力提高缓慢，进而导致教师队伍建设不足等问题。

另外，西部农村中小学教师还存在其他方面的多重发展压力，如教师的身份、学科、年龄、学历、职称等多个方面，这些压力进而会影响其多方面发展。从教师的身份结构看，尽管目前农村公办教师所占的比例最多，但有调查发现，西部农村地区迄今仍有比例不等的代课教师。这在一定程度上反映出西部农村代课教师存在巨大的转正压力。从学科结构看，西部农村地区依然有音乐、体育、美术、英语教师短缺，教师专业结构失衡的问题。这在一定程度上反映出，不少教师存在跨学科的教学压力和难以发挥个人学科优势的心理压力。从年龄结构看，由于教师外流和新进教师数量较少，教师的年龄分布不均、年龄结构老化现象严重，农村教师中年龄偏大的教师有较大压力。从学历层次看，农村教师的学历层次偏低，且二次以上学历是教师队伍的主力，反映出农村教师学历提升的压力较大。从职称情况看，农村教师晋升高级职称的速度慢、高职称教师比例失当是其结构失衡的主要问题，反映出农村教师职务晋升压力大、农村低职务教师晋级压力更大的事实。由于西部农村教师存在多方面的发展压力，有些压力在某种程度上超越了当地教师的承受能力，这势必会给农村教师发展带来一定的消极影响。

第四节 影响西部农村教师发展的诸多因素

从系统论角度分析，影响西部农村教师发展的因素很多，有自然环境、社会文化、政治经济因素，也有教育和教师政策因素。其中自然环境、社会文化因素以其发散性、渗透性强的特点，潜移默化地影响着农村教师的发展；政治经济因素以其基础性、强大性的特点，在宏观和总体方面影响着农村教师的发展；教育因素直接影响着农村教师的发展，而教师政策则以指导、命令等方式，成为制约农村教师发展的关键性因素。

一、政治、经济、文化及自然环境因素

第一，西部农村地区大多自然环境恶劣，严重影响着各类就业人员，特别是农村教师的从业情绪。我国自然条件最差的地区多处于西部农村地区，呈块状、片状主要分布在西北、西南高原、山地、丘陵、沙漠、喀斯特等地区。这些地区干旱少雨、多沙漠，旱、涝、冻、风、沙等灾害频繁不断，或是干旱严重，降水量小且又集中在夏季；或是地表水源不能利用，喀斯特地形地表水渗透严重；或是高寒阴冷，有效积温严重不足；或是山高坡陡，水土流失严重、灾害频繁。大多数地区受恶劣的自然条件影响，不适合第一产业农业的耕作。而且，西部大多数地区位置较为偏僻，远离经济中心，地理位置十分不利于经济、社会，特别是教育事业发展。如果按发达地区自然条件衡量，西部相当多的地区会被认为处于人类不适合生存的环境。因此，西部农村地区不良的自然环境严重影响到各类就业人员，特别是工薪阶层人员，以及农村教师的工作信心和工作情绪，这也是多数教师不愿到西部地区去、不愿到西部农村学校任教、到农村去的教师迅速离开农村学校的重要原因。

第二，西部农村地区水、电资源缺乏，基础设施薄弱，制约着农村教师生活条件的改善。一方面，中国西部农村地区大多严重缺水。由于地理环境等因素影响，西部多数地区常年干旱少雨，自然条件恶劣，全地区多年平均降雨量235mm 左右，而年蒸发量却高达 1000～2600mm。据统计，自 20 世纪 90 年代初以来，西部地区农田每年受旱面积占耕地总面积的 1/3，比 80 年代增加 1/3，且呈加剧趋势（张春园，2000）。水资源不足既影响当地普通百姓的正常生活，也严重影响农村学校和农村教师的正常生活。而西部农村地区电力不足的问题更加突出，全国无电人口主要分布在内蒙古东部、陕甘宁、豫东皖西、贵州、滇桂、川青、西藏等许多中西部贫困地区，这又极大地制约着农村教师的教学条件和工作环境改善。另一方面，西部农村贫困地区多数处于偏远山区，地区交通极其不便。我国最为落后的西部地区，虽然土地面积占全国的 2/3 以上，但铁路里程还不到全国的 1/4，公路密度不到全国的 1/3，广大边远贫困山区尚有一半至 2/3 的乡村不通公路，农村公路"一差，两低，三不足"问题十分突出（新疆公路学会，2002）。这种条件直接影响着西部农村教师正常的生活秩序，影响

着农村教师知识信息获得的渠道，也制约着农村教师生活质量和生活条件的改善，同时，也会影响和动摇农村教师工作的信心，制约农村教师信息化水平的提高。

第三，西部农村地区人口数量发展相对较快，农村人口质量和素质相对较低的现象，给农村教师发展提出了新要求。与东部发达地区生育观念和城市地区严格的人口控制措施相比较，西部农村人口生育观念滞后，生育控制措施不力，导致西部农村地区人口增长速度较快。与经济落后、经济增长速度缓慢相反，我国西部贫困地区是我国人口增长速度最快的区域。据统计，1953 年，我国西部人口为 1133 万，占全国人口总数的 23%。2001 年，西部 12 个省（自治区、直辖市）的人口达到 36 447 万，占全国总人口的比例上升为 28.17%。最近 11 年时间里，西部人口增长了 10 531 万，增长速度快于全国（吴云龙，2003）。农村新生人口数量的增加，意味着上学人口数量的增加，以及既有农村教师工作负担的加重。但是，西部农村地区文化设施相对落后，办学条件较差，文化生活单一，加之一些家庭生活困难，无力长期支持子女上学，适龄儿童失学、辍学率也较高，导致青、壮年文盲比例偏大。据相关部门 2002 年统计，西部农村劳动力平均受教育年限指数仅为 5.70 年，刚刚接近小学毕业水平。西部 12 个省（自治区、直辖市）中只有 4 个省（自治区、直辖市）的农业人口的文化水平超过了全国平均水平，5 个省（自治区、直辖市）的农业人口高中文化程度不足 3%，贵州仅为 1.77%，西藏只有 0.32%（孙诚，2007：87-88）。这大大加重了西部农村教师的扫盲任务和普及义务教育的负担，也影响了农村教师发展的效率。因此，要想保持农村教师正常的工作量，就要继续不断增加西部农村教师的数量。而人口增长速度过快，人地矛盾突出，基本生存条件恶化，无法保证正常的营养供给，又会造成贫困地区人口身体素质的不断下降。加上一些少数民族地区传统的近亲结婚和水土条件给西部农村地区人口素质带来的损害，反过来又给农村教师增加了普及科学文化知识、全面提高农村人口素质的任务。

第四，西部地区卫生状况落后，制约了当地农村教师的身心健康发展。农村地区大多既缺乏优秀的医务工作者，也缺乏先进的医疗器材，更缺乏合理的医疗政策措施。有调查显示，在宁夏有些乡镇卫生院竟然十年没有进人（韩春艳，2012）。医务工作者特别是优秀医务工作者的缺乏，以及医疗器械的短缺，一定程度上会直接影响农村教师的身心发展。而医务工作者的短缺既有学校培养方面的问题，也有行政编制等制度方面的问题。因此，提高农村教师的身心健康水平，不仅是政府和卫生部门的事情，同时也是农村教师的教育任务。这需要农村教师从补救农村成人卫生保健知识和农村儿童卫生保健工作抓起，普及卫生保健知识。这无形中会加重农村教师的工作负担，影响西部地区农村教师的从业心理健康。

第五，西部地区财政收入水平低，公共投入和基础投入严重不足，严重影响本地区的教师教育投入。西部地区传统的主要收入是农牧业收入，但西部地区农业生产条件较差。全国 592 个国定贫困县中西部地区占据了 307 个（冯之浚，2000：206）。1995 年全国贫困县人均财政年收入 105 元，仅相当于全国平均水平的 30%；国定贫困县累计财政补贴 101 亿元，县均 1706 万元。2003 年东部地区 GDP 占全国 GDP 比例的 58.49%，是西部地区的 3.81 倍；中部地区 GDP 处于下降趋势，但仍是西部地区的 1.70 倍（孙诚，2007：2）。由于西部农村地区财政收入水平偏低，长期处于财政赤字状态，贫困县无力拿出财政收入改善贫困社区公共设施，进而造成农村地区基础社会服务低水平状态，其中最突出的问题是影响西部农村教师教育的投入和农村教师的实际收入，也影响农村教师扎根农村教育教学的决心。

二、教育资源因素

（一）课程资源因素

西部农村基础教育课程资源丰富，但由于地方教育行政部门相关人员缺乏相应的思想观念和行为举措，高水平教师长期短缺等，农村地区一直没有开发出适合西部农村特点的课程，反过来又影响了农村教师理论联系实际进而解决当地教育问题能力的形成。

虽然西部农村中小学基础性的校内课程资源远远比不上城市学校和东部发达地区学校，但西部农村中小学教师也可以利用其乡村生活中的典型事例和乡土环境中的丰富素材，编写充满西部乡土气息的学校教材，充实和完善各种示范课、研究课教学内容。这是西部农村学校特有的优势所在，也是西部农村学校在教研活动中能够做到的。但是据了解，由于片面追求应试教育等负面因素的影响，当地教育行政部门对开发地方课程资源重视程度不够和开发能力不足，西部农村地区开发出来的基础教育课程资源极其有限，极少存在适合西部农村地区特点的课程，这也大大影响了农村地区教师相应课程的开设及其教育教学能力的发挥。

而从适宜地方课程的农村中学职业课程资源情况来看，由于政府、学校开发地方职业课程的意识不强、能力不足，西部农村中小学普遍缺乏职业教育内容，缺乏多种形式的初等职业教育课程及相应形式的课程实践活动，这些情况大大影响了劳技课教师作用的发挥，尤其影响了劳技课教师在普通教育中的功能发挥。因此，强化政府、学校的地方职业课程意识，发掘其职业课程开发能力，适时开发合适的职业课程内容，对农村中学实行"初二后分流"制度，对一部分成绩较好的学生集中进行升学教育，另一部分无法进入普通高校学习的学生实行职业技术教育，鼓励农村初中试行"绿色证书"教育，可以更好地发挥农村劳技课、活动课教师的作用（雷豫湘，2007）。

（二）教育经费因素

西部农村地区教育经费长期短缺，导致学校教学软硬件资源严重不足，教学设备十分落后，制约着农村教师水平的发挥。

据了解，西部地区多数县域地方财政收入一直严重不足，不少边远山区和农村少数民族县域财政经费常年赤字，这些县域教育经费的唯一来源是国家财政拨款。2001～2005 年，宁夏海原县全县财政收入 6561 万元，年平均收入1312.2 万元。五年间海原县得到国家财政提供的各种补助收入共计 131 666 万元，年均 26 333.2 万元，占全县财政总收入的 94.4%。而 2001～2005 年累计财政支出 13 5376 万元，年平均支出 27 075.2 万元。其中，教育等各项事业型支出8871.8 万元，占财政总支出的 32.8%（《海原县财政志》编纂委员会，2007：10-13）。因此，西部农村地区的教育事业发展和教师队伍建设基本上完全依赖国家财政拨款，地方投入无法保证。各级政府教育投入不足，农村教育经费短缺，致使多数农村学校办公用品缺乏，教学设备奇缺，教学设施资源严重不足。一些农村偏远地区中小学教学用具甚至需要自制，许多正常教学活动无法正常开展，严重影响农村教师教学能力的发挥。不少学校缺乏必要的音乐、体育器材，音乐课只能是口耳相传的简易化教学方式，体育课基本是跑步训练，最多增加一点篮球课程。不少课程都因教学设施缺乏而无法保证教学任务完成，更不用说教育现代化、信息化了。

笔者在新疆、四川等地的一些农村学校调查发现，2000 年以来绝大多数农村中小学校几乎没有电教设备投入，原有的一些电子设备也已陈旧老化，满足不了课堂教育教学任务的实施要求，更满足不了农村教师的培养、培训要求，造成许多农村学校能熟练或基本熟练使用电脑的教师很少，进而影响了农村教师教育教学能力的提高。在宁夏、陕西等地调查的一些农村中小学也发现，受资金限制及课程改革后教材变动的影响，这些地区的农村中小学电子化教学软件数量少、质量不高，绝大多数学校缺乏合适的教育教学软件、光盘，不少学校仅有的一些教学和教师培训方面的资料，也由于内容陈旧而不能满足当前教师和校长培训提高的需要，进一步影响了农村教师的自我成长。而从农村学校的信息化程度看，由于办学经费不足，多数农村学校缺乏开通和使用网络的能力，多数学校教育信息化通道不畅，影响了教师知识视野的拓展。多数乡镇中学、中心小学教师对互联网接入具有迫切要求，但是由于地理位置不便，接入和使用费用过高等境况，限制了这些学校的网络接入和使用数量，使许多农村教师不能用信息化手段开展教育教学活动，影响了农村教师信息化水平和教育教学能力的提高（张瑞麟，2006）。由于信息渠道不畅，一些边远农村小学几乎没有信息化教育科研活动，这又使得不少农村教师在长年的教育教学过程中，形成了墨守成规、安于现状、进取心不足的工作状态（杜俊梅，2005）。

因此，建设西部农村教师队伍的前提是加大国家教育投入力度。在国家投入不足的情况下，国家应合理进行资源整合，组织实施东西部和城乡之间"结对子"等帮扶工作，将城市和东部地区的教育资源有计划地转移到西部农村学校，以实现资源共享，缩小城乡之间、东西部之间的教育教学资源差距，促进农村教师队伍发展。同时，要加强内部管理，把有限的资金用在刀刃上，努力改善农村办学条件。西部农村学校要自力更生、竭尽全力改善农村学校教师的工作、学习、生活条件，充分发挥农村教师的主体性作用（魏兆清，2010）。

（三）农村学生发展水平

一方面，西部农村地区独特的自然、社会资源，在无形中潜移默化地形成了农村学生特殊的知识视野；西部农村地区生活环境艰苦，也造就了农村学生特别质朴的世界观、人生观，以及勤勉、朴实、憨厚、忍耐、刻苦等许多积极向上的人生态度和价值观，进而形成了许多优秀的学习品质。另一方面，农村学生发展质量不仅是当地教师努力的结果，也是农村教师教育教学水平高低的具体体现。而农村学生发展水平的高低也会影响和带动农村教师的发展。他们在极其艰苦的环境下，渴求知识、渴望进步的品质能唤醒和激发教师的教育信念，他们勤奋、刻苦、厚道、朴实的性格特点往往也容易感染、感化教师，激发起农村教师的工作热情，进而提高其工作责任心和工作效率。但西部农村地区的学生在发展过程中也存在许多问题，如观念陈旧、思想保守、进取性不高等，影响着其创新能力的形成。特别是随着农村学生的城市化选拔和城市化流动，农村地区的许多优秀学生流动到城市，滞留在农村地区的学生其学业大部分都有待提高。农村学生的这种分流发展状况，既影响农村学校良好课堂教学氛围的形成，也影响农村教师教学积极性的形成，进而影响农村教师教学的信心提高。

三、教师政策、制度因素

在集权体制和科层制社会中，人们思想意识形态方面的表现都会受到国家最高权力机关的约束。尤其在教师就业选择方面，政府部门有绝对影响。在教师就业选择过程中，某些政府部门在对基层学校教师配置缺乏了解的情况下，随意派遣教师，导致不少乡村中小学教师不配套：理科教师、外语教师不足，部分人文课程教师过多，进而出现历史教师教外语，语文教师教物理，一个毕业生教两个与其专业不相关的学科和"教非所学""学非所教"的现象在一些学校不同程度的存在，这也大大影响了农村教师专业能力的发挥。而在教师的发展过程中，各级政府行政部门特别是国家往往以政策文件等形式，规定了教师地缘、学历、专业等事项，这对教师地缘、学历、专业、年龄、性别的变化具有决定性影响。

政策是不同区域教师队伍地缘结构变迁的决定性力量，也是影响教师地缘发展的根本因素。政策既是影响城市地区教师地缘发展变化的直接力量，也是导致农村教师地缘发展的最直接因素。在集权制国家，几乎所有社会流动和教师地缘变化都发生于政治变迁的背景下，都会受到国家政策的强烈干预。尤其在国家垄断一切社会资源的时期，国家的政策制度基本上主宰了每个人社会位置的变化，也决定着社会结构的变化。20世纪80年代前，国家东部师资力量西移，80年代后西部师资力量东移，这些都是政府相关政策制定执行的结果。而且长期以来，国家及不少地方政府根据当时社会发展的需要，陆续采取措施对各地区行政区域重新进行调整，在撤并、整合形成新的省（自治区、直辖市）、县域的过程中，教师发展的地理位置也随之发生了变化。

从学历方面看，政策制度是引起农村教师学历发展变化的关键因素。在任何时期、任何国家，政策制度都规定着教师的学历标准和学历最低要求，政治制度更是在很大程度上影响着谁能上学、谁能上什么层次的学校，以及不同学历教师的流进、流出等情况，这些都是各地区教师学历变化的关键因素。因此，在集权政治体制下，政治制度对教师学历发展变化起到了决定性作用。从社会发展进程看，封建时代强调学在官府，有一定文化程度的和学历层次高的教师，一般均是在官府中接受过正统教育的地主分子后裔，农村学校极少有受过正规教育的高学历教师。魏晋南北朝时期国家实行九品中正制，品第等级重家世、不讲才德，甚至发展到"上品无寒门，下品无士族"的程度，导致农村学校极少有高学历教师出现（王炳照等，1985：125-126）。隋唐以后实行科举制度，科举制度重视个人努力，调动了乡村教师提升学历的积极性。资本主义时代，强调全纳的社会筛选，社会制度对农村教师学历的形成与发展产生了决定性影响。社会主义时代初期，家庭出身对个人文化程度起到了决定性影响。20世纪50年代，毛泽东同志在上海市党员大会上提出，全国知识分子大约五百万，从他们家庭出身、受教育程度、过去服务方向看，可以说都是资产阶级性质的知识分子。为了扶持无产阶级知识分子，各级政府部门特别是一些基层政府组织，特许贫下中农子女小学毕业以后可以直接流入教师队伍成为农村民办教师，以后通过培训转正为普通小学教师，而资产阶级、地主阶级后代只有通过不断上学才可以成为教师甚至成为高学历教师。因此，在阶级社会，阶级出身对不同教师学历的形成和发展变化产生了决定性影响。我国在阶级矛盾较为突出的社会主义初期，由于各种因素影响了农村教师队伍学历发展。在特殊年代，许多地区举行不同性质、不同类型的师训班、师范班，普遍采取"志愿报名、群众评议推荐、政治审查、文化考察"录用等方式，快速形成了农村地区不同层次学历的各级各类教师。其中群众推荐和政治出身成为农村教师学历获得与发展的关键方式。十一届三中全会后，阶级、政治身份对教师学历构成的影响越来越小，农村教师学历本身的质量也有了明显提高。因此，尽管在不同历史时期，政策制度对教师的学历构成的作用不同，但政策制度对农村教师学历构成与提高的普遍影响力一直存在，而政策制度对农村教师学历的阶级影响力总体在降低。

从身份层面看，农村教师身份的形成与转化基本是相关政策制定和执行的结果。一般而言，身份既是结构性的又是建构性的，教师的身份地位既是结构性的又是通过制度构起来的，它依附于政治权力并由政治权力赋予它合法话语解释者的地位。所以，农村教师身份地位的发展变化主要也是政策制度制定和执行的结果。政治和政策因素是农村正式教师形成和发展的直接动力，也是农村临时支教、代课教师产生与转化的根本因素。美国、日本、法国等部分发达国家多年一直进行的临时教师向终身教师身份转化工作，就是以政策方式施行的结果。2002 年美国联邦政府财政拨款 3500 万美元资助"转行当教师计划"，以招募优秀人才充实教师队伍。我国西部农村地区在试行公办教师民办化以后，也对合格民办教师进行了大规模身份转正、不合格民办教师进行了清退，这都是政策制定、要求的结果。我国实施西部农村特岗教师政策以后，许多农村代课教师通过参加特岗教师招考实现了其身份转变，而一些二次学历和年龄偏大的教师因为政策限制却没有实现身份转化。因此，政策因素在不同教师身份形成和解决过程中起关键作用，或者不同身份教师的形成、更替或者完成转正及大规模清退都是政策制定、执行的结果。

从专业构成层面看，政策制度是农村教师专业形成与发展的关键性因素。政策制度决定着教师职业是否为专业，决定着教师专业的存在及社会地位，也决定着教师职业总体的专业结构。因此，农村教师队伍专业化发展总体是相关政策制度制定和要求的结果。在特定历史时期，政策制度也影响教师、师范专业教师、非师范专业教师的形成标准。自教师队伍专业化要求以来，政策制度上审查合格的非师范专业毕业生才可以做专业教师，政策制度审查不合格的人只能做非专业性代课、民办教师，甚至被转化为非教师。在社会发展的特殊政治时期，教师专业化发展甚至完全是政策制度要求的结果。20 世纪 70 年代，我国师范院校师范专业生源基本是政治推荐的结果，他们大多成了专业化教师的主力，而非师范专业化教师基本上也是政治身份决定的结果，个人自身努力在教师队伍师范专业化过程中的作用十分有限。

从性别构成方面看，政策制度是影响农村教师队伍性别结构存在与变迁的直接因素。政策以定性和量化规定等方式，直接决定了农村地区各教育阶段男女教师基本数量及其可能的比例关系，也决定了农村地区不同性别教师的存在与变化。影响农村地区不同性别教师不同存在数量与发展质量的政策制度因素很多，其中最典型的是工资待遇政策、选拔录用政策、入职退休政策等。实行男女教师不同的录用政策，在较大程度上会影响不同性别教师的不同存在与发展。试行男教师 60 周岁退休、女教师 55 周岁退休，男女教师不同的退休年龄政策，对教师队伍性别结构的男性化发展产生了重要影响。而中小学工资待遇政策在总体上循序渐进地影响了农村地区不同性别教师的发展变化。第二次世界大战以来，随着世界经济地逐渐恢复，各国女性作为"伟大的人力资源"被广泛动员起来。我国农村女性在就业人数和就业率上有了较大增长，农村女性在所有就业人口中所占的比例逐年上升，且女性就业人口的增长速度高于男性，这主要归因于国家行政力量的推动。中华人民共和国成立以后，国家主张"时代不同了，男女都一样"，"男同志能做到的事情，女同志一样能做到"。国家制定的第一部《中华人民共和国宪法》也明文规定，女性和男性享有同等的权利，各级政府积极采取各项解放妇女措施，在就业方面推行男女就业机会平等和男女同工同酬政策。因此，各级政府部门出台的女性就业政策措施几乎是我国妇女人口成为世界上女性就业比例最多的国家的原因，也是西部农村女教师数量迅速扩张、比例提升的主要因素之一。而自20世纪60年代以来，世界各国教师性别结构演进始终受到教育政策的驱动与制约，教育政策规定着教师性别结构调整与变革的目标、任务、内容和方式，也决定了教师性别结构的结果。从我国农村教师性别结构调整和发展方式来看，60年来，我国西部农村教师性别也经历了"革命式""运动式""实验式""分步推进式""综合改革式"的变化。因此，教师性别形成方式的不同与政策的倡导或规定不同息息相关。分析西部农村教师性别结构演进状况，必须把教师教育与西部农村教师政策作为主要方面去考量。

从年龄方面看，政治、政策也是制约农村教师年龄结构变化的关键因素。政策、制度决定着教师入职年龄、教师工作年限和离职年龄，也决定着各个时期、各个地区教师的数量和规模，是引起农村教师队伍年龄发展变化的根本因素。一方面，政策决定了教师的入职年龄、入职规模和数量。根据中华人民共和国成立以来我国的学制规定，20世纪50年代，有些人通过5年小学学习、1～2年甚至3～6个月的初师短期培训，前后总共花去六七年的学习时间，在十多岁的时候就成了小学教师。20世纪六七十年代，一个人通过7年小学、初中的课程学习、1～2年师范课程学习，增加了2年才可以成为教师。20世纪80年代后，一个人只有通过6年小学、3年初中、4年师范课程学习，共计花去13年才可以成为教师。2000年后，许多小学教师要通过6年小学、3年初中、3年高中、4年大学课程学习，前后共花费17年才可以成为小学教师。而且从国外学制发展历程看，各个国家早期学制普遍较短。随着社会、经济和教育的发展变化，各国学制普遍在延长。但学制的长短与教师入职时间的早晚有必然联系，教师入职时间推迟为25周岁以下是农村教师数量不断减少的基本因素。另一方面，政策决定了教师的工作年限、离职年龄，继而影响了西部农村教师的年龄结构。当代西方发达资本主义国家对教师工作年限普遍不做要求，有些国家，如美国，半数以上中小学教师的工作年限不足5年。教师职业流动性的加快和从事教育工作时间的缩短，必然导致其年龄结构的迅速变化。而在我国，20世纪90年代以前，教师职业基本是终身性质的。一旦从事教师职业，极少有机会改行且政策也不允许改行。这个时期西部农村教师年龄结构整体比较稳定。改革开放后特别是 20 世纪 90 年代后，农村教师职业流动性开始加快。由于我国农村中小学教师职业地位长期不高，年轻教师不断离职和教师年龄结构的老化成为必然。从国家教师职业年龄规定情况看，无论哪一阶段的教师，男教师退休年龄都限定在 60 周岁，女教师退休年龄都限定在 55 周岁。因此，男女教师退休年龄政策上的区别是农村教师队伍中老龄女教师比例减少的根本因素。

第二章
西部农村教师政策本质

认识政策性质的特征是做好政策的前提基础，全面了解和深刻把握教师政策性质特点是有效做好教师政策的前提。因此，为了切实做好西部农村教师的工作，需要从西部农村教师政策的性质特点及其构成等方面全面把握西部农村教师政策的本质特征。

第一节　政策的含义及其特征

一、政策含义

关于"政策"的含义，在不同学科、不同学术流派中，由于其理论基础和价值取向不同，其定义往往不同。将各种定义概括归纳以后可以认定"政策"的含义大致有以下几种说法：①政策是关于目的或目标的断言。②政策是行政管理机构根据管理需要制定出的长期有效决议。管理机构依据"决议"对其权限范围内的事务进行计划、组织、调节、控制。反过来，政策执行结果对新决议的制订又会产生影响。③政策是对全社会价值作出的权威性分配（戴维·伊斯顿）。④政策是一种解决问题或改良问题的策略。⑤政策是一种被核准的行为。

它被核准的正规途径是当局通过的决议,非正规途径是逐渐形成的惯例。⑥政策是一种行为规范,是执政党和政府采取的用以规范引导有关机构团体和个人行为的行为准则和行动指南。⑦政策是国家行政机关、政党及其他政治团体在特定时期为实现或服务一定社会政治、经济、文化目标所采取的政治行为或规定的行为准则,是一系列谋略、法令、措施、办法、方法、条例的总称。⑧政策是被当事人体验到的政策制定和政策实施系统的结果(杜晓利,2012:5;李西顺,2009)。尽管以上列举并不能将所有有关政策的定义都完整地涵盖,但基本揭示了不同层面、不同角度方面的政策解释。"断言""决议""策略"性解释是从政策性质层面作出的界定;"行为""行为规范"是从政策形成过程层面进行的界定,而"产品""结果"则是从政策形成结果上进行的界定。应该说,这些界定都有一定道理,但由于分析角度的局限性,其结论也有不足之处。

我们认为,政策是政党、国家在一定历史时期为实现一定的任务和目标而规定的行动依据和行为准则。政策作为政治实体的政治行为,对社会经济发展和人类共同进步具有深刻影响。由此可见,首先,政策是统治者意志的集中体现,是统治者意志的基本表达形式,所以构成政策的首要要素是政策制定的主体,即统治阶级、国家和政党。其次,政策是实现社会目标的基本手段,是沟通理想与现实的桥梁。人类为了自身的生存和发展,为了未来社会所构想的宏伟蓝图和美好前景,只有通过一定的政策才能实现,所以构成政策的第二要素是政策制定的客体,即社会领域的不同目标。最后,政策作为人们的行为准则,直接告诉了人们行动的原则、方法和途径,构成政策的第三要素是主体作用于客体的政策内容,即具有可操作性的规范实践行为的依据和准则。

二、政策特征

在不同的社会形态中,政策的社会内容和外在表现各不相同,政策的特征也不同。在阶级社会中,政策的特征一般体现在以下几个方面:①目的性。政策是统治阶级权利意志的表现,具有明显的目的性。统治者制定政策,就行动作出某种设计和规划,总是为了解决某个问题,达到某种目的。可以说,没有目的的政策是不存在的。政策的目的性要求政策内容必须具有明确的针对性,即围绕政策所要解决的社会问题和所要实现的政策目标,针对问题的主要矛盾和矛盾的主要方面,制订符合实际的、切实可行的政策方案,切忌因政策内容过分空泛而影响政策效力的发挥和政策问题的解决。政策的目的性是政策的整体性和动态性的重要基础。②阶级性。本质上，政策是具有公共权力的统治阶级行动准则，是社会公共准则的决策者，是制定者为了解决公共问题、实现公共利益而制定的行动依据和行为准则。因此，政策代表和体现的并不是社会全体成员的共同利益和共同意志，而是在政治上、经济上、文化上居于统治地位的那个阶级或集团的利益和意志。③权威性。政策是社会关系的调节器，它的运行和有效性有赖于权威性。政策的权威性是指政策对政策的实施对象具有强制性的约束力，不管人们是否愿意，都必须坚决执行，否则，就要受到一定的处罚。权威性是政策的本质规定性之一。④科学性。政策是实践的指导、行动的科学，因此，无论是制定政策还是执行政策，都必须从实际出发，符合客观实际，遵循科学的程序和方法，才能达到科学的效果。⑤实践性。政策的实践性主要指政策是在实践中产生的，是实践活动的依据。政策的产生和理论的产生一样，是人类在改造客观世界的过程中，在生产实践、社会实践中为解决实践中的问题，实现自己的目标而逐步形成的，且最终要回到实践中去。⑥时效性。即政策是在特定时期、特定的国情条件下推行的措施。随着时间推移和情境变化，它随时会失去存在的意义和价值。阶级社会形成的政策特征，只能在阶级社会发挥作用。随着阶级社会的消逝，该特征将逐步失去其存在的意义和价值。⑦动态性。政策和世界上的万事万物一样，总是处于不断运动、变化和发展之中，需要不断修改完善。⑧整体性。政策要解决的许多问题都比较复杂。就政策本身而言，政策也不只是一个孤立的政策文本，而是一个由政策制定、政策执行、政策评估、政策调整、政策终结等一系列环节构成的动态过程。尽管某一政策是针对特定问题提出来的，但这些问题总是与其他问题网结成一个整体，相互依存、相互影响。因此，政策问题的解决不是一个孤立的过程，应该在各种相关问题的框架中整体解决。⑨发展性。政策作为解决问题的一种社会规则，就其行动方案来说，即使是解决一个一般的社会问题，也不可能一次就能制订出一个完美无缺的最佳方案，而是需要在与社会环境的相互作用中，不断进行修改、补充、调整和完善。就政策体系来说，政策的决策者、制定者必须根据社会环境条件的发展和人们利益需求的变化，相应地充实、完善或改变、淘汰旧政策，或重新制定政策（刘学明和赖毛毛，2002）。

第二节　教师政策的含义、特点与基本构成

一、教师政策的含义、特点

通过文献检索发现，把教师政策作为重要概念进行专门界定的著述较少，但在为数不多的几个界定中，各个表述差异较大。有的认为教师政策是党和国家为了调动教师的工作积极性，提高教育教学质量，对教师待遇要求等方面作出的准则性规定。有的认为教师政策是教育政策的一部分，是党和政府等政治实体在一定历史时期为了实现一定的教育和人力资源目标任务，在协调教师内外关系过程中形成的行动依据和准则。有的认为教师政策是党和政府等政治实体为实现教育目标，通过政策系统发现教师队伍中存在的问题、列入政策议程、研究对策建议、选择政策方案，并用一定形式予以表达的过程（杜晓利，2012：7-8）。

各种概念界定的视角、方式各个不同，但都有一定道理。那么，教师政策到底是什么？综合各种界定之后我们认为，教师政策主要是党和政府或教育行政部门对教师发展的方针、原则、目标、措施、策略、对策和方法等方面作出的政治性规定。教师政策是国家教育权利在教师管理领域的最重要体现。教师政策的根本宗旨在于协调教师发展的各个方面的利益关系，以利于教育事业的核心贡献者——教师自身发展（马春梅和王安全，2011）。教师政策有广义和狭义之分。狭义的教师政策是政党和政府为了建设一支数量充足、质量较高而又充满活力的教师队伍，实现培育人才的根本目标而对教师问题所作出的战略性、准则性的规定。广义的教师政策是党、政府和教育行政部门或各级各类学校为发展教育事业，提高教育教学质量而制定的各种措施要求或规定。本书的教师政策主要是狭义上的指谓，用以指导整个西部地区教育发展的教师行动方面的规定。

结合教育政策的特点及教师政策的基本内涵，我们认为教师政策主要有三个基本特征：①教师政策主要以教育者为对象。教师政策和其他教育政策的重要区别在于，它是主要以教育者生存与发展、权利与义务关系为核心内容的教育政策。②教师政策以教师群体发展为目的，但涉及每个教师个体的生存与发展。③教师政策是以"育人"为根本目标的政策，即通过教师政策的建立健全

和贯彻执行，来建设一支数量充足、质量较高而又充满活力的教师队伍，从而培养出国家各行各业的建设者和接班人（石长林，2005）。

二、教师政策的基本构成

教师政策的构成即教师政策的基本组成及其相互关系是分析教师政策质量的根本方式。教师政策涉及的要素很广，既有对教师队伍整体要求方面的内容，比如教师队伍的数量、结构（包括专业结构、学历结构等）、福利待遇、选拔任用等方面的政策，也有对教师个体行动方面的要求，比如教师的素质、学历、权利、义务等方面的政策。在所有要素中，教师要求、待遇、管理、权利及义务是最基本的政策措施。

（一）教师要求政策

教师要求政策（石长林，2006）是党和政府为了满足教育事业发展需要、提高教育教学质量、保证人才培养质量水平，对教师队伍及其个体在职业要求、培养培训等方面作出的战略性、准则性规定。它包括教师职业要求、教师培养要求及在职教师培训要求等多方面的政策内容。

1. 教师职业要求方面的政策

教师职业要求一般是国家从教师数量、结构、学历、素质等方面对教师职业进行的规范，其主要目的是保证教师队伍能够满足教育事业的发展需要。其中，教师数量是最基本的要求，教师结构是关键，教师学历是动力，而教师素质是根本。教师学历是教师学习或受教育的经历，是从事教师教育的知识基础。教师结构是教师队伍或群体的基本构成及其地位与相互关系。它是一个地区、一所学校教师功能的潜在形式，它在总体上体现了一所学校或一个地区师资队伍的整体水平，也在整体上制约和决定着一个地区、一所学校的办学水平（王安全，2012：35）。教师素质是教师在教育教学活动中表现出来的、能有效促进学生身心发展的生理和心理品质的总和，它在终极意义上决定着教育教学的质量和水平。

2. 教师培养要求方面的政策

教师培养有广义和狭义之分。广义上的教师培养是职前教师教育、在职教师教育及继续教育的统称。狭义上的教师培养是指专门教育机构依照教师职业特点和专业需要对预备担任教师职业岗位的人员进行的一种专业性学历教育，仅仅是职前教师教育（教育大辞典编纂委员会，1990：20）。教育活动有其独特的特点和规律，只有经过严格培养和专门训练的人才能完全胜任。因此，为了推动人们更好地做好教师工作，自 20 世纪 60 年代以来，很多国家在教师培养方面提出了要求严格的专业化发展政策措施，使从业人员认识到教师职业是一种专业性很强的社会职业。每个从业教师都应从教师培养的教学计划和课程规定方面，不断完善自己的专业化水平。

3. 在职教师培训要求方面的政策

在职教师培训不同于在职教师学历上的继续教育，是指专门教育机构为了提高教师素质，对在职教师进行的一种知识、技能、能力、态度和情感方面的综合性、短期性教育，以便更有效地解决教师实际发展中的问题（舒志定，2012：222）。根据培训政策出台主体和培训者的不同，可以将教师培训政策分为国家级教师培训政策和地方级教师培训政策。国家级教师培训要求方面的规定是国家关于教师培训计划和培训课程方面的规则要求，主要出自国家教育行政部门；地方级教师培训要求方面的规定是地方执行国家教师培训计划和课程方面的规则要求，出自各级地方政府和教育行政部门。但无论哪种层次的教师培训对教师能力水平的提高都很重要。因为人的发展不仅需要自我教育，也需要自上而下的他者教育。由于人的惰性心理影响，各级组织进行的自上而下的教育在教师成长过程中具有更大的意义。而随着国家、地方经济社会发展和教育投入的增加，任何层次教师培训方面的内容、方式、数量和质量都会相应增加，任何层次教师培养方面的相应政策规定也会不断更新。

（二）教师待遇政策

1. 教师待遇政策含义

待遇指权利、社会地位和物质报酬（中国社会科学院语言研究所词典编辑室，1988：206-207），待遇政策是国家相关部门对员工政治、经济地位与权利作出的基本规定。任何时期、任何国家和地区都有教师待遇政策，任何时期、任何国家和地区的教师待遇政策的目的都是一样的，都是为了满足教师基本需要，促进教师队伍的发展。但是，不同时期、不同国家和地区的政治、经济、教育发展情况不同，教师待遇政策内容也不同。新时期，我国教师待遇政策是党和政府为了稳定和扩大教师队伍、提高教师队伍素质及激励教师积极工作，根据教师的职业特点和教师付出的劳动与作出的贡献，对教师地位、教师职业权利、教师的工资及其他福利等方面作出的战略性、准则性规定。受政治、经济和教育发展内容、程度影响，新时期我国农村教师政策内容将会更加丰富、全面。

2. 教师待遇政策内容

概括起来，新时期我国教师待遇政策包括教师工资待遇政策和福利待遇政策两方面内容。不同的工具书，关于"工资"的界定不同。按照《简明社会科学辞典》的界定，"工资"不是它表面上呈现出来的东西，不是劳动的价值或价格，而是劳动力价值或价格的掩蔽形式。工资数量取决于劳动的数量和质量。劳动数量和质量相同，工资数额也应该相同（简明社会科学辞典编辑委员会，1984：44）。因此，教师工资是国家关于教师工资标准、工资晋级、津贴待遇、工资管理体制等方面的规定，是国家根据教师所提供的劳动数量和质量，按事先规定的报酬标准，以货币形式分配给教师个人消费品的一种形式。工资作为教师劳动报酬的主要物质形式，是教师及其家庭生活的主要经济来源。稳定的工资收入可以保障教师及其家庭人口的基本生活需要，激发教师工作的积极性和创造性。因此，在教师待遇政策中，对教师工资方面作出具体明确的规定非常重要。

福利是社会总产品分配的一种形式，是国家、地方政府部门或单位对工作人员衣食住行和医疗保健等方面提供的社会保障办法（中国社会科学院语言研究所词典编辑室，1988：335）。教师福利待遇与教师的利益密切相关，是保障教师生活和工作质量的重要条件。教师福利包括保险性福利、养老性福利、健康性福利三个方面。其中保险性福利是按照国家政策规定交纳人身、财产保险金，养老性福利主要是教师离退休之后的福利待遇制度、赡养费发放政策等，而健康性福利主要指教师公费医疗、生育、疗养制度，探亲假、疗养假及其他各种形式的休假制度等（孙绵涛，2001：220）。因此，教师福利方面的政策内容十分广泛，涉及国家、地方关于教师住房、医疗、身心健康等各方面的规定，是教师发展的基本条件。

（三）教师管理政策

1. 教师管理政策含义

教师管理政策是根据教师职业特点和教师管理规律，对教师的选拔、任用、考核、奖惩及其教师管理体制等方面作出的战略性、准则性规定（白晓明等，

2011：6）。不同时期、不同国家和地区的经济社会、教育发展水平不同，教师管理政策内容也不同，但任何时期、任何国家和地区教师管理的总体目标是一致的，即最大限度地发挥教师队伍在教育教学活动中的功能。我国新时期教师管理政策的目的是保持教师队伍活力，调动教师工作积极性，提高教育教学质量，促进教育均衡发展。

2. 教师管理政策内容

1）教师选拔和任用方面的政策。教师选拔和任用方面的政策主要指国家关于教师选拔、任用的标准、原则、方式、程序及执行机关等方面的规定。国家选拔和任用什么样的人作教师，关系到教育事业发展的速度与效益、质量和水平，关系到人才培养的质量和水平。因此，如何保证按照国家规定的教师标准来选拔与任用教师，保证教师队伍的质量与水平，直接关系到教育自身发展的质量与水平。总体上讲，教师的选拔和任用首先应该坚持学用一致的原则，同时注意统筹安排，实现教师资源的合理配置。教师选拔与任用方式一般有任命制、考任制和聘任制。任命制是由上级教育行政机关或学校领导委任教师的制度，考任制是学校或上级教育行政部门通过一定的考试方式选拔录用教师的制度。教师聘任制是师资聘任双方在平等自愿的前提下，由学校或者教育行政部门根据教育教学需要设置工作岗位，聘请有教师资格的公民担任相应教师职务的一项教师任用制度（孙绵涛，2001：207-208）。各级政府和学校采取何种方式选拔和任用教师，需要在其颁布的教师管理政策中加以规定。

2）教师考核方面的政策。教师考核是教师管理的重要环节，也是教师政策形成的重要依据。从层次范围上看，教师考核有高层的国家考核、中层的地方政府部门考核及底层的学校考核三种形式。从高层看，教师考核方面的政策主要指国家关于教师考核内容、原则、方法、程序及考核机关等方面的规定。从中层看，教师考核方面的政策主要是地方政府部门关于教师考核内容、原则、方法、程序及考核机关等方面的具体规定。从底层看，教师考核指学校对教师在完成学校工作任务的数量、质量、效率及态度等方面的情况进行考查与评定。由于教师考核是保证教师质量和教育教学质量的核心环节，因此，教师考核方面的系统化、科学化规定不可缺少。

3）教师奖惩方面的政策。教师奖惩是教师管理的基本方式。从奖励的等级结构看，教师奖惩政策有高层的国家规定的奖惩措施，中层的地方政府部门规定的奖惩措施，底层的各个具体学校规定的奖惩办法。从奖励的高层结构看，教师奖惩方面的政策主要是国家关于教师奖惩的标准、原则、方式方法、程序及执行机关等方面的规定。从奖励的中层看,教师奖惩方面的政策主要是地方政府部门关于教师奖惩的标准、原则、方式方法、程序及执行机关等方面的规定。从奖励的底层看,教师奖惩政策则是指具体学校根据一定的标准和规则,运用物质和精神等手段对教师工作结果进行奖励或惩罚的方式方法。对教师进行奖惩是教师管理的重要手段,有助于激励先进、鞭策后进,有效提高教师队伍的整体质量和水平,也有助于及时发现和解决教师工作中的问题与不足,防患于未然,保证学校教育教学工作的顺利进行。

教师奖励方式可分为物质奖励和精神奖励两种。物质奖励就是给教师发奖金、奖品或工资晋级,给予物质上的激励;精神奖励主要是指给予教师表扬鼓励,包括授予荣誉称号。传统社会只重视精神奖励,随着社会的发展变化和国家财力的提高,精神方面的激励效应不可或缺,适时、适度的物质奖励也将逐步成为教师激励活动中不可缺少的措施和手段。

教师惩罚的方式包括警告、批评、记过、撤职、留用察看、开除公职等(孙绵涛,2001:219)。但无论应用哪种处罚方式,对教师的任何处罚规定都应该做到处罚的种类与条件明确,处罚程序合理,形成申诉、复审、纠正、补偿和定期撤销处分的系列制度,以保证对教师处罚的公正。由于教师惩处行为对学生的影响较大,不仅要强调教师处罚的公开性和公正性,还应该加强对教师行为的监督检查,以防范教师的失职、渎职、违法和以权谋私等现象的产生与滋长。

4)教师管理体制方面的政策。国家关于教师管理体制方面的政策,主要是国家关于教师管理机构的设置及各教师管理机构之间有关教师管理职责权限划分方面的规定。其中,中央和地方之间、各级教育行政部门之间、教育行政部门和学校之间教师管理职责权限的划分是关键内容。

(四)教师权利义务政策

1. 教师权利义务政策含义

教师权利义务政策是教育行政部门对教师个体及其群体在教育教学活动中享受的权利、利益、社会地位及应尽的教育教学责任的一种规定。教师权利义务政策是保障和维护教师合法权益,监督其自觉履行教育教学职责及其社会职责的重要方式。因此,在各个时期、各个国家的教师政策中都有明确规定。

2. 教师权利义务政策内容

1）教师职业权利方面的政策。教师职业权利方面的政策主要是国家关于教师职称评聘、教育教学科研权利等方面的规定。职称是政府和学校对专业技术人员专业知识、专业能力水平的一种认定，具有知识性、专业性、标准性、法定性的特征。不同职称者往往具有不同的社会地位和工资待遇，因此，教师职称是教师职业的重要权利，也是影响教师工作积极性、主动性的重要方面。教育行政部门在这方面的规定应尽可能的科学合理。除此之外，在各级各类的教育行政条文中，往往还有许多非常详尽的教学科研权利，以维护教师基本的工作权利，保障其工作顺利进行。

2）教师职业义务方面的政策。教师职业义务是教师依照国家相关法律法规及教师教育方面的法律法规，进行教育教学工作时必须履行的责任，表现为在教育教学活动中必须作出的一定行为或不得不作出的行为约束。它由法律规定并以国家强制力保障其履行。我国现行的教师政策规定，教师履行的基本义务为：遵守宪法、法律和职业道德，为人师表；贯彻国家教育方针，遵守规章制度，执行学校教学计划，履行教师聘约，完成教学任务；组织学生开展基本的教育教学活动；关心、爱护和尊重学生，促进学生全面发展；制止侵害学生行为或利益现象；不断提高思想政治觉悟和教育教学水平（孙葆森，1998：79-80）。

第三节　西部农村教师政策的含义、特点及构成

一、西部农村教师政策的含义、特点

农村教师政策是政府部门依据农村地区教育教学和教师队伍建设需要，对农村教师数量、质量、结构及其生存发展等方面的内容作出的战略性和原则性规定（周险峰，2011：3）。它既会对农村教师的数量、质量、引入、流出作出一般性规定，也会对农村教师的身份、职称、专业、学历等问题作出安排。因此，西部农村教师政策是国家及西部地区各级政府部门依据西部农村教师队伍建设的需要，对西部农村教师诸多事项和内容作出的战略性和原则性规定。它主要规定的是西部农村教师的数量、质量及专业、职称、学历、身份等结构。

合理有效的农村教师政策不仅可以有效保护农村教师的合法权益，保护农村教师的正常生存与发展的权利，同时可以有效维护农村学校的正常教育教学秩序，促进农村学生积极健康发展。

西部农村教师政策在继承国家教师教育政策、国家农村教师政策，总结自身经验的基础上逐渐形成了自身一些特点，主要表现在以下几个方面。

（1）适用对象的特定性

西部农村教师政策是专门为解决西部农村地区教育和西部农村教师生存发展问题而制定的政策，其适应范围主要就是西部农村教师，特别是西部农村中小学教师。因此，该政策既可以将西部农村地区的教师当作保护当地教育和学生发展的一种措施手段，以促进西部农村教育发展；也可能将农村教师当作政策目的，以提升其生活质量。

（2）政策目标和内容的援助性

西部农村地区中小学师资长期短缺且质量不高，影响了该地区教育教学活动开展。只有在城市和东部地区师资的支援下，才能维护该地区教育教学活动的正常运转。因此，为了有效发展西部地区的教育事业，中华人民共和国成立以来，国家及西部各省（自治区、直辖市）制定了大量的西部农村教师政策方面的内容，其中一个重要内容就是支援西部农村教师队伍建设，促进西部农村教师队伍发展和西部农村教育事业发展。

（3）政策过程的长期性和变化性

从历史来看，西部农村教师政策形成于 20 世纪 50 年代初期，发展于 20 世纪 80 年代，成熟于 21 世纪初，是一个长期发展变化和不断改进的过程。但任何时期的西部农村教师政策都有其特定的适应性，有优点也有很多不足，需要长期完善和改进。从现实来看，西部地区教育情况复杂，西部各地区教师生活发展状况差异较大，一项客观合理的教师政策的形成需要反复论证，需要时间和过程，它的执行检查也需要时间和过程。

二、西部农村教师政策的构成

与教师政策的基本构成一样，西部农村教师政策也是由西部农村教师的福利待遇政策、权利与义务政策、管理政策、要求政策四方面构成。只是国家和西部地方并没有对政策措施进行总结概括并上升到理论层面，而是将其渗透于各个时期的一些特殊教师政策方面。不同时期，由于西部农村地区政治、经济、文化背景不同，国家及西部地区各级政府部门出台的农村教师政策也不同。1949 年中华人民共和国成立到 2000 年，由于西部农村地区教师数量极度缺乏，因此，国家出台的最主要的农村教师政策为民办教师政策、支教教师政策。其中，20 世纪 80 年代前的民办教师政策基本上是引导、激励和发展性质的，旨在促进农村民办教师数量补给和农村教师队伍的发展壮大。而支教政策既有强制性特征，也有引导性特征，旨在支援和扶持西部农村教师队伍稳定发展。20 世纪 80 年代之后，国家和西部各地依然出台了大量的民办教师和代课教师政策，但此时西部农村地区合格教师已经得到了迅速补充，农村教师紧缺情况初步得到了缓解。此时的民办教师政策是抑制性的，旨在控制民办教师的数量规模。而支教政策既存在引导性特征，也继续保持了强制性特点，旨在扶持和提高当地的师资水平。尽管各年代的民办教师、支教教师政策都存在一定的差异性，但他们都在不同程度上支持了西部农村教育发展。

近年来，随着我国经济社会特别是西部农村地区的经济社会快速发展，我国西部地区义务教育有了新发展。但东西部之间、西部地区城乡之间、学校之间的教育差距依然存在，在一些地方和有些方面甚至还有扩大的趋势。其中，东西部之间、城乡之间师资的均衡发展问题正在引起社会各界的高度关注。在这种背景下，中央和地方政府相继出台了多项政策措施，以促进东西部之间、城乡之间教师的均衡发展。这些政策主要包括 2005 年教育部下发的《关于进一步推进义务教育均衡发展的若干意见》、2006 年下发的西部农村教师"农村义务教育阶段学校教师特设岗位计划"、2007 年下发的免费师范生政策，以及在此前后公布的"三支一扶"计划、"大学生志愿服务西部计划"、教育对口支援政策、农村教师编制改革政策、"农村学校教育硕士师资培养计划"和新教师统一招聘政策等（胡伶，2009）。这些政策内容不同，但每项政策都在很大程度上影响着西部农村地区教师队伍的发展，影响着西部农村地区教育事业的发展。

而从总体上看，国家西部农村教师政策就是东西部地区和西部城乡师资均衡与非均衡发展政策。城乡师资非均衡化发展政策形成于计划经济时代，是城乡二元社会结构的产物；城乡师资均衡发展政策形成于改革开放后，是城乡一体化产物。城乡师资非均衡化发展政策引导了城乡教育和城乡师资的非均衡化发展，城乡均衡化发展政策则引导了城乡教育和城乡师资的均衡化发展。2005 年教育部下发了《教育部关于进一步推进义务教育均衡发展的若干意见》，提出要"统筹教师资源，加强农村学校和城镇薄弱学校师资队伍建设"。2007 年教育部副部长陈小娅在"中国教师发展论坛"上发表"全面推进教师队伍建设，促进教育公平发展"讲话时明确指出,"义务教育均衡发展的关键是学校均衡,学校均衡的关键是教师均衡"。在这种背景下,中央和西部地区的许多地方政府相继出台了多项促进城乡教师均衡发展的政策,旨在促进当地农村教师队伍发展(胡伶,2009)。这些政策包括"农村义务教育阶段学校教师特设岗位计划"、免费师范生政策、"农村学校教育硕士师资培养计划"、"三支一扶"计划和"中小学教师国家级培训计划"等。

从西部农村教师的来源方式看,西部农村教师政策主要由民办教师政策、代课教师政策、"农村义务教育阶段学校教师特设岗位计划"、免费师范生政策和"农村学校教育村硕士师资培养计划"政策构成。其中,民办教师政策是对西部地区影响时间长、影响范围最大的农村教师政策,代课教师政策是民办教师政策消失以后自发形成的西部农村教师政策。"农村义务教育阶段学校教师特设岗位计划"是21世纪国家为加强中西部地区农村教师队伍建设,促进中西部农村地区义务教育均衡发展而形成的一项新举措。

2006年5月下发的教育部、财政部、人事部、中央编办的《关于实施农村义务教育阶段学校教师特设岗位计划的通知》,联合启动实施了"农村义务教育阶段学校教师特设岗位计划",并公开招聘高校毕业生到"两基"攻坚县农村义务教育阶段学校任教。这项政策规定:特岗教师任教时间为三年,三年任教期满考核合格的,全部转为正式教师。这项由中央财政设立专项资金、针对农村学校教师短缺问题的阶段性政策实施三年之后,有效缓解了西部农村地区教师数量不足、质量不高等现象。但由于特岗教师政策先天不足和后天实施范围的局限性,该政策并未完全解决农村教师队伍中存在的问题,为此,教育部又先后出台了多项政策,西部各级地方政府也纷纷制定支持性措施,以进一步完善该政策措施(周晔,2009)。

免费师范生政策的出台不仅进一步形成了尊师重教的浓厚氛围,让教育成了全社会最受尊重的事业,还吸引了更多的优秀青年在农村地区做教育工作者,为农村地区培养了大批优秀教师。因此,它是为农村地区制订的一项教师能力提升计划。该政策规定,从2007年秋季入学的新生开始,国务院决定在教育部直属的北京师范大学、华东师范大学、东北师范大学、华中师范大学、陕西师范大学和西南大学六所部属师范大学实行师范生免费教育。部属师范大学试点通过积累经验、建立制度,为培养造就大批优秀教师和教育家奠定了基础(王靖雅等,2011)。该政策的实施吸引了众多立志从事教育事业、有志于教育的优秀人才报考师范院校。例如,西南大学的调查结果显示,69.9%的同学认为这一政策能够增强师范专业的招生竞争力，促使更多的优秀学生选择教师职业；72%的同学认为此举能够让更多优秀的贫困生上得起好大学，能够促进教育公平，同时也会在社会上进一步形成尊师重教的浓厚氛围（储朝辉，2009）。但作为一项刚刚实行的农村师资提升计划，该政策的针对性、有效性还有待完善。

而"农村学校教育硕士师资培养计划"是国家为提升农村地区教师质量水平，促进城乡教育均衡发展而制订的一项农村教师学历发展提升计划。该计划的实施为农村地区特别是西部农村学校输送了一批优秀硕士毕业生，在一定程度上缓解了西部农村学校高学历教师缺乏的矛盾。同时创新了农村高学历教师的培养和补充机制，提高了农村教师学历层次（苏婷，2009）。

从农村教师身份管理政策上看，西部农村教师政策主要由农村正式教师编制政策和其他身份教师政策构成。编制政策的目的是节约人力、物力和财力，让有限的师资力量发挥最大限度的作用。但是，西部农村地区长期存在教师编制短缺和教师编制被挤占、挪用等问题，这些问题影响了正式教师的有序补给，也导致了民办教师、代课教师、特岗教师等不同身份教师的存在。为此，在不同时期国家都在尽力解决西部农村教师编制的问题。2009年教育部下发《关于进一步落实〈国务院办公厅转发中央编办、教育部、财政部关于制定中小学教职工编制标准意见的通知〉有关问题的通知》后，西部地区许多教育行政部门全面展开了中小学教职工编制的清查工作，清理被挤占、挪用和截留的编制。该通知规定严禁在有合格教师来源的情况下，"有编不补"、长期聘用代课人员。这项政策对提高西部农村正式教师数量、降低代课等其他非正式教师数量，提高西部农村教师队伍整体水平起到了积极作用。

从西部农村教师发展政策方面看，西部农村教师政策主要由西部农村教师学历进修政策、学历达标政策和专业化培训政策构成。西部农村教师学历进修政策从20世纪50年代后期开始，一直持续到2000年后，该项政策对西部农村教师学历的提升起了推动作用。而起源于20世纪80年代的中小学教师学历达标政策，对西部农村教师学历的提升和专业化发展起了强制性作用。可以说，西部农村教师的学历提升主要是在学历达标政策的引导下，通过函授、进修、自学考试等方式完成的。西部农村教师培训工作已经进行了五十多年，是对西部农村教师发展影响时间最长、影响范围最广的一项教师政策。早期培训由于经费紧、时间短等因素，强调的是短、平、快的培训方式。近年来，随着国家经济实力的增强和教育水平的提高，许多培训的时间明显延长，培训内容越来越丰富，培训形式也更加多样化。

第三章
西部农村教师政策价值

　　毛泽东同志曾经说过，政策和策略是党的生命（袁振国，2001：1）。教师政策是教师教育和教师发展的生命，又是教学质量形成、学生发展的关键。因此，教师政策不仅对教师自身发展有意义、有价值，对教育教学质量的形成和学生发展也有重要价值。但发掘教师政策价值取向的前提是认识教师政策的本体属性及其本质特征。

　　对于价值含义的理解，不同学者有不同看法。美国哲学家培里（R.B.Perry）认为，事物由于被意愿而产生价值，价值是欲望的函项（R. P. 培里，1989：146）。德国哲学家石里克认为，价值是价值客体能引起价值主体快乐的属性（M. 石里克，1997：95）。而李连科则认为，价值本质上是一个现实性的关系范畴，价值是主体需要与客体属性之间的满足与被满足的现实关系（李连科，1999：70）。当然其他学者还有各种论述。总结各方面论述后我们认为，对于价值的理解一般需要从三个层面确定：一是从日常生活意义上来理解，把有用的、好的人或事物看作是有价值的。二是从经济学、社会学、伦理学、教育学等一般社会学科层面来理解。例如，从经济学意义上理解，价值是凝结在商品中的无差别的社会劳动，我们可以把价值与"使用价值"乃至"价格"等同起来。这类渗透在各门具体学科中的价值概念，构成了一个内容相当丰富、关系错综复杂的观念系统，极大地左右着人们的社会生活。三是哲学意义上的价值概念，即从各门具体学科抽象出来的价值的本质特征（王坤庆，1996：122）。这是价值范畴的最上位概念。

从哲学价值含义出发，我们可以得出一个推论：人们的社会活动产生了价值问题。构成完整的、现实性的价值关系至少需要两个方面的要素——主体及其需要、客体及其属性。在哲学意义上讨论价值问题时，"客体"不仅是"物"或物质层面的东西，还包括作为客体而存在的"人"及其实践活动。也就是说，在价值关系中，客体既可以是无生命的物，也可以是活生生的人，还可以是人们通过某种方式联系在一起而进行的某种实践活动（过程）——物质的或精神的活动（刘复兴，2003：91）。而我们认为，人只能是主体，而不能成为客体。以此为根据，价值是客体能够满足主体需要的属性，也是主体可以满足主体需要的属性。价值来自客体属性满足主体需要的现实的实践活动，是主客体之间的一种关系。价值也源自于主体间属性满足主体需要的实践活动，是一种主体间性关系。价值来源于客体，外部世界是人生存和发展的客观条件，具有满足人的需要的属性；价值又取决于主体，任何客体的属性只有与人的需要联系起来，才能成为价值的属性。没有主体的需要，就不会有价值。价值最终产生于人们的实践过程，在具体实践过程中建立主体需要与客体属性的关系，即价值关系，实现主体与客体的统一。价值就是主观性与客观性的统一，绝对性与相对性的统一（李连科，1991：83-87）。

根据价值、政策的基本内涵，我们认为，政策价值是政策主体通过政策作用于政策客体实现的自身利益和意志，以及政策客体在政策作用下反映和体现出来的政策的目标和效能。或者说，政策价值是一个政策主体通过政策作用于另一个政策主体后，所实现的自身利益和意志，以及被作用的政策主体在政策作用下反映和体现出来的政策目标和效能（沈承刚，1996：55）。

因为教师政策是政党、政府等政治实体在一定历史时期，为了完成既定的教育任务，实现一定的教育和人力资源目标，在协调教师内外关系过程中作出的行动规定、行动依据和准则。由此可以认定，教师政策价值是教师政策的制定主体——政党、政府等政治实体所规定的行动依据和准则，满足教师政策对象——教师需要的一种属性，或者它是教师政策的制定主体——政党、政府等政治实体所规定的行动依据和准则，满足教师政策的制定者——政党、政府等需要的一种属性。

教师政策满足政党、政府及教师主体需要的性质和程度决定着教师政策价值的性质及其价值大小。例如，教师政策满足了价值主体——政府机构和教师的利益需要，那么教师政策就具有正价值；教师政策损害了价值主体——政府、教师的利益和需要，教师政策就具有负价值；教师政策与价值主体——政府、教师的需要与利益无关，教师政策就具有零价值。教师政策满足价值主体——政府机构和教师利益的程度高，则该教师政策价值大；教师政策满足价值主体——政府机构和教师利益的程度低，则该教师政策价值小。

由于农村教师政策是教师政策演绎的结果，农村教师政策价值是教师政策价值演绎的结果。农村教师政策是政党、政府等政治实体在一定历史时期，为了完成既定教育任务，实现一定的教育和人力资源目标，在协调城乡教师内外关系过程中，对农村地区教师行动规定、行动依据和行动准则作出的战略部署。因此，农村教师政策价值是农村教师政策的制定主体——政党、政府等政治实体制定出来的，农村教师行动规定、行动依据和行动准则能够满足农村教师政策对象——农村教师需要的属性。或者它是农村教师政策制定主体——政党、政府等政治实体通过教师行为规定、行动依据和准则，满足农村教师政策制定者——政党、政府需要的属性。换句话说，一方面，农村教师政策价值是农村教师政策主体通过农村教师政策作用于农村教师政策客体——农村教师时所实现的自身利益和意志，以及农村教师政策客体在农村教师政策作用下反映和体现出来的农村教师政策的目标和效能。农村教师政策价值，是农村教师政策主体的需求与农村教师政策主客体的有用性在政策中的凝聚与统一；另一方面，农村教师政策价值又是农村教师政策制定者通过农村教师政策作用于农村教师本人后，所实现的自身利益和意志，以及被作用的农村教师在农村教师政策作用下反映或体现出来的政策目标和效能。

农村教师政策能满足政党、政府及农村教师主体需要的性质和程度，决定着农村教师政策价值的性质及其价值大小。如果农村教师政策满足了价值主体——政府机构和农村教师的利益需要，那么农村教师政策就具有正价值；农村教师政策损害了价值主体——政府、农村教师的利益和需要，那么农村教师政策就具有负价值；农村教师政策与价值主体——政府、农村教师的需要与利益无关，那么农村教师政策就不具有价值。农村教师政策能充分满足其价值主体——政府、农村教师的利益需要，那么农村教师政策的价值大；农村教师政策不能满足其价值主体——政府、农村教师的利益需要，那么农村教师政策的价值小。

第一节　西部农村教师政策下的教师自身价值

一、农村教师政策的农村教师生存价值

马斯洛需要层次理论认为，人有七种基本需要，包括：生理需要、安全需要、归属与爱的需要、尊重的需要、认知和理解需要、审美需要和自我实现需要。这些需要从低级到高级排成一个层级。一个人只有在低级需要得到部分满足后才会寻求高级需要的满足。一个极度饥饿的人首先想到的是最近的饭馆在哪，而不是最近的电影院在什么地方。当较低层次需要得到满足后，人最后要满足的是自我实现的需要。自我实现就是使自己更完备、更完美、能够充分发挥自己的能力，实现个人的最大价值需要（陈琦，2001：137-138）。

根据马斯洛需要层次理论，我们认为西部农村教师首先需要生存，他们也普遍有强烈的生存需要。只有在生存需要得到满足的情况下，才可以谈自尊、自我实现等需要。在生存需要得不到保障的情况下，其他一切需要都无存谈起。教师生存需要是教师群体能够获取的最基本的物质和精神需要。教师生存需要的满足程度影响其在教育行业的基本状态。如果教师生存需要能够得到满足，其教育状态相应会好；如果教师生存需要不能得到满足，他们就处于不良的生存状态，很难认真做好教育工作。如果相关政府部门对西部农村教师生存状态的关注不够，影响了相关政策的出台和农村教师生存需要的满足，必然会影响农村教师的本真性存在。

从教师生存需要的物质内容看，教师收入的高低主要与国家教师收入政策有关，农村教师能否生存下去、生存状况的好坏也与农村教师收入政策有关。长期以来，虽然西部农村教师的工资水平不高，但基本能满足其生存需要。2008年，庞丽娟和韩小雨对贵州、甘肃、宁夏等省（自治区、直辖市）农村教师的调查发现，当地小学教师的月工资一般为600～700元，初中教师的月工资一般为700～800元；部分贫困地区代课教师的月工资大都是150～250元，有的只有几十元（庞丽娟和韩小雨，2006：47-53）。王慧和马晓娟对甘肃省18个县的2672名农村教师做了调查，发现甘肃农村地区教师工资待遇普遍偏低。2006年，甘肃农村公派教师的月工资为718～1600元，平均月工资为1058元；代课教师为95～675元，平均月工资为360元。尽管长期以来，农村教师的工

资不高，56.0% 的教师对自己目前的工资待遇不满意，88.1% 的教师对自身工作福利不满意，但这些工资待遇依然满足了农村教师的基本生存需要。而从教师生存需要的精神内容看，王慧和马晓娟在对甘肃 2672 名农村教师的专题调查中发现，西部农村教师普遍感觉工作压力大。不少农村学校因为教师编制偏紧，任课教师工作量普遍超标。因此，30.8% 的教师想换职业，41.3% 的教师希望能换学校，17.7% 的教师表示自己不能安心地从事教师工作，这些均说明教师的存在更多的是一种精神存在。教师的精神存在在更高层次更多地体现为职业的成就感和幸福感。如果缺乏相关政策支持，西部农村教师在更高的精神层面体会不到作为教师和农村教师的职业幸福感和成就感，教师的教育精神就不会存在，教师的整体存在性也会受到影响（王慧和马晓娟，2007：3-6）。

二、农村教师政策的农村教师发展价值

西部农村教师不仅需要生存，也渴望发展。他们渴望通过进修、培训等形式获得学历、专业上的快速发展，以及职业地位上的提高。而获得这一切的关键是要取得相关政策的支持。如果相关政策缺失，西部农村教师在发展过程中将面临诸多困境。

从学历和专业知识发展层面上看，西部农村教师普遍学历发展起点偏低。学历高的教师容易留在城市，容易从农村流入城市，学历相对低的教师不容易被城市学校接受，也难以从农村流动到城市。因此，西部农村教师大多希望政府能够制定相关政策来帮助个人提高学历层次、夯实专业知识。如果国家和地方政府能够为西部农村教师出台相应的学历提升和专业发展政策，较好地满足教师在这方面的需要，他们的专业学历就能得到相应提高。从调研数据看，在中小学教师学历达标政策的要求下，在函授、自考学历政策的推动下，西部地区农村中小学教师基本完成了学历达标目标，基本取得了在学校生存发展的基本条件。西部地区一些农村学校，小学教师进修专科率达到了 79.07%，初中教师本科率达到了 60.82%，高中教师研究生学历达到了 4.80%，这在很大程度上满足了这些教师学历提升需要。但是，由于在职在岗学习具有特殊性，表面上是学历达标了，而实际上相当一部分教师的综合技能不够扎实，专业知识不够雄厚，影响了教师专业化的进一步提高和深入发展（江秀玲，2009）。因此，许多农村教师希望进一步出台针对脱产进修学历提升和专业发展的相关政策，以满足他们对专业和学历的发展需要。如果政府能出台行之有效的和适切性的专

业对口脱产进修政策，将会更好地促进他们发展。

从职称层面来看，农村教师普遍希望尽快提高自己的职称，以满足自身的发展需要。西部农村地区的许多中小学教师都非常希望能迅速改善其职称结构，而农村教师职称结构改善的关键在政策。合理的政策措施既能提高农村教师的职称层次，也能满足农村教师的自我实现需要。但是，如果在农村教师中级职称特别是高级职称评审中，提出计算机等级考试、教研成果等相关要求，可能会给农村教师职称评审提高门槛，脱离农村教师的实际需要，容易造成西部农村教师专业职称结构相对较低的情况，也影响农村教师的专业化发展。因此，如果国家和地方政府制定的农村教师政策从农村教师实际需要出发，关注如何改善农村教师职称结构，并采取积极合理有效的政策措施，农村教师职称结构就能得到相应改善，进而实现农村教师的发展需要；否则，农村教师的专业发展就会受影响。有人对西部某地城乡教师职称状况做过调查，结果显示，农村小学具备中学高级职称的教师占农村小学教师总数的 0.06%，小学高级职称教师占农村小学教师总数的 33.32%，小学一级职称教师占农村小学教师总数的 48.04%，小学二级职称教师占农村小学教师总数的 8.65%，小学三级及未评职称教师占农村小学教师总数的 9.93%。而在城市，具备中学高级职称的教师占城市小学教师总数的 0.32%，具备小学高级职称的教师占城市小学教师总数的 48.64%，具备小学一级职称的教师占城市小学教师总数的 41.07%，具备小学二级职称的教师占城市小学教师总数的 4.41%，未评职称的小学教师占城市小学教师总数的 5.56%（江秀玲，2009）。说明，农村小学一级职称以上教师的比例明显低于城市，城市小学二级职称以下教师的比例明显低于农村。西部农村地区小学教师对一级职称及以上的需求量明显高于城市。

调查也发现，西部部分地区农村初级中学具备中学高级职称的教师占农村初中教师总数的 2.22%，具备中学一级职称的教师占农村初中教师总数的 30%，具备中学二级职称的教师占农村初中教师总数的 45.37%，具备中学三级职称的教师占农村初中教师总数的 9.31%，未评职称的教师占农村初中教师总数的 13.10%。而城市初级中学具备中学高级职称的教师占城市初中教师总数的 19.43%，具备中学一级职称的教师占城市初中教师总数的 39.82%，具备中学二级职称的教师占城市初中教师总数的 33.02%，具备中学三级职称的教师占城市初中教师总数的 1.32%，中学未评职称的教师占城市初中教师总数的 6.41%（江秀玲，2009）。根据教师职称结构比例标准，一些西部农村地区初级中学高级教师的需求量高于城市 8 倍多，农村初中一级教师的需求量也明显高于城市。而农村高级职称教师需求量的满足取决于城乡教师职称政策的调整。

调查同时发现，西部部分地区农村高级中学具备高级职称的教师占农村高中教师总数的9.60%，具备中学一级职称的教师占农村高中教师总数的31.21%，具备中学二级职称的教师占农村高中教师总数的48.40%，具备中学三级职称的教师占农村高中教师总数的3.64%，未评职称的高中教师占农村高中教师总数的7.15%。而城市高中教师职称比例为：中学高级教师占36.81%、中学一级教师占38.06%、中学二级教师占21.91%、中学三级教师占0.30%、未评职称教师占2.92%。对比发现，农村高中教师职称结构也不够合理，农村地区高级职称教师比例偏低，职称晋升的机会少，而造成该问题的主要原因是农村教师职称政策措施的不完善和缺失。因此，西部农村地区广大教师希望迅速出台和进一步完善相关政策措施，满足农村教师职称改善的需要，进而形成其积极健康的教学心态，并以此促进农村教师专业的发展和农村中小学教育质量的提高（江秀玲，2009）。

从专业发展层面来看，笔者对一些西部农村中小学教师培训需求做了调查，发现西部农村地区广大教师希望有更多的、更有效的受训机会，以保证其专业化发展的质量和水平。其中一半以上的教师认为，教师培训的重点是拓展学科前沿知识，1/3以上的教师主张发展教师的教学技能，只有不到20%的教师认为中小学教师培训的重点是教育研究能力。因此，各级政府部门需要出台相应的政策措施，改善农村中小学教师的受训状况。政府部门如果能出台合理的政策措施，必然能更好地满足农村教师专业化的发展需求。研究发现，新课程改革实施以来，国家和地方政府部门出台的相关政策措施，对西部农村中小学教师进行了以"新理念、新课程、新技术和德育教育"为主要内容的"三新一德"培训，这在一定程度上促进了农村教师的专业化发展，满足了农村教师的自我成长需要。但是，由于我国教师发展中的城市中心主义倾向和农村教师培训政策的不科学、不合理，长期以来，农村教师参加省级以上骨干教师培训学习的机会相对城市教师要少，难以有效促进农村教师的专业发展。同时，由于政策并未充分考虑到当地教学设施落后、教育经费短缺、广大农村教师教学任务繁重等现状，以及培训工作与培训时间、培训地点、培训内容之间较为突出的矛盾，多数农村教师在受训时间和教学精力上很难兼顾，特别是受骨干教师严重短缺等因素的制约，大部分农村骨干教师都难以得到系统有效的培训，难以充分享受优质教育资源，较难获得自我专业方面的有效发展。许多学校在安排培训时，经常委派学校的非骨干教师去参加培训，而真正需要培训的教师参训可能性小,这直接影响了农村教师专业化水平的提高。因此,只有根据农村教师发展的特点进行培训,根据农村教师发展的需要制定科学、合理的教师政策措施,满足农村教师的发展需要,才能有效地促进农村教师发展。

总之,西部农村教师需要物质和精神方面的发展,但农村教师物质、精神方面的发展主要依赖其学历、职称及专业方面的发展。西部农村教师学历、专业和职称方面的发展又与学历、专业提升的政策措施有关,与职称特别是高级职称指标的分配政策措施有关。缺少相关合理的政策措施,必然影响农村教师的发展。因此,只有依据西部农村教师的实际特点和需要,制定适合农村教师学历、专业提升的相关措施,才能满足农村教师的发展需要,促进农村教师队伍发展。

第二节　西部农村教师政策下的西部农村学生自身价值

一、西部农村学生需要存在和发展

一方面,存在是人的基本权力,农村学生也有存在需要,教师的存在是学生有学上的前提。农村学生不仅要为农村教育的存在而存在,更要为其自身的发展而存在。当农村没有学生的时候,也就不会有农村的教育与文明。但2000年以来,西部农村学生辍学、失学现象严重,在全国小学、初中阶段流失的学生中,农村学生占九成;高中和中专阶段流失的学生中,农村学生分别占七成和六成(杨东平,2007:72)。学生辍学的一个重要原因是厌学。从心理学角度来说,厌学心理是指学生消极对待学习活动的行为心理反应,主要表现为学生对学习认识存在偏差,情感上消极对待学习,行为上主动远离学习。患有厌学症的学生往往学习目的不明确,对学习失去兴趣;不认真听课,不完成作业,怕考试;甚至厌书、厌学校,旷课逃学。而农村和西部农村学生的厌学、逃学情况大部分是由西部农村教师的存在状况、存在质量引起的。某种程度上,西部农村学生厌学、辍学流失是西部农村教师补给政策不合理,农村教师数量不足、质量不高,不能满足农村学生存在意愿的具体反映。

另一方面，西部农村学生也有发展需要。他们不仅要上学，还要上好学，他们需要高质量的教师与高质量的办学条件满足其发展需要。在西部农村地区学生中，不少人生活在偏远落后的农村地区。他们在学校所学的知识主要是从教师那里习得的普适性的书本知识，对于课堂教学之外的现代化、信息化和高科技化的东西知之甚少。西部农村地区部分家长文化程度偏低，知识的广度和深度不足，也不懂怎样教育子女。如果农村再缺少好教师，那么，农村孩子将更难接受良好的教育。农村孩子即使在农村学校上完学，将来也很难考上国内的一流大学。正因为如此，在农村教师骨干纷纷流动和流失的背景下，西部农村地区的许多学生因为觉得在当地读书发展前景有限，从而离开当地到城市学习发展。据调查，由于西部农村骨干教师流失和既有教师质量不高，一些农村地区 90% 以上的学生在初中毕业后就流向了城市发达地区（李中恢和石俊：2007）。因此，教师是学生存在和发展的前提，好教师是好学生存在和发展的前提。只有形成科学合理的农村教师政策，将数量充足、质量优良的教师留在农村，才能为农村学校留住生源，保证农村学生的发展。

高质量农村教师存在的关键是良好的教师政策。如果农村教师政策不合理、不到位，很大程度上会导致许多西部农村学校师资力量严重不足，乡村小学进而出现兼课、代课教师。例如，西部农村学校出现的教师素质整体不高，教师学历普遍偏低或者年龄偏大，教育思想观念严重滞后；教育内容以应试教育为主、枯燥乏味，脱离现实生活；教学手段老化，教育方式简单、粗暴等现象，不仅严重影响农村教育教学质量的提高，也严重影响学生学习质量的提高，同时也影响学生对学校生活的情感体验，进而进一步影响学生的身心健康发展。

从教学理念和教学现实看，学生是学习的主体，教师是学生学习的促进者。但是，如果教师发展的政策理念落实不到位，西部农村地区不少中小学教学活动将会长期停留在教师"唱独角戏"的层面上，学生不能真正参与到教学活动中，其发展会受到严重影响。而且，如果缺乏相关政策支持，农村和西部农村的高水平教师很难参与到农村学校教材的编写和修订过程中，使现行的统编教材只具有普适性而缺乏特殊性，无法与当前西部农村地区的现实情况相适应，教材中许多看似简单的东西也容易成为农村学生发展的垫脚石。而在具体的教学过程中，许多教师既要完成规定的教学任务，又要实现既定的升学率，致使他们无法精心设计课堂教学，只能盲目加大教学密度，进行应试教育。这种教学状态，不仅严重影响了学生的学习兴趣、学习欲望，还挫伤了学生学习的积极性，进而影响了学生的长期发展。另外，如果农村地区得不到积极的政策支持，容易导致许多农村学校教育资源短缺，大多数教师得不到必要的教学辅助资料，也会严重影响农村教育质量的提高和学生的发展。

我们可以看到，不同时期的多数西部农村教师政策，都为西部农村地区输送了大量优秀的师范院校本科毕业生，这在一定程度上提高了农村专业教师的数量，缓解了农村骨干教师缺乏的矛盾，特别是解决了一些农村学校学科教师紧缺的状况，提高了农村学校的教育教学质量，满足了农村学生的生存发展需要。例如，2004年教育部组织实施"农村学校教育硕士师资培养计划"，采取推荐免试攻读教育硕士专业学位研究生的方式，吸引国家和省属重点大学优秀应届本科毕业生到西部农村贫困地区中学任教，为西部农村地区培养了一批具有研究生学历的高素质教师。同时，通过政策引导，激励优秀高校毕业生到基层建功立业，不仅拓宽了高校毕业生的就业渠道，也探索了一种为农村学校培养补充高素质骨干教师的有效形式，在一定程度上满足了农村学生的发展需要，促进了农村学生发展。

二、西部农村学生希望拥有高水平和稳定的教师队伍

高水平教师有高尚的师德、丰富的知识、高超的教学艺术和水平，可以以更好的方式引导学生发展。因此，从人的本性层面分析，任何时期、任何国家和地区的学生都希望能跟随高水平、高质量的教师学习，以促进自己快速发展。西部农村地区的学生也希望能得到高水平教师的指导，以便获得快速发展。但从经济方面分析，西部农村教师的实际收入远低于同等层次的城市学校教师的收入，也低于东部发达省（自治区、直辖市）乡镇中心学校、中小学教师的收入，年轻教师、优秀教师长期流失和教师流失数量偏多等问题的发生，严重影响了农村学生正常需求的满足（李开兵，2011）。改革开放以来，西部农村教师流失的方式主要有两种：一是直接的显性流失。西部各地城市学校利用广大农村教师急于进城工作的心理，纷纷出台选调农村教师进城的政策，以优厚的待遇向各地招聘优秀教师，譬如，城市中小学紧缺语文、数学、外语等各学科教师，可以从县级以上教学能手或教学骨干中选拔，也可以让农村中小学教师参加市、县教育局组织的选拔讲课，在公平竞争的前提下被选调进城。这样，每年都有一批优秀的农村教师被选调进城，在客观上调动了许多亟须升迁、发展的教师的教学积极性，反过来也会带动农村进城学生的发展，但是影响了农村滞留学生的发展。还有些教师身在曹营心在汉，表面身份是当地学校教师，实

际不在当地学校教学，这也严重影响了农村学生的学习心理及自我发展。二是间接的隐性流失。农村学校教师住房缺乏，只好采取就近安排教师任教的办法，以解决住房困难的局面。但就近任教的教师容易被家庭事务缠扰，教育精力流失严重。因此，在农村教师各种形式的流失背后，农村学生对优秀教师的渴求却被忽略了。西部农村生活与教育环境较差，国家对农村教育投资不足，许多师范毕业生不愿意到农村去任教，农村孩子也很难遇到一位优秀教师，即使有好教师，也会时刻面临被调走的可能（王仕军和刘玉红，2003）。优秀教师的流失无疑会严重影响农村孩子的学习信心和发展欲望，继而影响其学习质量和效率（潘启洪，2006）。因此，只有出台稳定农村教师队伍、提升农村教师质量的政策措施，才可以满足农村学生的生存发展需要。

三、合理的教师政策能满足农村学生发展需要

农村学生能否得到优秀教师的指导，能否得到良好的发展，关键在国家和地方的教师政策。合理的教师政策既可以把大批合格的教师引进农村学校，满足农村学生有学上的生存需要，也可以把优质教师留在农村，满足农村学生的发展需要。因此，合理的教师政策具有重要的价值。

第三节　西部农村教师政策下的学校教育教学价值

一、农村学校都需要可靠和稳定的教师队伍

优质高效的教师队伍是良好教学质量的根本保障。没有好的教师队伍，就不会有农村地区高质量的教育教学活动，更会影响农村学生的学习心理和学习动力。教师政策存在不足，容易影响农村地区教师的数量和质量，进而造成各学校教育教学质量较为低下的局面。2000年以来，由教师政策和教育教学质量不高问题引起的农村小学高年级及初中学生辍学率反弹现象有所抬头。据东北师范大学农村教育研究所对农村初中生辍学问题的调查，2008年年底，我国农村小学高年级及初中学生辍学率高达1.5%。而由于农村教师教学水平不高和教

学质量低下形成的辍学率比例高达 56.3%，教师教学水平和教学质量偏低成为农村学生辍学率居高不下的根本原因（彭波，2008）。因此，教师教学水平是教学质量和学业水平形成的依据，西部农村教师教学水平不高是西部农村学校教学质量不高和学生学业水平较低的重要原因。王嘉毅和李颖对西部农村地区某小学学业质量的调查显示，受教师政策和教学质量等因素影响，2006 年甘肃临夏某乡镇小学二年级语文统考平均成绩为 56.1 分，合格率为 43.4%，学习较差的学生占学生总数的（成绩在 40 分及以下的）11.9%。全校语文最高成绩为 90 分，最低成绩为 11 分，成绩之间差距较大。二年级数学统考平均成绩为 49.7 分，合格率为 32.7%，成绩在 40 分及以下的学生占 30.7%，最高成绩为 97 分，最低成绩为 3 分（王嘉毅和李颖，2008）。而通过大量访谈得知，西部农村教师政策不完善，教师教学水平不高，农村教学质量偏低，农村教育教学活动不能达到预定目的，农村小学生大多数没有掌握所学的基本知识，也是农村学生学业成绩不良的根本原因。因此，如果西部农村地区长期缺乏教师特别是优质教师，必然会影响农村高质量的教育教学活动。首先，西部农村中小学学校所处的地理位置和环境决定了仅仅依靠普适性政策很难留住和吸引到优秀教师，造成了该地区优质教师资源的相对短缺，以及高质量教育教学活动的不足。其次，如果农村中小学教师缺乏现代教育教学理念，在课程改革和教师专业化发展过程中不能得心应手地运用该理念，必然造成农村中小学教育教学活动有较大缺陷。因此，农村地区需要高质量的教育教学活动，而教师质量是制约农村教学质量和教学效率提高的关键因素（李彦博，2009）。

高质量的教师队伍是基础文化知识的有效传递者，是教育教学质量形成的关键。高质量的农村教师是农村先进文化的代表，是农村教育活动的主导者和农村先进知识的有效传播力量。农村教师在农村教育与农村文化环境互动的过程中，通过不断接受、理解、构建和转化人类的科学技术成果，既可以以简捷、高效、科学的方式把人类认识成果传达给农村未来的劳动者，又可以引导青年一代探索和理解自然、社会与人类自身的奥秘，发现、构建并运用新的经验缩短知识与农业科学技术的物化过程。因此，农村教师在农村教育教学质量形成的过程中起重要作用，西部农村地区迫切需要高质量和相对稳定的教师队伍（彭斌，2007）。

二、农村教师政策具有学校教育教学价值

西部农村教师政策一直是影响西部农村教育教学质量的重要因素之一。当

今世界处于数量向质量转化的时代，质量逐渐成为社会发展的主题词。我国是世界上最大的发展中国家，要走追赶式教育发展道路，必须将提升教育质量作为发展教育的首要任务。而我国的 13 亿人口一半在农村，1.5 亿中小学生在农村。农村教育教学质量是我国基础教育教学质量的重中之重，是义务教育质量的核心和关键。提高农村教育教学质量的关键是农村教师质量，农村教师质量形成的依据是农村教师政策。因此，为了形成高质量的西部农村教师队伍，提高农村学校的教育教学质量和效率，必须要形成高质量的农村地区教师政策。为此，国家在实施西部大开发战略后，启动了"东部地区学校对口支援西部贫困地区学校工程"和"西部大中城市学校对口支援本省（自治区、直辖市）贫困地区学校工程"。后者规定，对口帮扶的城市学校要选派优秀教师到贫困地区任教，同时向受援学校无偿提供教学仪器设备、图书资料等其他方面的资助，到贫困地区支教的教学人员经费由支教地区负担；受援学校应在基本生活和工作条件等方面给参加支教的教师提供方便，为支教教师提供免费住宿；鼓励优秀教师到贫困地区学校长期任教；支教工作经历是教师职务评定、转正定级的重要依据。这些政策规定的核心目的就是要给西部农村地区提供基本的教师队伍数量，保证农村地区有较好的教育教学质量。实践证明，这些支教政策基本满足了西部农村地区最低层次的教育教学质量需要。[①]

2003 年国务院召开了中华人民共和国成立以来第一次全国农村教育工作会议，会议明确了农村学校教育教学工作在整个教育工作中重中之重的战略地位，作出了进一步加强农村教育教学工作的决定，并提出将用更大的精力和更多的财力，加强中西部地区农村义务教育阶段教师队伍建设，提高西部农村义务教育教学质量。为了进一步发展西部农村地区教师队伍，满足西部农村地区较高层次的教育教学质量需要，2006 年，国家还实行了新的"支教"政策。新"支教"政策规定，今后 5 年要连续招募省内普通高校和本省生源外省普通高校应届毕业生到西部及欠发达地区乡镇中小学进行支教活动。招收支教人员的条件是家庭经济困难、高学历、已考取研究生及回生源地的毕业生，支教时间一般为 2年。支教活动是补充农村教师队伍基本数量，保障西部农村教育教学质量的初步方式。与此同时，国家实行了清退代课教师政策。教育部为了进一步提高农村基础教育教学质量，在全国施行完全清退或转正农村地区既有合格代课教师、不允许农村地区继续存在代课教师的行政规定。该政策的制定，对清理西部农

---

① 中共中央办公厅、国务院办公厅关于推动东西部地区学校对口支援工作的通知. 厅字〔2000〕13 号，2000年 4 月 6 日。

村地区不合格师资力量，保证西部农村教师质量和教育教学质量起到了重要作用。而 2006 年国务院在对《中华人民共和国义务教育法》提出修订意见后，进一步加强了农村义务教育阶段师资队伍建设的重要性，来满足农村教育教学基本需要。

2008 年 3 月 4 日，一位全国政协委员表示：义务教育体系承载的是我国基础教育的中心工作，不能成为教育质量不公平的重灾区；教育质量是教育公平的基础，也是教育公平的一个重要衡量指标；必须通过提高农村义务教育教学质量，实现我国基础教育教学质量的公平与正义；形成优质教育教学质量的关键是教师政策和教师质量。因此，不断完善教师政策等措施，才能切实保障学校的教育教学质量。2008 年 10 月 9 日，中国共产党第十七届三中全会提出了推进农村教育教学质量改革的重大决策。决策指出，衡量中国教育发展水平高低的根本是看农村教学质量的高低，本质是关注城乡教学质量公平，缩小城乡教学质量发展差距。该决策明确提出，要大力加强农村地区特别是中西部地区教师队伍建设，提高农村学校教育教学质量，努力达到"大力办好农村教育事业"的政治要求。同年，时任教育部基础教育司司长的姜沛民指出，义务教育特别是农村义务教育依然是国民教育中最为薄弱的环节，最重要的工作环节（姜沛民，2008）。李彦博也提出，必须通过加强农村地区教师队伍建设，提高农村地区的教学质量，促进农村教育工作新发展（李彦博，2009）。

因此，教师政策和教师质量在教学质量的形成中起着重要作用。中华人民共和国成立以来，国家通过对西部农村地区教师政策的改革，使西部农村学校教学质量发生了很多变化。一个时期，农村教师政策制定的好、执行的也好，农村地区教学质量才能有明显提高，否则教学质量就会明显下降。由此，必须制定和执行好西部农村教师政策，并将其作为新时期基础教育和农村教育重点，才能切实提高西部农村学校的教学质量。

三、合理的农村教师政策能满足农村学校发展需要

首先，合理的教师政策能以多种形式和内容规定教师教育教学的行为方式，从多方面满足西部农村教育教学的发展需要。针对西部农村教师缺编多、教师流失严重、业务骨干教师缺乏、"老龄化"等实际问题，各级政府部门把稳固农村教师数量、提高农村教师质量、促进农村教师专业发展政策作为提高农村学校教育教学质量的当务之急，从多途径、多角度、多方位推进了西部农

村教师队伍发展，这在一定程度上满足了农村教育教学的发展需要。其中，西部地区许多教育行政部门出台措施，以校本教研为主，定期组织教师进行教学业务学习，并开展集体备课、赛课、听课、评课活动和课堂"小问题"研究活动，以切实合理的政策规定解决教学质量问题，满足了农村教育教学的发展需要。一些政府部门要求组织农村教师参加省、市、县不同层次的课题研究活动，参加各种层次和不同形式的教学研究活动，并承担骨干教师上好示范课、青年教师上好过关课等不同方式的教研任务。通过与县内外知名学校开展"推门听课""送课"等教学结对联谊活动，激励教师参加技能升级、论文撰写、课件制作、学习现代教育技术等形式的业务提高活动，满足了学校教育教学质量不断发展的需要。一些政府部门还通过为农村教师订购各种业务刊物，促进农村教师教学观念和知识信息的转变；通过及时落实培训经费，扩大受训人群，让尽可能多的教师参加省、市、县级的教师培训；通过"请进来，送出去""传、帮、带""压担子""结对子""树牌子"，以及自我反思、同行互助、骨干引领等，为不同年龄段的教师搭建成长平台，拓宽各年龄段教师的成长渠道，促进各阶段教师专业能力和教育教学水平的提高，进而促进农村教育教学质量提高。另外，部分政府在重视农村教师知识、能力和技能培训的同时，也非常重视农村教师的师德、职业教育和心理辅导，注意加强农村教师的发展性考评，努力促进农村教师整体素质提升，从根本上实现农村教师的量变和质变，为切实提高农村学校教学质量提供了人力资源保障（李元华，2008）。

其次，合理的教师政策是教师管理的主要依据，而农村教师管理制度是发挥农村教师最大功效、保障农村教育教学质量的根本方式。教师政策是教师管理的出发点。任何时期、任何地方的教师管理都要在政府部门的相关规定下进行，否则，轻则会受到政府部门惩处，重则会取消学校办学资格。因此，各级政府部门的路线、方针、政策管理都是教师管理的根本依据。依照国家的相关路线、方针、政策，形成科学合理的农村教师政策，并将该政策有效贯彻到学校日常管理活动中去，是提高农村教师管理质量，提高农村教师管理效率的基本方式，也是保障农村教育教学质量的必然要求（陈永明等，2003：195）。而科学合理的农村教师政策内容，一是要突出体现农村教师在农村学校教育教学工作的中心地位，进而保障其主体地位的发挥。西部农村学校可以通过校长带头主抓，教导处和教研组分层管理，明确任务，落实责任，完善教师管理体系，进而实现农村教师在教育教学工作中的主导地位；也可以通过制订并严格执行教师工作计划和国家教师管理政策，健全教师管理工作的各种政策机制，使教师管理工作有章可循，满足农村地区教育教学质量的提高需要。二是要通过实行教学工作例会制度，严格教师常规考核规程，进而满足学校教育教学质量提高之需要。西部农村地区可以通过实行国家的《教学常规工作检查考核细则》，逐步制定出具体而且形式多样的检查办法，强化教学质量监控。例如，对教学工作认真情况经常进行检查，并将其作为教师工作考核的重要内容。在检查方式上，通过作业批改和单元检测反馈信息等手段了解各科教师的基本教学质量，帮助教师查找教育教学中存在的问题及原因，落实整改措施。尤其注意通过多种有效手段，对教师教学行为进行追踪分析，抓好薄弱教师教学工作，满足农村地区教育教学质量形成之需要。此外，还可以通过定期召开各种教学例会（如教学计划会，教学评价检查会，教学总结会和教学研讨会等），认真总结每个教师每学期的教学工作，查找不足，提出补救措施，精心安排下学期工作等，确保后期的教育教学质量。三是通过实行农村教师教学质量目标管理制度，加强农村教师教学巡查工作，完善农村教师课堂教学指导制度，进而满足农村地区教育教学质量和效率提高之需要。可以说，制定、分解、落实教学质量目标，建立教学质量考核奖惩机制，激励和调动教师的工作积极性，是提高农村学校教育教学质量的一种极其重要的方式。一方面，可以通过学校领导细化巡查项目，坚持进行检查记录分析，确保教学秩序和教学效率；另一方面，也可以通过学校领导经常深入课堂教学，坚持兼课、听课、评课制度，坚持"脱鞋下水"，了解教师的教学实际问题，关注和解决农村教师课堂教学中的实际问题，减少教师课堂教学的随意性和盲目性，增强其教学的针对性和有效性，以逐步满足农村教学质量形成和提高之需要。四是通过实行以研促教和农村课程改革与农村学生发展的农村教师责任制度，满足农村学校教育教学质量提高之需要。一方面，要求教师以杜威"做中学"和陶行知"教学做"合一方法为行动指南，通过完善教研机构建设，开展有针对性的教研活动和教学"小问题"研究，克服"教而疏研，研而不实"和校本教研"大、虚、空"的现象，提高学校的教育教学质量和效率；另一方面，通过建立农村教师课程改革和学生发展责任制度，组织教师编写综合实践性校本教材，将陶行知的生活教育理论融入课程改革活动，逐步提高课堂教学活动的生动性、趣味性和实效性，进而满足课堂教学质量形成之需要。同时，也可以通过督促农村教师利用有限的资源主动创办各种兴趣小组活动，让教师积极帮助学生自觉处理好全面发展与培养学生爱好和特长的关系，进而满足农村学业质量和农村学校教育教学质量提高之需要（李元华，2008）。

最后，合理的教师政策是改善办学条件，合理进行资源整合、有效实现资源共享，提高农村教育教学质量的需要。目前，西部农村办学条件与城市相比差距较大。很多学校不通网络，无电子备课室和多功能教室，生源不断减少，相应公用经费也在减少，这在一定程度上制约着农村教育教学质量的提高。但农村学校办学条件的改善不仅需要改善学校基础设施条件，也需要提高学校的教师教学水平。教师教学水平是学校办学条件的核心，也是学校教育教学质量的根本保证。教育教学质量又是学校赢得社会各方力量支持、改善办学条件的重要方式，而提高学校教师教学水平的关键是出台行之有效的农村教师政策。因此，国家及西部地区各级教育行政部门要把有限的力量用在刀刃上，制定出行之有效的农村教师政策，实行城乡之间、校校之间"结对子"帮扶和教师轮岗政策，有效整合利用城乡教师资源，充分利用区域内外的教师资源，实现区域内外教师资源共享，竭尽全力改善农村学校的教师资源条件，以平衡城乡教师资源的方式，逐步满足农村地区教育教学质量提高之需要（魏兆清，2010）。

第四章
西部农村教师政策沿革

  历史是时代发展的足迹，是社会发展的烙印。只有把握历史，才能更好地理解现在、掌握未来。西部农村教师政策的现状、问题是西部农村教师政策沿革的结果，西部农村教师政策的未来是西部农村教师政策现状推延的结果。因此，为了有效理解和把握西部农村教师政策的现状、问题，为了科学预测西部农村教师政策的未来，需要对西部农村教师政策的历史沿革情况进行系统的考察。但为了更好地统计、计算和分析西部农村教师政策数十年的演变情况，将农村教师政策考察的范围界定在中华人民共和国成立至某个年代是比较合适的。而为了更好地理解和分析不同时期西部农村教师政策的差异、特点，则需要依据当代中国社会发展的几个大的历史阶段，对20世纪80年代以前、80年代至21世纪初、21世纪以来农村教师政策发展情况分别进行梳理与阐释，以便充分、有效地认识西部农村教师政策演变的阶段性特点和系统性规律，促进西部农村教师政策的合理化发展。

第一节　1949年至20世纪80年代我国西部农村教师政策沿革

  唐代著名教育家韩愈曾说过："世有伯乐，然后有千里马。千里马常有，而伯乐不常有。"（孙培青，2000：179）我国现代著名教育家陶行知先生也说过："师范教育可以兴邦，也可以促国之亡。"（陕西省陶行知研究会，1989：220）所以，自古以来我国就非常重视教师教育，有尊师重教的优良传统。而要从政府层面将教师教育工作做好，最关键的是要制定好教师教育政策。自秦汉以来，我国也非常重视教师政策制定。秦朝时期提出了"以吏为师"的教师政策，隋唐以后则开始了科举选拔教师政策，清末《奏定学堂章程》的制定，则开始我国的正规师范教育。1949 年中华人民共和国成立，中国大地经历了一个翻天覆地的政治巨变。刚刚建立的中华人民共和国可谓百业待兴，全国各地的教师教育和教师政策发展也迎来了一个新起点。所以，时代在发展、社会在变迁，教师教育和教师政策也将会随时代和社会变化而同步进行。而在不同历史阶段，西部农村教师政策的内容和特点也有所不同。

一、1949 年至 20 世纪 80 年代西部农村教师政策沿革的社会背景

中华人民共和国建立起的新型社会制度，为农村教育和农村教师发展提出了新的不同的政策要求。但从中华人民共和国成立后数十年的发展历程看，不同历史时期，中国的政治、经济、文化发展情况不同，农村教育和教师情况不同，农村教师政策制度也不同。20 世纪 80 年代以前的中国社会主义制度经历了：基本完成社会主义改造阶段（1949～1956 年），全面建设社会主义阶段（1956～1966 年），"文化大革命"阶段（1966～1976 年）三个历史阶段。在不同的历史时期和社会阶段，党和政府为了巩固新生政权，相应地对教师教育大政方针政策作了不同规定，也为国家西部农村教师政策的形成提供了基本依据。

从 1949 年 10 月中华人民共和国成立到 1956 年第一个五年计划结束，在中国共产党第一届政府的领导下，全国各族人民有计划、有步骤地实现了中国社会从新民主主义到社会主义的过渡，在我国 960 万平方千米的土地上基本完成了对生产资料私有制的社会主义改造，在国力贫穷的基础上顺利开展了有计划的经济建设，为国家集中财力做好教育和师资队伍建设工作奠定了基础。1949 年 9 月，中国人民政治协商会议在北京召开，会议通过了《中国人民政治协商会议共同纲领》。在《中国人民政治协商会议共同纲领》第五章"文化教育政策"中明确规定了中华人民共和国教育的性质、任务等内容。该纲领第四十一条指

出，"中华人民共和国的文化教育为新民主主义的，即民族的、科学的、大众的文化教育。人民政府的文化教育工作应以提高人民文化水平、培养国家建设人才，肃清封建的、买办的、法西斯主义思想、发展为人民服务的思想为主要任务"；第四十七条规定，"有计划有步骤地实行普及教育，加强中等教育和高等教育，注重技术教育，加强劳动者的业余教育和在职干部教育，给青年知识分子和旧知识分子以革命的政治教育，以适应革命工作和国家建设工作的广泛需要"。（董云虎，2000：3）这些规定为农村地区的教师队伍建设提出了很高的要求。1950 年 6 月，中共七届三中全会进一步明确了政府要"有步骤地谨慎地进行旧有学校教育事业和旧有社会文化事业的改革工作，争取一切爱国的知识分子为人民服务"的任务。毛泽东同志还在会上指出："对知识分子要办各种训练班，办军政大学、革命大学。要使用他们，同时对他们进行教育和改造。"（中共中央文献研究室，1992：258-259）这些政策措施为城市和发达地区右派知识分子的西部流放，为形成西部农村教师队伍政策措施，为形成和发展西部农村教师队伍提供了政治依据。

1956 年到 1966 年是我国全面建设社会主义阶段，也是国家政治平稳、经济发展最快的时期。在这一时期，政府立足我国政治、经济和教育实际，对广大教育工作者的身份、性质和工作任务作出了科学合理的安排。我国广大教育工作者都是知识分子中的一部分，是国家教育事业的奠基力量。应当引导教育行业中的知识分子，特别是农村地区知识分子通过函授教育等形式，不断提高学历，为我国的社会主义建设做贡献，同时为教师工作和教师任务制定出具有普遍指导意义的方针、政策（《中国教育年鉴》编辑部，1984：898-899）。这些政策措施为同一时期西部地区形成科学合理的农村教师政策起到了重要作用。

1966 年 5 月至 1976 年 10 月，中国发生了一场规模浩大的政治运动——"文化大革命"。"文化大革命"中制定的许多政策措施使教育界大量教育工作者受到迫害。1971 年 7 月，中央在北京召开了全国教育工作会议，会议发表了《全国教育工作纪要》。在这一政策指导下，70 年代初，知识分子"上山下乡"的措施开始实施，让教师分批到工厂、农村及部队去接受再教育。这些措施为西部农村地区提供了大批高水平师资力量，但因为并没有得到重用而没有真正发挥其作用，最终造成教师资源浪费。在这一阶段，党和政府为西部地区及西部农村教师既定的许多教师教育政策在执行过程中也出现了偏差，部分正确的政策路线没有得到有效执行，甚至还出台了一些与极"左"路线相一致的西部农村教师政策，影响了农村教师队伍发展。

总之，20 世纪 50 年代至 20 世纪 80 年代，我国政治、经济、文化和思想意识领域都发生了复杂而巨大的变化，它直接对西部农村教师教育、教师政策的变化产生了影响。此阶段，国家工作的重点是巩固政权和恢复经济。政权巩固和经济恢复任务不仅只针对东部地区，还包括西部地区。政权巩固和经济恢复不仅要通过政治和经济方式进行，也需要通过教育和人力配置方式进行。西部地区作为中华人民共和国成立以来政治、经济基础相对薄弱的少数民族居住区域，教育在其新生政权的巩固中起到了重要作用。而发展教育的关键是教师，发展教师队伍的关键是形成一套科学合理的教师政策。因此，国家在这一时期立足西部地区的政治、经济，特别是教育实际，制定了一系列农村教师政策。

但是，受东西部不同的内部条件和外部环境等因素影响，整个西部及西部农村地区的发展与中东部地区呈现出不平衡的状态。这种不平衡主要指经济、政治、文化、教育和社会方面，在我国东、中、西部之间，在城乡之间，在中心城区与边远地区之间，以及发达地区与欠发达的民族地区之间发展的不平衡，也是东西部人力资源的不平衡发展（唐德海等，2006）。因此，如何实现东西部地区之间、城乡之间经济、文化平衡发展，将西部农村地区沉重的人口负担转化为人力资源优势，是中华人民共和国成立后党和国家面临的一项重大挑战。

解决东西部地区、城乡之间经济、社会、文化平衡发展的核心是实现西部教育的大众化、普及化和现代化。实现东西部教育的平衡发展，关键是为西部农村地区建设一支数量充足、质量可靠、政治觉悟高、专业知识精深的教师队伍，以促进西部人力资源开发。为此，从中华人民共和国成立至 20 世纪 80 年代，国家一直努力通过制定各种西部农村教育政策来促进西部地区教育的普及与发展，并要求西部地区针对国家提出的教师发展政策，结合本省（自治区、直辖市）自身发展实际，制定出落实国家相关政策的有效措施和手段，来促进本地区教师队伍发展。因此，自 1949 年以来，青海、贵州、云南、宁夏等许多地区依照国家相关政策精神和本地特点，制定了本省（自治区、直辖市）的农村教师政策措施。

二、1949 年至 20 世纪 80 年代西部农村教师政策沿革

1949 年中华人民共和国成立至 20 世纪 80 年代，根据西部农村地区政治、经济、教育的情况，特别是教师教育的发展需要，国家制定了许多与教师教育相关的西部农村教师政策，其中最有影响力的是国家知识分子改造政策、民办

教师政策、支援边疆建设教师政策和教师培训政策。

（一）1949 年至 20 世纪 80 年代支援边疆建设教师政策沿革

1. 1949 年至 20 世纪 80 年代国家支援边疆建设教师政策沿革

支援边疆建设教师政策是国家利用东部沿海地区知识分子力量支援西部边疆地区、民族地区和农村贫困地区教师教育，普及西部农村地区义务教育的一项长期性政策。中华人民共和国成立以来，党和政府十分关注边疆少数民族地区经济、社会发展特别是教育事业发展。为了改变西北、西南边疆地区的落后面貌，实现中国由落后农业国向先进工业国的转变，1956 年毛泽东同志（1999：34）发表了著名的《论十大关系》，提出"我们要诚心诚意地积极帮助少数民族发展经济建设和文化建设"。经过对毛泽东同志指示的贯彻执行，我国西部少数民族地区经济、文化和教育事业获得了迅速发展。但是，该阶段的政策对西部地区经济建设和人民群众文化水平提高的要求关注多，对师资和经费的可能条件考虑少，导致农村教育发展速度过快，超过了可能条件，财务、基建、劳动计划与事业计划不相适应，造成了教师量少质低、校舍拥挤、设备简陋、全面紧张的混乱现象，严重影响了教育质量，对 1957 年教育事业计划安排也带来很大困难。

应该说，中华人民共和国成立初期，西部农村地区中小学教师十分贫乏，严重影响了西部地区义务教育的普及，同时，也严重影响了本地区扫盲工作的顺利开展。为此，1952 年 11 月 15 日，教育部为了解决西北地区中等学校教师短缺问题作出决定：自华北、中南、西南调配一批知识分子到西北工作。应该说，这种规定对解决西部农村地区教师短缺问题奠定了基础。1958 年，中央政治局在北戴河召开扩大会议，提出了《关于动员青年前往边疆和少数民族地区参加社会主义建设的决定》，该决定指出："劳动力不足是阻碍边疆和少数民族地区社会主义建设的重要原因，计划从内地省份向边疆少数民族地区抽调570 万青年参加社会主义开发和建设工作。"［湖北省档案馆，第一辑（SZE109）1958］由此，20 世纪 50 年代后期，拉开了国家内地支援边疆建设运动的序幕，内地对西部边疆地区及民族地区文化教育事业发展开展了人才支持，大批知识分子由内地流动到西部地区，弥补了西部地区教师资源不足的问题，从根本上改变了农村师资不足的状况。

1960 年 9 月 30 日，中共中央批转国家计划委员会党组《关于 1961 年国民经济计划控制数字的报告》。该报告首次提出对国民经济实行"调整、巩固、充实、提高"方针。同时，还客观地回顾和总结了以往的经验教训，为形成新的支援边疆建设政策，扎实有效地做好西部农村教师支援工作提供了依据。1964年1月16日，中共中央、国务院颁布了《关于动员和组织城市知识青年参加农村社会主义建设的两个文件》。该文件提出：要引导知识青年到农村办民校、夜校。"大批城市知识青年下乡，使城乡青年结合在一起，既有利于稳定农村青年从事农业生产，也有利于更快地形成一支有社会主义觉悟、有文化科学知识的新型农民队伍。"（中央文献研究室，1992：18）在这一政策指引下，内地对边疆地区的支援进一步转入了知识与教育支援阶段，而支援边疆建设人员的主体则是城市青年和青年知识分子。1966年之后，我国进入"文化大革命"时期，西部农村地区的广大支教教师也因此受到了影响。"文化大革命"结束后，随着中国共产党新政策的贯彻落实，出现了支教教师返乡潮。

总之，由于20世纪50年代至70年代末期，国家对西部欠发达地区教育采取了政策上的倾斜，在西部农村地区教师队伍建设中采取了内地支援边疆建设政策，西部农村教师数量得到了大幅度补充。有关统计表明，此阶段在欠发达地区的54万科技人才中，沿海和内地支援边疆建设的有46万。其中不少支援边疆建设的大专院校的教师和高校毕业生都成了欠发达地区的栋梁之材和有用之材（郝诚之和周玉纯，1986）。这说明20世纪80年代前国家支教政策存在许多优点：①通过政策命令和强制性支援政策措施，促进了东部地区知识分子、教师向西部地区流动，无形中也加强了东部地区知识阶层与西部教师之间的流动与交流，缩小了东西部之间师资力量的差距，促进了东西部教育的平衡发展。②通过强制性流动方式，在短期内快速弥补了西部农村地区教师资源短缺的局面，保障了西部农村地区基础教育活动的正常开展。据统计，20世纪70年代之前，西部农村地区教师主要以外省、外县籍教师为主。1958年，西部某县外省籍小学教师255人，占全县小学教师总数的69.11%，极大地影响了西部教育和西部农村教师队伍发展。1968年，该县外省籍小学教师200人，占本县小学教师数量的比例下降到56.02%，但也在较大程度上影响着农村教育和农村教师队伍发展。1978年，该县外省籍小学教师下降到143人，尽管进一步下降到本县小学教师数量的36.11%，但仍然影响着农村教育和农村教师队伍的发展（王安全，2012：53）。③通过城市知识青年下乡支教的方式，将知识青年及时委派到师资力量十分匮乏的农村地区，及时促进了文化下乡运动，同时也缩小了城乡之间师资力量的差距。④加强了区域间教师知识资源的共享。教师知识资源不仅是区域性的，也是跨区域和跨文化的。因此，在生产力落后和人员流动缓慢的情况下，通过政策性流动的方式，既促进了支教教师的区域间流动，促进了教师知识资源的共享，也满足了西部农村地区学生的发展需要。

但是，一些时期、一些地区在具体支教活动前对支教人员采取了强制、命令和要挟等措施；在具体支教活动的过程中，不给支教人员安排合适的课程，使许多支教人员在西部农村学校没有真正发挥作用。这表明 20 世纪 80 年代前国家支边政策的不足：①政策指向性缺乏具体性、针对性和明确性。政策对支援边疆建设的性质、内容、方式没有作出具体明确的规定，影响了支援边疆建设活动的开展，也影响了支援边疆建设的效果。支援文件中对农村地区没有明确界定，使得一些亟须受援的学校并没有得到支援，进而影响了支援活动的针对性与实效性。②政策的稳定性与连续性较差。不同时期支援边疆建设政策的背景、原因不同，致使其提出的支援边疆建设人员的身份、支援边疆建设的内容和时间长短不同，进而造成支援边疆建设的效果不同。在特殊历史时期，在 20 世纪 60 年代自然灾害的影响下，支援边疆建设政策有一段时间的暂停。所以，总体来讲，支教政策是一种应急政策，是缓解西部农村教师短缺情况的一种临时措施，难以从根本上解决西部农村教师紧缺的局面。③支教人员的准入标准较低，文化程度参差不齐，20 世纪 50 年代的许多支教教师仅有小学文化程度，无法对西部农村地区的基础教育实施高质量指导。

2．1949 年至 20 世纪 80 年代西部各省（自治区、直辖市）农村教师支援政策沿革

支援西部农村教师政策既是国家从整体上对发展西部农村教育作出的一种战略决策，也是西部各省（自治区、直辖市）为了促进本地区城乡教育均衡发展，在国家支援农村教育政策的引导下，有意将本地城市学校和其他相关部门的富余人员抽调出来，引向西部农村学校的一种战略规划。这种战略规划萌芽于 20 世纪 50 年代，一直持续到 21 世纪初，在西部各省（自治区、直辖市）普遍制定、贯彻执行该政策的过程中，对西部各省（自治区、直辖市）农村教育发展产生了重要影响。

（1）1949 年至 20 世纪 80 年代青海农村教师支援政策

青海农村支教政策始于 20 世纪 50 年代初期。1949 年 9 月 5 日，中国人民解放军第一野战军解放了青海省会西宁市，从此青海的政治、经济、文化发展步入了一个新时代，青海农村教育及农村支教活动也随之掀开了新的一页。

1956 年，依据《教育部关于内地支援边疆地区小学师资问题的通知》：临近边疆的四川、陕西等省，对于接邻的边疆省、自治区需要外地支援的师资要有较多的支持。此时，西部各省（自治区、直辖市）开始积极响应国家号召，积极开展对口支边、支教活动。青海省教育厅于 1957 年 1 月发出《作好内地选派一批中小学教师支援边疆地区教育工作的通知》（马玉麟，1992：48），一方面，该通知要求各级部门研究部署支援边疆教育活动，为建设边疆服务。同时，要求各级教育行政部门有目的、有计划地开展农村支教活动，积极进行农村教师培训，加强农村教师的思想政治学习，提高农村教师的业务能力和水平。另一方面，青海省教育行政部门也积极加强省内城市与农村教师之间的互动，教育厅领导特意带领省内骨干教师为农村偏远地区的教师提供教学指导。青海省教育工会为了响应国家号召，全力提高青海农村地区教师教学水准，加强省内民族地区教师与东部地区教师的交流与合作，形成了内地支援边疆建设与省内外合作的双向互动，组织了 130 多名青海少数民族教师参观团，分赴上海、杭州、南京、武汉进行参观学习，学习先进的教学理念与方式。青海在实施《教育部关于内地支援边疆地区小学师资问题的通知》的同时，还积极实施了省市优秀教师对农村贫困地区教师的支教政策。1957 年 12 月，省级机关首批下派 120 名机关干部担任农村地区小学教师（马玉麟，1992：58）。此次省内教师间的流动，为青海农村地区教师资源注入了新活力。1964 年 1 月 16 日，中共中央、国务院颁布了《关于动员和组织城市知识青年参加农村社会主义建设的两个文件》，青海开始组织大批知识青年到农村地区开展支教活动。"文化大革命"期间，青海的农村支教活动也受到了严重影响。

1949 年至 20 世纪 80 年代青海农村教师支援政策的基本特点：①支援形式新颖、独特，将请进来与送出去有机结合起来。青海支教方式不仅是请外地教师进行支教，同时将农村教师送出去、邀请发达地区教师提供就业培训，充分利用发达地区的教育优势开展远距离支教活动。②实行全员支教政策，让有文化、有知识的机关干部和知识分子都参加支教活动，短期内通过多种途径弥补了农村教师不足的问题。③支教人员成分复杂。支教人员中既有有一定文化的还俗阿卡[①]和汉族青年，也有一些具有大专文化程度、从事少数民族行政工作的干部，还有一些具有高中以上文化程度，兼通藏语文的干部。他们经过短期培训后都成了中小学教师。

---

① 阿卡，是对藏传佛教僧人的称呼。

（2）1949年至20世纪80年代贵州农村教师支援政策沿革

1949年11月15日，贵州省会贵阳市解放，同年11月22日，贵州省人民政府正式成立了"贵阳市军事管制委员会"，下设文教接管部。文教接管部根据政府"暂维现状，逐步改革"的方针，首先对旧学校进行了接管。从1949到1952年，贵州对旧学校的教学体制及教师队伍进行了初步改造。改造之后，贵州全省的教育事业得到了快速恢复，并逐步发展到中华人民共和国成立前的历史最高水平。

中华人民共和国成立初期，为了提高农村人口的识字率，同时解决农村群众居住、生产及生活等诸方面存在的问题，贵州省委及省政府在农村地区实施了"以民教民"的教学方针，在有学校的地方，动员当地教师进行兼职支教。农村地区不设或少设专职教师。贵州省委在教育文件中曾指出：在农村扫盲和业余学校中，教师主要采取专职和兼职相结合的办法，能者为师，回乡知识青年是教师的主要来源。在这一教师政策引导下，大多数高小毕业的青年知识分子加入到"以民教民"的教学队伍中，支援了贵州扫盲工作的顺利开展。1951年4月，贵州省文教厅召开全省初等教育会议，会议提出：请求西南区文教部轮训小学教师500名，这在一定程度上缓解了贵州农村小学教师不足的问题。20世纪六七十年代，国家知识分子上山下乡政策实施以后，贵州组织了大批城市知识青年到农村地区开展支教活动，进一步缓解了农村教师短缺问题。20世纪80年代后，贵州省委认真贯彻执行中央以"调整"为中心的八字方针，从多方面加强了农村初等教育。中共玉屏侗族自治县县委、县人民政府结合全县实际情况，首先对中学进行了调整，将过去调去初中、高中任教的220多名小学骨干教师调回小学，加强了小学的师资力量，支援了农村小学教育发展。改革开放初期，经贵州省人民政府批准，贵州省教育厅首次邀请人民教育出版社小学语文编辑室主任袁微子来贵州讲学，对全省小学语文教师进一步领会教材的编写意图，掌握运用教材，改进教学，提高教学质量具有一定的指导意义（任吉麟，1985：164）。这次讲学效果反映很好，对社会震动较大。随后贵州省委又多次举办了全省中学语文讲习会，邀请了多位国内专家进行讲学，有效支援了农村教师队伍的建设。同时，还举办了"智力支边"教育教学讲习会，自此，拉开了智力支援贵州农村边远地区教育的帷幕。

1949年至20世纪80年代贵州农村教师支援政策的特点：①对支教人员知识层次要求不高。由于这一时期贵州缺乏高学历教师、干部，政府在支教教师来源政策上规定，支教教师主要是知识青年。②支教方式上的双向性。为了便于灵活开展支教活动，当地政府在支教教师形成方式上规定，有些支教教师是派下来的，有些是请进来的，实施双向支边活动。③支边方式由特殊性走向了普遍性。20世纪五六十年代支教方式是单纯的下基层支教方式，20世纪70年代以后开始将被支援地区与支援地区教师的发展工作结合起来，以促进各地区教师队伍整体协调发展。

（3）1949年至20世纪80年代云南农村教师支援政策沿革

1950年3月人民解放军昆明市军事管制委员会成立，下设文教接管部，开始了中华人民共和国成立以后云南地区的教育管理活动。为了提高当地的人口素质，发展农村教师队伍、兴办农村教育是迫在眉睫之事。农村教师力量匮乏严重制约着当地基础教育事业的发展，为了解决农村地区教师紧缺问题，云南省政府提出不仅要培训已有教师，并且也要吸纳新的外地教师，通过内外结合的方式促进云南农村地区教育事业快速发展。

云南在国家支援边疆地区教育事业发展政策的号召下，实行了省内学校间的互相支援政策。1960年8月，云南省教育厅在改革学制、做好学校教师进修工作的意见中指出，为了提升农村地区的师资力量，一方面要组织教师进行在职学习；另一方面要组织讲师团巡回讲学，利用假期进行集训。但据1963年2月《云南省教育事业缉要情况》记载，云南中学以上教师多系外省籍支教教师，特别是四川籍教师居多。1964年，云南省教育厅、人事局、劳动局联合发布了《关于补充小学教师队伍的通知》，指出全省共需补充教师约4000人。小学教师来源除应届师范专业毕业生外，也将吸收历届和本届未升学的高中毕业生，同时还将从企、事业单位和政府机关人员中调剂，使得其他部门人员参与到教育事业建设中，扩大教育支援工作范围。中华人民共和国成立后，云南各级政府对学校思想教育工作严格要求，云南农村地区政治课教师的数量和质量都远远适应不了学校思想政治工作的需要，因此云南请求高等教育部在1965～1966年从省外调配了一些政治教育系的毕业生给云南，以支援云南教育建设。"文化大革命"开始后，云南的支援、支边工作一度出现了停滞。20世纪70年代后，云南农村地区支教人员大多数是"五七"干校学员和工农兵学员。这些人员文化素质虽然普遍不高，但在较大程度上维系着农村地区教育的存在。

1949年至20世纪80年代云南农村教师支援政策的特点：①实行讲师团政策，派遣讲师团到基层支教，为80年代后全国大规模讲师团行动提供了经验基础；②实行机关干部和企、事业成员共同支教政策，导致支教教师成分复杂多样、知识能力水平参差不齐；③支教活动时断时续，支教政策缺乏连续性。

（二）1949 年至 20 世纪 80 年代西部农村民办教师政策沿革

民办教师是中华人民共和国成立初期至 21 世纪我国西部各地中小学教师队伍的重要组成部分，是西部农村贫困地区教育发展不可忽视的一支力量，也是一代无私奉献者。数十年来，大多数民办教师生活在工作条件艰苦的西部农村地区，特别是西部农村贫困地区。他们普遍收入不高，又担负着繁重的教育、教学任务。在国家财力不足的情况下，民办教师对我国西部农村教育乃至整个西部地区的经济社会发展起到了十分重要的促进作用。民办教师的兴衰变化关键在民办教师政策，因此，做好西部各省（自治区、直辖市）民办教师政策研究，对我国西部农村教育事业和社会发展有十分重要的意义和参考价值。

1．1949 年至 20 世纪 80 年代国家民办教师政策沿革

根据有关统计，中华人民共和国成立以前，我国小学教育入学人数最多的是 1946 年。当年，全国小学在校学生数为 2368.3 万人，学龄儿童入学率仅为 20% 左右，农村学龄儿童入学率不及 10%（刘英杰，1993：321）。教育发展整体水平不高，农村人口整体文化素质较低，这既不能满足农民群众自身的发展需要，也不能满足农村地区经济社会的发展需要。面对我国农村地区的实际情况，为满足农村地区经济社会及广大农民群众对教育、文化的需求，中央政府在《中国人民政治协商会议共同纲领》中提出采取一系列措施，大力加强教师培养，促进师资队伍建设，"有计划、有步骤地实行普及教育"。1951 年 5 月 18 日，时任教育部部长的马叙伦在《关于 1950 年全国教育工作总结和 1951 年全国教育工作的方针和任务的报告》中指出，实行农村群众办学政策，不仅可以使大量私立学校维持下来，而且可以大大推动农村义务教育普及（何东昌，1998：92）。由于国家财政能力有限，西部农村教育大多是村民自我筹款、自办学校。因此，西部地区及西部农村地区就需要大量民办教师的存在。而民办教师的产生不仅能促进农村教师队伍的建设，还能促进我国普及义务教育工作的顺利开展，同时也减轻了国家教育负担，初步满足了西部地区及西部农村地区人民对教育的需求。

在各级政府部门的统一要求和部署下，在大力发展民办教育政策的指导下，我国民办教师数量在中华人民共和国成立初期得到了迅速增长。1951 年小学民办教师数量由 1949 年的 10.5 万人增加到 42.5 万人，小学民办教师占全国小学教师总数的比例由 1949 年的 12.6% 提高到 34.8%，中学民办教师也占到了全国中学教师总数的 31.2%（刘英杰，1993：682-683）。

但在中华人民共和国成立初期，各级政府部门对群众办学缺乏周密计划和具体指导，各种教育督促措施也不健全，加上西部地区属于我国少数民族聚居区，这些地区文化基础长期薄弱，社会民众对国家教育方针的理解本身有偏差。再加上在某些地区存在办学权力过于下放等现象，群众凭一时热情将学校办起来，却没有长期有效的经费筹措办法，致使许多小学因缺乏正确的管理办法和经费支持而垮台。学校为此遭受损失，同时还招致群众不满。面对教育质量下滑和民办学校垮台的现象，1953 年 1 月 24 日，政务院文化教育委员会在北京召开大区文教委员会主任会议，会议提出：目前小学教育的关键任务是大力整顿学校中的混乱现象，改进小学教育工作。1953 年文教工作的方针是"整顿巩固、重点发展、提高质量、稳步前进"（何东昌，1998：189-190），在这一方针的指导下，各级政府部门通过一系列考核措施对民办学校进行了改编、接收，将私立学校转化为公办学校，使得西部农村学校教学设施得到改善，同时也使一大批民办教师转变成公办教师。经过整顿，全国小学民办教师的数量由 1951 年的 42.5 万人减少到 1953 年的 4.3 万人，全国小学民办教师比例由 1951 年的 3.48%下降到 1953 年的 0.27%；中学民办教师数量由 1951 年的 2.28 万人减少到 1953 年 0.8 万人，中学民办教师比例由 1951 年的 31.2%下降到 1953 年的 0.75%，西部农村学校的民办教师数量由此也开始明显减少（中国教育科学研究所，1984：128）。

而在社会主义"三大"改造时期，在中央政府"又多、又快、又好、又省"方针的引导下，全国教育工作加快了发展步伐，西部地区普及教育的速度也在加快。但是，随着学校数量和受教育人数的增加，国家财政教育经费出现了短缺现象。鉴于此国家又号召群众办学，民办村学、乡学又一次开始增多，民办教师数量也随之又一次增加了。据统计，1956 年到 1957 年，全国小学民办教师数量从 9.1 万人增加到 14.1 万人；中学民办教师数量从 1497 人增加到 16 880 人（刘英杰，1993：329，681，683）。之后，中央政府在 1962 年召开了全国教育会议，会议根据以"调整"为核心的八字方针，提出了进一步调整教育事业的意见，即"中小学以公办为主，民办为辅"。随后民办学校与民办教师通过整顿数量又有所减少（刘英杰，1993：329-336）。

"文化大革命"结束后，在 1977 年的中小学教师人数统计中，全国小学民办教师达到 343.9 万人，占全国小学教师总数的 65.8%；全国中学民办教师达到 127.3 万人，占中学教师总数的 39.9%；民办教师总数达到 471.2 万人，占中小学教师总数的 56%（刘英杰，1993：329-336）。这也为后来民办教师清退政策的出台和清退政策难以有效执行埋下了伏笔，也使得民办教师成为我国西部农村教师队伍中长期需要思考和解决的问题。

1949 年至 20 世纪 80 年代国家民办教师政策的优劣性。民办教师是我国特定历史时期的教育产物，是我国特定历史时期农村教师政策的产物。中华人民共和国成立以来，根据西部农村教育的发展需要，民办教师政策应运而生。从数量上看，受我国经济变化与政治发展等因素影响，20 世纪 80 年代之前，西部农村地区民办教师的数量一直呈现增长与减少交替变化的特点。而农村民办教师的任何变化都有其自身固有的优势，也有其不可忽视的缺陷。这说明西部农村地区民办教师政策有其不足，也有其优势。

从国情和农村地区实际情况看，民办教师政策有许多优点。其中最重要的是民办教师政策适应了"穷国办大教育"的特点，推动了西部农村教师队伍发展，也推动了西部农村义务教育的普及与发展：①民办教师政策促进了中华人民共和国成立初期西部教师队伍的建设。20 世纪 80 年代前，中国以年均仅占世界公共教育经费总数 1.4% 的财力支撑着占世界学历教育人口 22.9% 的庞大教育体系。在这样一个"穷国办大教育"体系下，教育经费匮乏是一个必然问题。而民办教师的产生正好迎合了国家廉价教育的发展需要。民办教师的产生一方面补充了中华人民共和国成立初期的农村教师队伍，让农村教师队伍在短期内获得了快速发展，同时，它也为新生政府减轻了负担。1977 年，全国民办教师发展到 471.2 万人，民办教师人数占中小学教师总数的 56%，成为支撑中国农村教育发展的支柱力量，也成为西部农村学校教育发展的主要力量（王献玲，2008）。②民办教师政策推动了西部农村地区普及教育特别是扫盲教育的开展。义务教育开始于西方发达国家，经过日本传入我国，强调让全体适龄儿童全部接受教育。因此，让全体儿童接受教育，降低文盲率是中华人民共和国成立初期新型政府的基本责任与使命。一个国家，教育的发展离不开教师，教师队伍的发展壮大离不开教师政策。在正规教师队伍严重不足的情况下，国家出台了民办教师政策，进而出现了一大批民办学校与民办教师，对我国西部农村普及小学教育，特别是扫盲教育起到了重要作用。据统计，1949 年中华人民共和国成立时，我国农村地区小学适龄儿童入学率只有 20%，小学教师总数仅 83.6 万人，其中民办教师（主要是民办学校的教师）为 10.5 万人，占当年小学教师总数的 12.6%。到 1951 年，民办小学在校学生从 1949 年的 261.5 万人增加到 1426.1 万人，占全国小学生总数的 33%。小学民办教师由 1949 年的 10.5 万人增加到 1951 年的 42.5 万人，占全国小学教师总数的比例由 12.6% 增加到 34.8%（刘英

杰，1993：681-682）。这组数字也告诉我们，中华人民共和国成立初期，西部
农村民办教师政策在西部农村教师队伍建设和西部教育普及中发挥了重要作用。
③民办教师政策适应了穷国办好西部农村教育的特点，减轻了国家教育财政负
担。在整个20世纪80年代以前，受工农业生产方式的影响，国民经济收入总
体不高，中国经济发展长期处于低水平运行状态，国家对西部农村地区的教育
投资能力有限。为了形成国民基本素质，中央人民政府长期坚持"走群众路线，
动员广大群众，一同办好学校"的方针，推动了民办教育发展。西部农村民办
教师大多来自西部本地农村，他们工作积极热情，生活作风艰苦朴素，能密切
联系群众，很受群众欢迎。民办教师的工资又实行"工分制""轮饭制"。这种
教育既满足了农民对文化的需求，也在很大程度上减轻了国家经济负担，为新
生的社会主义政权赢得广大劳动人民拥护奠定了基础，也为世界性大国、穷国
办起世界上最大的教育奠定了基础。

　　受政策制定的时代背景等多方面因素影响，国家民办教师在形成优势的同
时，也存在多方面的问题与缺陷。1949年至20世纪80年代民办教师政策的缺
陷主要体现为：①政策缺乏有效的民办教师准入机制和质量标准，导致部分民
办教师文化层次、业务水平较低，大大影响了农村地区的教育教学质量。西部
农村地区地处我国偏远地区，人们受教育水平整体较低。中华人民共和国成立
初期，在中国西部农村地区，大多数民办教师来自村民的推选和旧社会私塾教
师的转化。这些人虽然对工作有很大热情，但其自身有许多难以克服的局限性。
民办教师学历大多不高，缺乏专业知识、专业能力，小学毕业就去农村学校任
教，甚至小学没有毕业就去教小学的现象普遍存在。这导致民办教师对自身所
教学科普遍理解不深，大多是延续自己启蒙学习时的经验进行教学，教学质量
较低，影响了农村学生的发展。②政策缺乏稳定性与连续性，导致民办教师流
动性较大。纵观20世纪80年代以前中国民办教师政策的发展演变可以看出，
民办教师政策跌宕起伏，时而鼓励时而整顿。由于民办教师大多是"半农半教"
型的从教人员，是没有列入国家教育事业编制的教师。他们中的大多数又由户
口所在村、乡教育行政部门长期考核、聘任，由于缺乏理性思考和科学依据，
民办教师对自我身份没有一个确切的认识与定位，也造成了民办教师队伍的不
稳定性。另外，西部地区经济发展缓慢，农村贫困地区民办教师的全部收入就
是工资，民办教师工资政策执行乏力，民办教师工资拖欠屡见不鲜，导致民办
教师不能安心和正常开展教学活动，流失现象较严重。

2. 1949 年至 20 世纪 80 年代西部各省（自治区、直辖市）民办教师政策沿革

在科层管理体制下，国家政策变化是地方政策变化的基本依据和根本原因，国家民办教师政策变化是地方民办教师政策变化的依据和原因。但是，各地在执行国家民办教师政策的过程中，受执行者理念、方法和水平限制，制定和形成的民办教师政策也会有明显差异。

（1）1949 年至 20 世纪 80 年代青海农村民办教师政策

青海民办教师政策始于 20 世纪 50 年代初期。1950 年 3 月，根据西北军政委员会指示，青海省文教厅开始对部分小学进行调整，并在乡村小学实行"民办公助"方针。在这一方针的支持和引导下，中华人民共和国成立后，青海民办教师重新登上了教育的历史舞台。但是，随着民办教育力量快速发展，教育经费投入、师资力量的配备等方面不同程度地出现了一些问题。为此，青海省文教厅、财政厅第二年发出了《关于全省民办初小改公立小学的通知》。该通知指出：自本年 3 月起，原有民办初小一律改为公立初小；教师工资、学校行政费与本年冬季烤火费自 3 月 1 日起，一律由政府供给；教师工资暂维持现状（按当地小麦市价折合工资分发薪）。民办教师在时而提倡时而又暂招的曲折中奉献着自己的心血，为青海农村地区扫盲工作提供着教育力量。1956 年，中共青海省委根据《一九五六年到一九六七年全国农业发展纲要（草案）》中关于"农村办学应当采取多种形式，除了国家办学以外，必须大力提倡群众集体办学，允许私人办学，以便逐步普及小学教育"的任务，提出"加速发展、提高质量、全面规划、加强领导"的文教方针，促进了民办教师队伍的发展壮大（马玉麟，1992：33）。1957 年 8 月 2 日，青海省教育厅向全省批转《湟源县民办小学调查报告》，并决定：原有民办小学改为民办公助，教师工资的 40.6% 及全部公杂费、烤火费由农业社负担，59.4% 由国家补助，这一政策对民办教师的工资负担作出了明确规定，使得民办教师的工资来源有了一定的保障与渠道，但又相应地减少了民办教师的数量。此后，青海省委于 1959 年 10 月发出了《关于小学教育经费管理使用和社办小学教师生活待遇的标准》，在一定程度上又稳定了民办教师队伍。"文化大革命"期间，部分公办教育又一次下放为民办教育。1968 年 10 月 26 日，《青海日报》介绍了乐都县民办向东小学的经验，该报道指出，民办小学是落实无产阶级教育路线，普及农村文化教育的好形式，进一步推动了农村民办教师队伍发展。1973 年 1 月，青海根据国家提高民办教师生活待遇的精神，给牧区民办教师每人每月平均补助工资 20 元，口粮也由国家按公办教师标准供应，这对稳定民办教师队伍起到了积极作用。1973 年 7 月 18 日，青海省革命委员会规定民办教师生活补助：国家补助部分，农业区每人每月平均补助 15 元，牧业区 20 元；集体补助部分，一般应略高于当地同等劳动力的收入水平（马玉麟，1992：142）。这次政策的调整，为民办教师自我专业发展和从教信心给予了极大的鼓舞。20 世纪 70 年代末，在国家民办教师政策的引导下，青海开始了民办教师转正运动，民办教师数量开始逐渐减少。

1949 年至 20 世纪 80 年代青海农村民办教师政策特点：①受国家管理体制影响，青海民办教师政策对国家民办教师政策有较大的依赖性。可以说，青海民办教师政策的任何变化都是国家民办教师政策变化的结果，它们极少作出国家民办教师政策之外的民办教师规定。②不同时期民办教师身份转化政策不同，一个时期强调民办教师公办化，一个时期注重公办教师民办化。③关注民办教师生活条件改善，稳定了民办教师队伍，也稳定了农村教育教学工作。

（2）1949 年至 20 世纪 80 年代贵州农村民办教师政策

中华人民共和国成立初期，贵州地区特别是贵州农村地区教育十分落后。农村教育运行在很大程度上依赖的是民办教育。1953 年 4 月，贵州省教育厅根据各地反映，就群众在自愿原则下拟自办小学问题请示教育部。教育部复函：如果真正出自群众自愿，有可靠的经济来源，能继续维持三五年，有固定的校舍、合格的师资，经人民代表委员会通过，县政府审核核准，可由群众自办小学。于是，贵州省教育厅协助热心人士开办了私立学校和民办小学，民办教师队伍得到迅速发展。1956 年，贵州省教育厅在《贵州教育》刊文，肯定民办小学由少到多、由小到大取得的成绩，并强调，"小学教育应在民办既有成绩的基础上，进一步积极发展民办小学和过渡到农业社来办理，农业社办学是今后教育发展的方向"（孔令中，2004：457-458）。在这一方针政策的指示下，贵州地区的民办教育和民办教师队伍又有了新发展。但在 1961 ～ 1962 年，贵州省委根据教育部"民办教育质量不高"和"调整、巩固、充实、提高"的指示，对民办教育进行压缩、整顿，民办教育和民办教师数量开始下降。1963 年之后，由于教育经费紧张等，贵州省政府根据中央精神，又提出了"两条腿走路"来发展民办教育，民办教师队伍再一次得到扩展（孔令中，2004：457-458）。1964 年"四清"运动开始后，贵州民办中学开始由国家和工厂接办，民办教师开始萎缩。

贵州民办教师的高速增长期是"文化大革命"期间。1968 年 11 月 14 日，

《人民日报》发表山东吉祥县马集公社两个小学教师的一封信。信中建议把农村公办小学下放到大队办。贵州省委经过学习后，1969年1月指示贵州省革命委员会学校工作领导小组教育革命办事组在《贵州日报》发表文章，赞扬和支持"两个干部"的意见。之后，全省大批公办小学教师下放回原籍。被聘请担任教师的由生产队评记"政治标准"工分，成为民办教师。在"读小学不出队，读初中不出社，读高中不出区"口号的引领下，全省各地采取了"先上马，后配鞍"的办法，这一方针也促使了民办教师数量的剧增（当代中国丛书编辑部，1989：8）。

民办教师在中华人民共和国成立后，贵州农村教育事业迅猛发展的形势下发挥了积极作用。在较长时期内，贵州民办教师人数超过了公办教师人数，他们对当地小学教育的普及与发展作出了重要贡献。但是，在"文化大革命"期间，民办教师待遇及聘任制度没有得到很好的完善，致使一部分业务素质好、教学技能高的民办教师离开了工作岗位，而一部分不合格的人又利用这个空隙充斥了民办教师队伍，影响了民办教师整体素质。1978年以后贵州省委着手对民办教师队伍进行了大整顿，尤其对广大农村地区民办教师政策进行了调整，逐步开始削减民办教师数量。1980年10月10日，贵州省人民政府批转了贵州省教育厅、财政厅"关于落实我省民办中小学教师待遇问题的报告"。该报告指出，对国家拨给民办教师的补助费，不再留给办学单位，全部发给民办教师本人（任吉麟，1985：233），这对稳定民办教师队伍起到了积极作用。

1949年至20世纪80年代贵州农村民办教师政策变化的特点：①不同年代分别采取发展、抑制和大力发展的政策措施，导致不同年代民办教师数量不同。②贵州地方每次重大民办教师政策出台，都有国家相关民办教师方针、指示的影子，或者贵州民办教师政策变化与国家民办教师政策之间有密切的关联性。③民办教师政策注重民办教师量的变化，对其质的变化重视不足。

3. 1949年至20世纪80年代云南农村民办教师政策

中华人民共和国成立初期，云南地区民办学校较多，农村地区私塾、家塾、村校普遍存在。文献资料显示，民办小学大部分分布于公立学校较稀少的地区，但是，某些县内民办小学学生数却占学生总数的51.7%～70.6%。因此，一定范围内民办教师影响面较大。调查却显示，民办教师工资待遇低，生活无法维持，部分教师不安心工作。因此，政府根据实际情况，按公立小学标准，将民办教师每月补助费提高20%～50%（江泉，1989：144）。这对稳定民办教师队伍起到了积极作用。

为了更好地发挥民办教师的作用，1957 年云南省委建立了奖励私立、民办小学教师的政策。云南省教育厅拟定奖励标准：一等 51～60 元，二等 41～50 元，三等 31～40 元（云南省教育志编纂委员会，1989：206-207）。这对调动民办教师的工作积极性，提高民办教师工作效率起到了重要作用。为了稳定民办教师队伍，1961 年，云南省教育厅提出了解决社办小学的意见，省教育厅决定在全省范围内接收 5000 名社办小学教师，包工资并由国家供应口粮。民办代课教师大多分布于山区，并未转正定级。1962 年，云南省教育厅又下发了《关于中小学教职工转正定级的通知》，通知指出，对于自 1956 年以来因教学需要从社会临时招聘吸收为社办教师的人员，凡代课满一年以上，思想积极、能胜任教学工作者，均可办理转正手续，评定工资级别；高山分散地区及边疆地区社办教师，即使文化较低，但代课满一年以上，基本能胜任教学的工作者可接收为正式教师（江泉，1989：285）。该措施在一定程度上扩大了公办教师的规模，减少了民办教师的数量与比例，也调动了民办教师的工作积极性。为了稳定民办教师规模，1965 年 1 月，针对民办教师工资待遇低的现状，云南省教育厅制定了《关于提高我省中小学教师政治地位和民办教师工资生活待遇的试行规定》，提出民办教师的工资报酬应根据教师实际能力与从教时间评定，在 3 年内逐步达到与同级公办教师相同的标准；民办女教师产假期间工资照发；民办教师医疗费用从 1967 年起由国家按每人每月 1 元补助；民办教师的生活用品供应和公办教师相同。由于政府部门对民办教师持续支持，20 世纪 50 年代到"文化大革命"结束，云南农村地区民办教师人数处于持续增长序列。1962 年云南民办小学教师 2602 人，1963 年发展到 5657 人，1964 年就发展到 13 536 人，1965 年增长到 19 503 人，1966 年猛增到 29 285 人，1975 年更是增长到 99 103 人。针对民办教师迅猛发展的实际情况，为了控制民办教师队伍规模，提高民办教师队伍质量，云南省教育厅还提出了今后要逐步增加民办教师转公办教师的指标，使民办、公办教师比例达到三七开的意见（民办占 30%，公办占 70%），同时提出要提高民办教职工的补助待遇，给予民办教师与公办教师、民办男教师与女教师同等劳动力工分，做到同工同酬（云南教育厅，2002：345）。

1949 年至 20 世纪 80 年代云南农村民办教师政策特点：①民办教师政策内容丰富，涉及面广，但绝大多数政策与国家民办教师政策相关联。②民办教师政策规定，多数涉及了民办教师工资待遇及生活条件，涉及政策的激励方式和效果。③各年代民办教师政策措施中都有民办教师转正内容，说明云南民办教师政策整体上注重民办教师身份的改变。

1949 年至 20 世纪 80 年代国家及西部地方民办教师政策变化特点及启示：
1949 年至 20 世纪 80 年代，国家与西部地方民办教师政策在西部农村教师队伍
建设和西部农村教育事业发展中发挥了重要作用，也出现了一些突出问题，其
中最重要的是各地方普遍存在机械性执行国家民办教师政策的情况。国家要求
怎么对待民办教师，各个地方就根据国家要求采取措施要求民办教师。而各个
年代国家民办教师政策又不稳定：一个时期强调发展农村民办教师队伍，一个
时期强调抑制民办教师队伍发展。因此，受国家民办教师政策变化因素的影响，
各地方民办教师政策普遍不稳定，影响了农村教师队伍数量与质量稳定性、合
理性关系的建构。当然，由于政策执行者能力水平限制，一些省（自治区、直
辖市）的各个历史时期不同程度存在着歪曲执行或不执行国家民办教师政策的
情况。因此，如何从地方教育实际和地方教师教育实际出发，将国家教师教育
政策与地方教师教育政策有机结合，是衡量不同层面教师教育政策合理性的重
要方式。

（三）1949 年至 20 世纪 80 年代知识分子到西部农村改造政策

1. 1949 年至 20 世纪 80 年代国家知识分子到农村改造政策

任何新生政权的确立都必然受到一定社会意识形态支配，政权的巩固也会
受到意识形态的影响。思想意识形态是影响国家政权形成与变更的重要因素。
意识形态的主要载体是知识分子，因此，知识分子的政治态度就是意识形态对
社会的政治态度。反之，国家对知识分子的态度直接影响着新生政权的稳固与
和谐发展。中华人民共和国成立初期，由于战争破坏，国家文化、教育、科技
事业受到严重影响，国内可用的知识分子人才非常少。据不完全统计，中华人
民共和国成立初期中国的知识分子约为 200 万人，其中高级知识分子约为 10 万
人。这些知识分子大多为各级各类学校教师。尽管他们普遍掌握了较为先进的
科学文化知识，但他们的意识形态仍存在着许多不符合国家需要的旧思想、旧
观念。为了解决中华人民共和国成立初期我国人才紧缺的问题，使这些"旧知
识分子"能利用自己的智慧为中国建设奉献力量，又不至于给国家建设带来负
面影响。20 世纪 50 年代初，中国共产党根据实际需求，制定了争取、团结、
改造知识分子的系列政策，对"旧知识分子"采取了多次大规模的团结与改造
运动。其大致内容分为两个方面：第一项内容是在全国范围内主要开展涉及中

小学教师的思想净化学习活动；第二项内容是对一切不利于中国发展的非主流思想开展改造与引导活动，特别是在全国范围内开展了"知识分子洗脑"与"人人过关"运动。由于西部地区知识分子人数较多（《中国教育年鉴》编辑部，1984：957），国家在加强全国知识分子改造的同时，也应注重西部地区知识分子的改造，应在西部地区落实好国家知识分子政策。而中华人民共和国成立以来，我国西部地区所有乡镇学校教师均属于农村知识分子阶层。为了促进西部农村地区的教育发展，促进我国治国治党思想深入民心，还需要加强对农村教师、农村知识分子的政治教育工作。

国家针对西部地区知识分子进行的思想改造工作总共分为三个阶段。第一阶段从1949年5月开始至1955年结束。在这一阶段，中国共产党非常注重对知识分子的争取、团结，也非常重视知识分子思想意识形态的改造。1949年，教育部在北京召开第一次全国教育工作会议时提出，解放区教育工作的关键是争取团结、改造知识分子。1950年6月，在中共七届三中全会上，毛泽东提出：要有步骤地谨慎地进行旧有学校教育事业和旧有社会文化事业的改革工作，对知识分子要办各种训练班，办军政大学、革命大学。要有效地在旧学校中对广大师生进行思想政治教育，对他们进行思想改造（中共中央文献研究室，1992：258-259）。要使广大教师和知识分子在教育教学过程中端正政治立场，用马克思主义理论武装自我，逐步建立起革命主义人生观。同时要使用好他们，争取一切爱国的知识分子为人民服务。1951年11月30日，中共中央发出《关于在学校中进行思想改造和组织清理工作的指示》，该指示要求要在一至二年内，有计划、有领导、有步骤的在所有大中小学的教职员和高中以上学校的学生中，普遍进行初步的思想意识形态改造工作。在这一政策引导下，西部农村地区的许多学校开展了知识分子间相互进行批评与自我批评相结合的思想改造运动。第二阶段从1956年开始至1967年结束，这一阶段对知识分子采取的是肯定与鼓励的政策。这一阶段以周恩来《关于知识分子问题的报告》为依据，提出了三条具体实施办法：一是对所使用的知识分子要充分了解，给他们以应得的信任和支持，使他们能够积极开展工作；二是要给知识分子以必要的工作条件和适当待遇；三是改善知识分子的工作、生存状态，保证他们能充分发挥个人专长（夏杏珍，1999：171）。这项政策为保证西部农村知识分子发挥作用起到了重要作用，也为西部农村教育事业发展注入了一股新力量。第三阶段从1968年开始到"文化大革命"结束，主要是对知识分子进行基层锻炼和行为改造。"文化大革命"前，党中央、国务院发布了《关于动员和组织城市知识青年参加农村社会主义建设的决定（草案）》，这是党中央、国务院第一次发布指导知识青年下乡、到基层锻炼改造的纲领性文件。中央为此成立了"知识青年下乡指导小组"和安置办，各地区也成立了安置知识青年下乡的专门办事机构。自 1968 年 8 月起，毛泽东发表了一系列指示，指出：我们提倡知识分子到群众中去，到工厂去，到农村去，主要是到农村去，由工农兵给他们以再教育。1968 年 12 月 22 日，毛泽东向全国人民发出了："知识青年到农村去，接受贫下中农的再教育，很有必要"的最高指示，全国掀起了宣传"再教育"高潮。1978 年《全国知青上山下乡工作会议纪要》指出：1968 年到 1978 年的十年知识青年下乡运动，"缺乏整体规划，知识青年工作的路子越走越窄，下乡知青中的不少实际问题长期未能解决"。说明知识分子改造政策存在促进知识分子进步作用的同时，在政策形成的前期到执行的后期都存在问题，也影响了知识分子的发展。

1949 年至 20 世纪 80 年代国家知识分子政策的优劣性：尽管知识分子是国家和各个地区教育事业发展的主干力量，但是中华人民共和国成立初期的知识分子大部分接受过封建资产阶级思想教化，与中国共产党的执政思想理念有所区别。西部地区解放较迟，封建资产阶级思想对当地知识分子影响也较深。因此，中国共产党作为执政党要巩固自己的政权，迫切希望用马克思主义、共产主义思想不断改造资产阶级思想，不断引导广大知识分子接受社会主义、共产主义思想。国家在西部地区知识分子改造过程中采取了系列措施，凸显了其在知识分子政策上的一些优势：①充实了我国西部农村教师数量，提高了农村教师质量。20 世纪五六十年代，许多高级知识分子被下放到缺乏师资的西部农村中小学进行教育改造，大大充实了农村中小学师资队伍，提高了农村教师的整体质量和水平。②促进了西部农村教师教育教学思想观念和行为方式的转变。在知识分子改造过程中，许多高级知识分子先进的思想观念、合乎规律和要求的教育教学方式，大大影响和改造了西部农村本地教师的行为意识，也促进了他们专业能力和水平的提高。③推动了西部农村教育改革。教师队伍中的高级知识分子是教育教学改革的主力，他们以自身先进的教育理念、丰富的文化知识和行为方式推动着农村教育改革。但受经济、社会、文化、自然环境等因素影响，西部农村缺乏高级知识分子。而国家实行的知识分子改造政策，无形中推动了西部农村教育的改革和发展。

1949 年至 20 世纪 80 年代国家知识分子政策不足：首先，任何政策都有两面性。20 世纪 80 年代前国家知识分子政策在推动知识分子和"知识西移"、促进知识"下乡"、形成农村新文化过程中有其积极意义，但受国家知识分子改造方式方法等因素影响，国家西部地区知识分子政策也有一定的不足。主要表现为：改造内容上过于注重政治性改造，忽视了专业知识上的改造；政治改造过程中，强调一切以阶级斗争为纲，强调改造对象的选择完全以家庭出身而定。这违背了辩证唯物主义人性观点，不利于团结一切知识分子，也不能取得被改造知识分子的信任，促使其认认真真做好自我改造工作。其次，在知识分子改造方式上采取了过度批判、残酷的打击办法，禁锢了知识分子的思想，挫伤了教育战线上被改造知识分子从教的工作信心和工作热情，也影响了其教育教学的质量与效率。据 1956 年 1 月各地向中央汇报的数字，在参加肃反运动的人员中，事先确定被批判斗争的贵州人占 7.5%，云南人占 9.6%，广西人占 14.1%，有的专区内定的斗争对象高达 30.9%（陕西省档案馆，1956：19-21）。西部农村地区文化水平不高，中华人民共和国成立初期，农村地区教师多为地主、富农子弟。他们受"人人洗澡、人人过关"的阶级斗争影响，常常因为担心成为运动的受害者而不能安心教学。因此，特殊时期的知识分子改造政策在一定程度上挫伤了知识分子从教的信心和勇气。最后，知识分子改造路径选择和政策执行过程，往往使许多高级知识分子学非所用，不能充分发挥知识分子的聪明才智。在西部农村高级知识分子严重短缺情况下，造成了被改造知识分子人力资源的巨大浪费。

2．1949 年至 20 世纪 80 年代西部地方农村知识分子政策沿革

在科层管理体制下，国家知识分子政策是地方知识分子政策的依据，地方知识分子政策是国家知识分子政策推演和具体化的结果。但各个地方知识分子情况不同，政策制定者不同，其知识分子政策也会有差异。

（1）1949 年至 20 世纪 80 年代青海农村知识分子政策沿革

青海是我国土地面积大省，但却是文化小省，文化发展水平比较落后。20 世纪 80 年代前三十年，青海地区自身成长起来的知识分子很少，青海农村学校的高级知识分子更少。因此，为了发展壮大农村知识分子队伍，在改革开放前三十年，青海政府采取了积极吸纳和扩大知识分子规模政策。中华人民共和国成立后，面对青海农村地区文盲基数较大的实际情况，1956 年 3 月 3 日至 10 日，青海省政府首次在西宁召开了牧区教育工作者会议。会议对如何发展牧区教育工作进行了讨论，并制定了四项规定。其中第三条明确提出，要在有条件的地区积极创办民族学校，同时应选拔和培养本民族知识分子担任教师。1964 年 7 月 11 日，青海省政府面对省内教师缺额较严重的实际情况，批转了青海省"计

委、编委、民政厅、文教厅、劳动厅：关于给州、市、县教育增加621名教师编制和吸收人员补充教师缺额的意见"。其中补充缺额教师意见指出：各地要从当年高考落选的高中毕业生中选拔100名教师，选送58名集中到省上择优吸收，以补充教师缺额（马玉麟，1992：99）。"文化大革命"期间民办学校空前增加，村村设校，教师资源进一步短缺。1972年4月3日，青海省文教局第四次局务会议决定，在本省招收300名高中毕业生以补充初中教师队伍（马玉麟，1992：135）。从普通高中毕业生中选拔知识分子从事农村教育工作，扩大了中小学教师队伍规模，也有力地促进了青海农村教师队伍的进一步建设。此外，在20世纪50年代初至80年代改革开放前，根据中央政府的政策精神，青海省政府制定了争取、团结、改造知识分子的系列政策，对旧知识分子进行了思想改造和"过关"运动。对于知识分子中的地、富、反、右分子采取了整治办法，也出现了一些问题。

1949年至20世纪80年代青海农村知识分子政策的特点：①将有一定知识的人都界定为知识分子，扩大了农村学校中知识分子的范围和规模，促进了农村教师队伍数量上的发展，但也影响了农村教师队伍质量的提高。②注重知识分子思想意识的改造，忽视了知识分子内在需求的满足。③紧密贯彻国家知识分子政策精神，对农村教育系统中高级知识分子负面作用较大。

（2）1949年至20世纪80年代贵州农村知识分子政策沿革

在国家相关知识分子政策的影响下，20世纪50至80年代，贵州知识分子政策也经历了复杂变化。1951年7月，贵州省人民政府在贵阳市召开了全省第一次少数民族教育工作会议。会议指出：要做好少数民族教育工作，必须加强对少数民族师资的培养。少数民族地区的师资除了由学校逐渐培养外，还必须充分使用现有少数民族中的知识分子，尤其注意团结、教育、改造本人不是反革命、地主、富农出身的贫苦知识分子。要结束个别地区无区别的对待地主、富农出身知识分子做法。对待不同状况的地主知识分子也要区别对待，不能一律采用斗争和排斥的方式（任吉麟，1985：139）。在这一政策措施的安排下，许多教师成了人民代表和政府委员。1952年，贵州省教育委员会还对全区教育系统中1535名知识分子进行了集中培训，使多数人初步树立了新的人生观和教育观。（《当代中国》丛书编辑部，1989：4）1953～1956年，贵州省政府还持续提高了农村学校知识分子的工资收入，激发了知识分子的工作热情（孔令中，2004：447-448）。但是，在一些农村偏远地区，对农村知识分子的团结、教育政策并没有得到很好的贯彻执行，影响了知识分子的教学情绪。1957年以后，由于国家知识分子政策的变化，贵州知识分子政策也长期处于一种跌宕起伏的状态，这给当地农村初级与中级知识分子造成了很大压力。直到党的十一届三中全会以后，贵州省教育战线按照中央和省委的统一部署，推翻了"两个估计"，清理了"左倾"错误思想的影响，基本扫清了落实知识分子政策的障碍。据20世纪80年代初的一次统计，贵州全省普教系统在"肃反、反右、四清、文化大革命"时期被错误处理的人数占教职工总数的13%，这些错案在1984年全部得到了纠正。这在一定程度上提高了教师的社会地位，形成了尊重教师的社会风尚。

1949年至20世纪80年代贵州农村知识分子政策的特点：①专门制定少数民族知识分子政策，注重少数民族知识分子在农村教育活动中发挥的作用。②不同时期对待农村学校知识分子的目的、方式不同，一个时期强调保护和利用，一个时期注重批斗和排斥。说明地方政府对待农村知识分子的态度方式没有一贯性。③政策内容的政治性、阶级性和思想性很强，表明受时代和社会局限，知识分子政策内容有很大的局限性和片面性。④各个时期的农村知识分子政策基本都是国家知识分子政策推演和具体化结果。

（3）1949年至20世纪80年代云南农村知识分子政策

随着国家知识分子政策及云南地区知识分子状况的变化，20世纪50年代至20世纪80年代，云南地区制定了许多不同的知识分子政策。在知识分子进入农村教师队伍方面，中华人民共和国成立后，由于云南农村知识分子缺乏，特别是农村政治教员和文理教员极其缺乏，农村教师的政治水平和业务能力有限，教师中高小毕业教小学的现象普遍存在。为了迅速壮大中小学教师队伍，云南省文教厅在1950年12月发布的《1950年云南省教育工作总结报告》中指出，要注意改造旧的师资干部，使其加强在职学习，更重要的是争取失业知识分子参加工作，培训新的师资干部。1951年6月，云南省人民政府发文就处理失业知识分子问题作出指示：目前全省知识分子大量失业，估计全省约有4000名失业知识分子。因此，处理失业知识分子的方针是争取、团结、改造。要让有一技之长的知识分子都能为人民事业发光发热。处理方法主要以组训方式为主，由文教部门负责主办。这项政策的贯彻执行对发挥教师队伍中的知识分子作用起了积极作用。在教师队伍流动政策上，50年代初期，云南地区教师流动手续复杂，如果调动教师增多，调动函件在行政部门停留积压时间就会延长，再加上一些人为因素，调动的难度就会更大。即使是夫妻关系调动，在双方都可调动的情况下，尽量从内地调往边疆，从城市调往农村。这在一定程度上缩小了内地与边疆、城市与农村之间的差距（蔡寿福，2001：704-705）。在知识分子思想改造政策方面，50年代初期到中期，云南农村中小学教师普遍参加了"三反""五反"运动。1954年4月，云南省教育厅在《关于进一步改进小学教育工作的指示》中指出，必须切实贯彻执行全面发展教育方针，贯彻知识分子的团结教育改造政策，团结和依靠全体教师，要有计划、有步骤地从政治及业务上提高知识分子的水平。1965年1月，云南在关于提高中小学教师政治地位方面提出建议，各级党政机关应吸收政治历史清楚、立场坚定、方向明确、有革命朝气、工作成绩显著的党员中小学领导干部分别担任县委常委或委员等职务。各种综合性的先进人物代表会、积极分子会等都应当给教师队伍分配一定的名额。这项政策促使不少农村教师——这一特殊知识分子群体逐步实现了个人政治抱负。1970年，云南中、小学教育工作会议在昆明召开，会议提出要团结、教育、改造原有教师队伍，同时，要有计划地从工人、贫下中农、复员军人和经过劳动锻炼的知识青年中选拔可以胜任教育工作的人员，将其逐步输送到教育战线担任教师工作，并逐步建立起一支老、中、青三代结合的教师队伍。1978年全国教育工作会议提出，要尊重教师劳动、提高教师质量这一方针之后，云南农村知识分子的政治地位和社会待遇又有了改善。

1949年至20世纪80年代云南农村知识分子政策的特点：①改革开放前三十年，云南地区非常重视知识分子在教育行业发挥的作用，注重"旧"知识分子在农村学校发挥的作用，政策的激励性评价高于否定性评价。②一个时期的农村知识分子政策要求将知识分子引向农村教育、引向农村教师队伍，另一时期的知识分子政策则强调应将农村教师队伍中的骨干引向政府机关，注重农村中小学教师知识分子队伍政治作用的发挥，反映了地方知识分子政策的不稳定性。③大多数云南农村知识分子政策体现了国家知识分子的政策精神，基本是国家知识分子政策演绎和具体化结果。

西部农村知识分子政策启示：受自身条件限制，在中华人民共和国成立初期的二三十年中，西部农村极少有土生土长的高级知识分子存在。然而，西部地区及西部农村经济社会发展亟须知识分子，西部地区教育事业和农村学生发展也需要知识分子。因此在不同历史时期和阶段实施不同的知识分子改造政策，吸引和推动城市和东部沿海地区知识分子深入西部贫困地区、扎根西部农村山区，推动西部地区经济社会及西部教育事业发展，也成为国家及西部各省（自治区、直辖市）教师教育政策的重要组成部分。知识分子政策在西部农村改革开放前三十年的经济社会发展过程中发挥了基础性作用。知识分子政策作为西部农村教师政策的主要构成，随着西部农村教育活动开展，在西部教育领域特别是西部农村教育活动沿革中也发挥了重要作用。但是，有些地方只注重知识分子思想意识改造，而忽视了其内在需要满足；有些地方采用"极左"思想和态度，对知识分子采取了过度排挤和打压；有些地方为了提高农村教师政治地位而将农村骨干教师引向政府机关，在不同程度上影响了农村教师队伍建设的速度和质量。而各地普遍存在机械性执行国家知识分子改造政策的现象，在总体上损害了农村教师队伍建设的速度和质量。

（四）1949 年至 20 世纪 80 年代西部农村教师培训政策沿革

1. 1949 年至 20 世纪 80 年代国家西部农村教师培训政策沿革

受历史、社会和自然环境等因素影响，中华人民共和国成立初期，西部农村教师文化水平普遍不高，严重影响西部地区教育教学质量的提升。为快速提升西部农村教师质量水平，使西部教师成长与西部农村教育发展需要相吻合，教育部要求各地有计划地选派农村教师到一些院校集中进行短期培训。

1950 年，政务院公布了第四十二次政务会议通过的《关于救济失业教师与处理学生失学问题的指示》。该指示要求西南、西北大行政区军政委员会及所属各省市人民政府等尽可能举办中小学教师短训班及其他各种形式的训练班，吸收失业中小学教师，给他们施以政治与思想教育并辅以各种业务教育，毕业后一部分分配到行政部门工作，另一部分安排到教育工作岗位。这在一定程度上提升了农村教师的教学水平（中国教育科学研究所，1984：22）。1952 年 7 月 16 日，教育部发布了《关于大量短期培养初等及中等教育师资的决定》。该文件指出：今后五至十年内，为适应大量和急迫的师资需要，师资培养的工作应以短期训练为重点。短期训练主要由各级师范学校主办，修业年限以不超过一年为原则。受训对象一方面是城乡失业知识分子和家庭知识妇女，另一方面包括部分在职教师。受训教师一律享受人民助学金，毕业后由各地教育行政部门按计划分配，这项规定进一步推动了农村师资队伍发展（中国教育科学研究所，1984：61）。1956 年 6 月 30 日，教育部发出指示：今后必须在"又多、又快、又好、又省"的方针下，大力发展师范学校。同时，采取短期训练的措施，补足师资缺额。同年 11 月的《教育部关于内地支援边疆地区小学师资问题的通知》，提出在几年内解决边疆地区小学师资问题的意见：边疆小学发展所缺师资，今后除各边疆省、自治区大力发展师范教育培养师资外，需要内地支援主要由内地调配部分初中学生和知识分子加以短训解决；四川、陕西等省适当扩大一些中等师范学校的招生比例，每年给边疆省、自治区支援一部分师资（中国教育科学研究所，1984：182）。此段时间以后，由于多种因素的影响，教师短期培训工作在一段时间内一度出现断层，对西部农村教师教育发展带来了不可估量的损失。

此后，党和国家领导人提出在文化科技领域革命的指导思想，要求以新的内容和方式推动农村教师队伍发展。1961 年 10 月 25 日，在中央"调整、巩固、充实、提高"方针指示下，教育部召开全国师范教育工作会议。要求师范教育要重视农村特点，适应农村要求；在教学内容和教学时间安排上，应该适当结合农村工作和农业生产需要，向学生多讲授一些农业生产知识和党对农村工作的各项重要政策。师范生在农村当教师，就要成为农村的知识分子。农村教育行业的知识分子在教学之外，还要接近农村生活，对农村有所贡献，成为对农村有用的知识分子。这项规定对农村教师的形成方式和发展方向起到了重要作用。1963 年，教育部发出《关于改进中等专业学校招生工作和毕业生分配的意见》，规定师范学校除招收初中毕业生外，可以采取保送和考试相结合的办法，招收经过生产劳动锻炼的初中毕业生和具有同等学力的青年，毕业后回到原公社任教，即"社来社去"。此后，各级师范教育在面向工农、服务工农思想的指引下，培养出很多好的乡村教师典型。1964 年 5 月，根据刘少奇同志"两种教育制度、两种劳动制度"的指示和中央文件精神，各地积极试办和推广半耕半读师范，妥善安排教学与生产，提高教育质量。直到"文化大革命"开始前，绝大多数师范院校为农村服务的办学方向明确、坚定，培养了大批胜任农村教育工作又能参与农村经济文化建设，受广大农民信赖和欢迎的农村教师。1967 ～ 1977 年"文化大革命"期间，由于政治运动影响，农村地区教师培训工作一度停滞，农村教师发展受到重大影响。

1980 年，全国师范教育工作会议在总结中华人民共和国成立以来中小学在职教师培训工作经验的基础上明确提出，中小学在职教师培训工作的方针是从教师实际出发，深入调查研究，切实弄清教师文化业务水平状况。全面贯彻党的教育方针，通过多种培训形式，分类提高中小学在职教师的政治、文化、业务水平。在教师培训方式上，具体可以采取教师自学、学校自培和学习教材教法的短训班，也可以采取讲座或报告会形式的培训班，以及系统进修高等师范、中等师范课程的培训班和各地高等师范院校、中等师范学校、教育学院、教师进修院校举办的函授教育等多种形式。其中，学习教材教法的短训班一般有两种类型：一种是针对不能胜任教学工作的教师举办的；另一种是针对讲授新教材有困难的教师学习新教材举办的。各地举办的函授教育也多用于广大农村地区在职教师的培训。这也是国家在总结中华人民共和国成立三十年农村教师培训经验的基础上，对改革开放后如何提升西部农村教师教育能力作出的新安排，这个安排对改革开放后西部农村教师专业能力发展起了重要作用。

1949 年至 20 世纪 80 年代国家西部农村教师短期培训政策的优点：通过总结 20 世纪 80 年代前国家西部农村教师短期培训政策演变历程发现，短期集中培训政策在不同时期有不同内容、形式和特点，符合了当时当地农村教师的教育需要，在短时间内提高了我国西部农村教师的政治觉悟与文化素质，为我国广大农村地区特别是西部农村教育发展奠定了一定的师资基础，具有不可取代的意义和价值。首先，短期教师培训为西部农村学生接受初等教育提供了基本可以胜任工作的师资力量，满足了学生存在与发展的需要。20 世纪 50～70 年代，西部农村地区教师严重短缺，在远远不能满足农村地区学生上学需要的情况下，国家通过出台了短期教师培训政策，让西部农村学校短期内迅速获取了大量可以开展教育教学工作的教师，这对保障农村学生有学上、促进农村学生的成长与发展、农村国民基本素质的形成起到了举足轻重的作用。其次，在国家财力严重不足的历史时期，通过短期师资培训政策，既可以为国家减轻一定的教育财政压力，又可以利用有限的财力为农村地区培养一批急需人才，促进西部农村初等教育的普及与发展。可以说，国家短期教师培训政策，为中华人民共和国成立后三十年西部农村普及义务教育特别是扫盲运动发展，起到了举足轻重的作用。最后，缩短了教育与生产力的转换周期，使有一定文化的知识分子迅速转化为文化知识的传播者，这对文化知识在西部农村的普及推广起到了积极作用。

1949 年至 20 世纪 80 年代国家西部农村教师短期培训政策缺点。依据辩证唯物主义思想，任何教育政策有其优势，也有其不足和缺陷。西部农村教师培训政策有其优点，也有其缺陷：第一，受发达资本主义国家思想的影响，本阶段短期教师培训政策注重教师培训的速度和效率，轻视培训质量。由于培训时间过短，许多学员无法在短期内掌握基本的学科知识，更谈不上教育学、心理学、教材教法知识，导致一些初上岗的教师违背学生身心发展规律、违背学生学习规律进行教育教学活动，任意施教现象时有发生。有些教师上课时给学生传授的不但不是科学知识，有些甚至是错误知识，这在一定程度上影响了学生发展。第二，受"左"的思想路线影响，特定时期的短期教师培训政策注重教师政治思想内容培训、轻视文化知识培训，违背了教师职业的本质特征和要求。以政治为主导的培训同时也会僵化培训体系，影响教师培训目标的达成。第三，由于培训力量和培训经验不足，培训政策过于注重集中统一培训，强调统一的内容、统一的要求，忽略了教师的个性特点和创造力培养。第四，培训政策内容过于强调思想意识形态的内容，对国外优秀研究成果，特别是西方发达国家先进的教育思想、教育理念排斥严重，导致教师培训跟不上国际教师教育的发展形势。

2. 1949 年至 20 世纪 80 年代西部各地农村教师培训政策沿革

中华人民共和国成立初期至 20 世纪 80 年代，由于西部农村人才稀少，当地教师准入门槛很低，很多文化层次较低且没有经过教育学、心理学训练的人短期内成了教师。这部分教师的教学能力、技能素养较低，直接影响了学生的正常发展。为了快速提升西部农村教师的文化素质、能力修养及师德水平，做好西部农村教师的职后培训工作极为重要。为此，在国家中小学教师培训政策的引导下，西部各省（自治区、直辖市）采取相应措施，开展了农村教师的职后培训工作。

（1）1949 年至 20 世纪 80 年代青海农村教师培训政策

1949 年 9 月 5 日，青海省西宁市解放之后，青海省政府任命刘瑞芳为文教处处长，接管了青海旧的教育机构，为深入做好"旧"教师教育素养的培训提升工作奠定了基础。1951 年 8 月，青海省文教厅利用暑假在省第一中学举办训练班，集中为全省公办中小学教师进行了为期一个月的《社会发展史》和社会主义教育方针政策的学习，在一定程度上提高了广大中小学教师的思想认识和政策理论水平（马玉麟，1992：14）。1952 年 7 月，青海省文教厅又集中全省 2000 余名中小学教师进行了历时 40 余天的思想改造运动。广大农村教师通过这次运动，更加清晰了自身思想意识形态中出现的问题，逐步形成了社会主义、共产主义理想信念。1956 年应青海省教育厅邀请，西北师范学院（现西北师范大学）函授部在西宁设立函授辅导站，该站下设汉语文和数学两个专修班，参加学习的青海省市及农村教师共 48 人，为青海农村教师的职后培训开辟了一条新路。1960 年 3 月，青海省政府将青海西宁师范学校、青海民族师范学校及青海教师进修学校合并为青海师院师训部，为中小学教师的专业成长提供了专门培训机构，并在随后数年内为农村地区多次进行了教师培训。1975 年，青海省文化教育局下发了《关于改进州民族师范教育工作的意见》，为进一步办好民族

师范、培训好民族教师，提出了具体意见和措施。"文化大革命"结束后，1978
年 5 月 11 日，青海省革命委员会第一次办公委员会决定建立青海教师进修学院，
为农村教师培训创设了新机构。同年 8 月青海省教育厅举办了为期一个月的中
学数、理、化教师教材培训班，为各地培养新教材教师 80 名。自此，青海省教
师职后培训逐步正常化。

　　1949 年至 20 世纪 80 年代青海农村教师培训政策的特点：①培训政策具有
一定的连续性，使农村教师培训活动能有序开展下去。②培训时间由短到长、
由业余到专业，说明教师培训的受重视程度越来越高，教师培训的专业化程度
在提高。③培训层次多，既有县域内的就近培训，也有省内培训，更有省外高
层次培训，满足了不同层次教师的培训需要。④ 60 年代前主要进行的是思想政
治觉悟培训，60 年代后主要进行的是专业培训，说明教师培训的内容在不断改
进。⑤青海教师培训政策与国家本阶段教师培训政策紧密联系，许多大的教师
培训政策都是国家农村教师培训政策演绎的结果。

　　（2）1949 年至 20 世纪 80 年代贵州农村教师培训政策

　　为了提高农村教师政治、业务水平，进而提高农村地区教学质量和水平，
1949 年后，贵州省政府在中央教师培训相关政策方针的引导下，在省、地、县
三级分别举办了小学教师训练班，吸收失学、失业青年进行短期培训，解决了
当时教师奇缺的问题（孔令中，2004：461）。1951 年 3 月 2 日，贵州省文教厅
颁布了《贵州省小学教员训练班管理暂行办法》。该办法指出：小学教员训练班
由贵阳市人民政府及专署分区集中办理。凡具有初中以上学校毕业或同等程度、
自愿成为人民小学教师者，经审查考试及格，入班受训三年后将全部正式上岗
（任吉麟，1985：199）。1956 年后，贵阳市和各专区分别创办了教师进修学校，
加强在职教师培训，有力地提高了农村教师质量和水平（孔令中，2004：461）。
1958 年 1 月 20 日，贵州省教育厅根据教育部《关于试行函授师范学校（师范学
校函授部）、业余师范学校若干问题规定（草案）的通知》精神，结合贵州实际
情况，拟定了贵州"关于函授师范学校（师范学校函授部）、业余师范学校若干
问题规定（草案）"的试行办法，指定部分学校试行，为农村中小学教师提供了
提升自我教学知识与技能的平台，有力地促进了农村教师队伍学历层次的提高。
1978 年《贵州日报》报道，在贵州省教育委员会的组织领导下，贵阳市中学教
师业余大学开学，2000 多名未达到大专文化程度的中学教师入学参加学习。到
20 世纪 80 年代初，贵州各地已经有小学教师进修学校 54 所。这些学校分别采
取短训班、函授、巡回讲习等办法，使农村地区的多数小学教师能够轮流进修。

1949 年至 20 世纪 80 年代贵州教师培训政策的特点：①不同时期贵州地区教师培训政策内容不同。贵州早期的农村教师培训注重政治思想培训、后期注重知识技能培训。②不同时期教师培训政策规定的培训方式、时间不同。早期教师培训时间短，之后时间越来越长；早期为业余培训，后期为专业性培训。③不同时期教师培训的总体要求与国家教师培训政策相一致。

（3）1949 年至 20 世纪 80 年代云南农村教师培训政策

由于不同年代农村地区教师情况不同，教师培训的内容、要求、方式、方法不同，教师培训的政策也不同。在教师培训要求上，1950 年，云南省文教厅颁布了《云南省小学教育暂行实施方法（草案）》。该方法指出，小学教育中教师是决定一切的；要利用假期举办小学教师学习会，奖励优秀教师，有计划地轮训小学教师；要加强在职小学教师的学习，以提高他们的自身素质与质量。这一方法指出了教师职后培训的重要性，为农村教师以后的自我发展提供了政策依据。在农村教师学历培训方面，1952 年，云南文教厅根据西南文教部指示，发出《选送优良小学教师、幼儿园教师到昆明师范学校、西南师范学院学习的通知》，该通知决定选派一批在职优秀小学教师，特别是乡村小学教师到高等师范学校学习，以尽快形成农村地区骨干教师队伍。这次活动共选送 145 名优秀小学教师进入高等师范学校学习，有力地促进了农村教师队伍水平提高（江泉，1989：129-130）。1957 年，云南教育厅提出，今后小学教师的培训主要采取业余进修提高的办法，脱产轮训应逐年减少，这在一定程度上影响了农村教师学历质量的提高。为了提高农村教师学历质量，1963 年，云南省教育厅决定抽调在职初中教师 150 人离职进修，进修科目为语文、数学、物理、化学，这在一定程度上又促进了农村核心学科教师学历质量的提高。1972 年，云南省科教局采取分片设点、地区协作、单科短训的办法，有计划地开展了在职初中教师培训工作。而在具体的教师培训过程中，因为采取名额分配面向全省，适当照顾边疆和农村偏远贫困地区的办法，在某种程度上又促进了城乡教师培训工作的协调发展。在普通话培训方面，1956 年 9 月，云南教育厅开办了两期培训班，对全省 134 个县的 443 名小学教师和 38 所中学的 48 名教师（其中少数民族教师 73 人）进行了普通话培训。通过培训，农村中小学教师的普通话水平有了明显提高。在农村教师培训方式方面，云南边疆地区经济较落后，教育基础差，部分农村地区当时的教育仍处于结绳记事时期。为了提高边疆地区在职教师的教学能力，1956 年 7 月，云南教育厅在《云南省边疆民族教育规划说明》中指出：对于在职教师培养要采取长期培养和短期训练相结合的方式，小学各民族教师

（主要指较落后地区少数民族教师）请中央或省代为培养的办法，一定程度上保证了培训质量。在农村教师培训费用方面，小学轮训班学员待遇较低，普遍生活困难。为了适当解决学员的实际困难，1957 年，省教育厅请示教育部酌情提高小学轮训教师的助学金，提高部分由学校灵活掌握、重点补助，这在一定程度上又提高了农村教师参与培训的积极性。

1949 年至 20 世纪 80 年代云南教师培训政策的特点：①培训时间安排上采取了长期与短期培训结合的方式，避免长期、大规模集中培训对教育教学活动的影响。②注重"岗人合一"的培训政策，强调培训中"人在岗在"的重要性，抑制培训中"人去岗在"的培训方式。③培训形式多样、内容丰富，既有在职知识培训，也有脱产学历培训；既有一般文化课培训，也有普通话培训，利于不同层面教师多方面知识、能力的发展与提高。④各个时期教师培训的轻重主次不同，培训的重心在不断转移和切换。⑤培训工作既有国家教师培训的思想，也有云南地区农村教师培训的实际情况，是国家教师培训政策在云南农村教师培训方面的具体应用。

1949 年至 20 世纪 80 年代国家与西部地方农村教师培训政策变化的特点及启示：从 20 世纪 80 年代前国家与西部地方农村教师培训政策变化特点比较中看出，改革开放前国家与西部地方教师培训政策有很大的相似性，培训内容都比较注重思想意识形态中的内容，培训时间较短。随着时间发展变化，培训的专业性在增加，培训时间也在延长，培训的质量和水平均在逐步提高。从横向的比较可以看出，各个地方的教师培训政策也有当地特色，如云南地区的教师培训政策更显示出灵活性和多样性的特点，而贵州地区的教师培训政策内容相对单调保守。

第二节　20 世纪 80 年代至 20 世纪末 西部农村教师政策

20 世纪 80 年代至 20 世纪末，受改革开放步伐的加快和国家、地方经济实力逐步提高等各种政治背景影响，国家对西部农村教师政策做了许多重要调整，西部各省（自治区、直辖市）对本地区农村教师政策也做了相应调整，西部农村教师教育出现了许多新变化。

一、20世纪80年代至20世纪末西部农村教师政策背景

20世纪80年代是中华人民共和国成立后政治、经济、文化发展水平的分水岭。20世纪60年代后期至70年代末，受"文化大革命"的影响，国家政治倒退、经济到了崩溃边缘。中小学特别是西部农村中小学教师政策路线相应倒退，导致西部地区教师队伍质量明显下滑。无论教师的社会政治地位还是经济收入都滑落到了中华人民共和国成立以来各行各业的底层。随着"文化大革命"的结束和改革开放的开始，中国共产党中央政府对西部省（自治区、直辖市）和西部农村的政治、经济、文化发展采取了新政策。在政治领域，国家结束了一切以阶级斗争为纲领的政策方针，国家政治民主化程度开始加速。在经济领域，政府打破了国家长期以来存在的计划经济体制和自我发展模式，形成了符合经济发展规律的市场经济体制，为经济发展迎来了适宜的制度环境。国家政治、经济生活领域的巨变，为教育事业发展和教师队伍建设提出了新要求。

为了加快我国教育事业发展，促进人才成长，20世纪80年代后，国家通过总结以往发展中存在的失误，以史为鉴，提出了科教兴国和教育强国的新理念，并对20世纪80年代至20世纪末的农村教育发展作出了新的政策引导，教师队伍建设受到空前关注，进而促进了我国西部农村教师队伍建设与东部发达地区的教师教育接轨，促进了我国西部农村教育的快速发展。这一阶段西部农村教师政策的发展可以分为两个时期：第一个阶段是西部地区教师教育及西部农村教师政策的审视恢复期，具体时间是1978～1988年；第二个阶段是西部地区教师教育及西部农村教师政策的高速发展期，具体时间为1988～2000年。

在教师政策的审视和发展阶段，1978年12月22日，党的十一届三中全会结束后，我国进入了一个以改革开放、发展经济为核心任务的新时代，此阶段为新时期我国西部农村教师政策的制定提供了经济背景。只有切实发挥西部教师对西部经济建设的智力支持作用，逐渐缩短西部与东部及全国经济的发展差距，西部地区才能走出经济发展困境的第一步。在思想文化战线方面，国家再次提出了"百花齐放，百家争鸣"的文化方针，这为西部农村教师及知识分子政策的制定提供了文化基础。在知识分子发展的政策环境方面，在国家教育事业重建时期，必须重新认识知识分子在教育活动中的地位和作用，大量培养、正确使用知识分子。1980年6月13日至28日，教育部在北京召开了新时期第

一次全国师范教育会议，讨论了今后一段时间师范教育的方针、任务，重新确立了我国教师培养的三级体制，即高等师范本科培养高中教师，专科培养初中教师，中等师范培养小学及幼儿园教师。这为教育行业内部知识分子队伍的拨乱反正，形成新时期新的教师政策提供了政治背景。西部各省（自治区、直辖市）在这一政策的引导下，积极筹办了各级师范院校，弥补了各省市、各个层次农村教师队伍数量上的不足，提高了本地区的教师素质。1988年之后，国家农村教师政策开始了快速发展阶段。仅民办教师一项，国家相关部门从1992年开始，几乎每年都制定相关政策，提出解决问题的具体办法，为2000年民办教师队伍的彻底清理和整顿奠定了坚实基础。而随着国家农村教师政策的变化，20世纪80年代至20世纪末，西部各省（自治区、直辖市）根据自身教育发展需要，出台了许多农村教师政策。

二、20世纪80年代至20世纪末西部农村教师政策沿革

20世纪80年代至20世纪末，为了加快西部农村教师队伍发展步伐，国家为西部地区制定了许多农村教师政策，但最核心的农村教师政策主要是知识分子政策、民办教师政策、对口支援政策及师资培训政策。

（一）20世纪80年代至20世纪末西部农村民办教师政策沿革

1. 20世纪80年代至20世纪末国家西部农村民办教师政策沿革

20世纪80年代以后，由于知识经济在经济社会发展中所起的作用越来越大，尊重知识、尊重人才、整顿教育、建设好教师队伍成了国家新时期各项事业发展的重要内容。而教师队伍的整顿最重要的是治理、整顿好民办教师队伍。据统计，1977年，我国农村中小学民办教师达到471.2万人，占农村中小学教师总数的56%，其中超过半数的民办教师在西部（王献玲，2008：绪3）。20世纪80年代前民办教师有的是"文化大革命"时期聘任的，因为当时民办教师考核混乱，民办教师考核主要以"思想路线"为主、以业务能力为辅，对民办教师准入考核的重心不准确，导致许多有的教师在业务能力上不能胜任所教学科。因此，不整顿民办教师队伍，会影响我国西部地区及西部农村教师队伍建设，进而影响整个西部教育教学质量。

因此，在对待民办教师的方式上，十一届三中全会被视为中华人民共和国

民办教师队伍政策发展的一个分水岭。十一届三中全会前，西部农村教师政策以发展民办教师为主；十一届三中全会后，西部农村教师政策以整顿民办教师队伍为主，但此阶段民办教师队伍整顿以合格民办教师转公办教师为主要方式。为了保障民办教师转正工作的顺利进行，国务院在批转教育部《关于加强中小学教师队伍管理工作的意见》通知中明确要求：公办教师的自然减员，应由教育部门从当年民办教师中选择补充（何东昌，1998：1590）。这一政策的颁布从法律法规角度规范了相应的保障措施，在一定程度上唤起了民办教师改变个人身份地位、提高自身社会地位的信心，同时也在一定程度上激发了民办教师工作热情，增强了其自觉提高自身业务素质的意识。

国家农村民办教师"转正"政策首先是从西部地区开始的。1979 年 10 月 31 日，教育部、财政部等几部委、局联合发出通知，自当年末起将边境 136 个县（旗）、市 8 万多名中小学民办教师（职工），分两批全部转为公办教师。1980 年 10 月 24 日，中央再次强调，少数民族教育要认真贯彻执行"调整、改革、整顿、提高"方针，加强教师队伍建设，分期、分批地把考核合格的民办教师转为公办教师。这次民办教师转正主要是针对分布在内蒙古、新疆、广西、西藏、云南、甘肃等省、自治区 136 个县（旗）、市的民办教师而言的，前后分两批进行。1979 年至 1980 年为第一批，1980 ～ 1982 年为第二批（《中国教育年鉴》编辑部，1986：405）。两次"转正"对缩减农村民办教师比例起了很大作用。

随着国家民办教师"转正"速度的加快，为了提升民办教师的专业素质与从教能力，1983 年 8 月 22 日发布的《国家教育委员会关于对中、小学教师队伍调整整顿和加强管理的意见》，要求要利用师范大学和教育院校，对民办教师进行定向招生培养，其学习结束后转为公办教师。该意见采取每年把部分民办教师转为公办教师及在高等、中等师范学校招生中招收一定比例民办教师的办法，逐步减少民办教师数量。为了进一步提升农村教育质量，在新教师聘任过程中，国家将逐步取消对民办教师的聘任。1986 年 12 月 1 日，国家教育委员会、劳动人事部、国家计划委员会联合发布了《关于下达 1986 年从中小学民办教师中选招公办教师专项劳动指标的通知》，再次强调："今后各地一律不得再吸收新民办教师。如果发现擅自吸收的必须坚决清退，并追究领导者的责任。"（国务院教育工作研讨小组办公室，国家教育委员会人事司，1990：86）这项规定对进一步减少民办教师数量，保证"转正"民办教师质量起到了重要作用。

20 世纪 90 年代是国家教师教育改革深化期。随着国民经济快速发展及其对科技及教育需求的进一步扩大，通过免试招考和不断加强培训等措施，民办教师"转正"成为这一时期提升教师队伍素质及教育教学质量，促进科技经济进步的重要方式。根据全国民办教师队伍整体人数统计，由于国家在 20 世纪 80 年代对民办教师基本实行免试招考政策和不断加强培训等措施，1993 年，小学民办教师下降到 192.9740 万人，中学民办教师人数下降到 22.5913 万人（王献玲，2008：259）。

　　1994 年 6 月 14 日，国家召开了改革开放后的第二次全国教育工作会议。会议报告《动员起来，为实施〈中国教育改革和发展纲要〉而努力》明确指出：我国农村中小学民办教师为发展农村教育事业作出了重要贡献，各地政府要采取积极措施改善民办教师待遇，逐步做到民办教师与公办教师同工同酬。合格的民办教师要逐步经过考核转为公办教师，不合格的要予以调整。有关部门要作出规划，分年度实施，争取在今后六七年内基本解决民办教师问题。同时，会议还提出了解决民办教师"关、转、招、辞、退"的原则和措施，有力推动了民办教师问题的解决（何东昌，1998：3654）。1996 年 5 月 16 日，《国家教育委员会关于当前加强"民转公"工作的几点意见》指出，要把对民办教师工作的认识统一到党中央、国务院关于解决民办教师问题的方针和目标上来，从宏观上加大对民办教师的整顿力度，抓紧民转公步伐，促进民转公的进程。1997 年 9 月 7 日发出的《国务院办公厅关于解决民办教师问题的通知》指出：要有计划地将合格民办教师转为公办教师。"九五"期间，国家每年安排 20 万人左右的"转正"指标，至 2000 年共计"转正"民办教师 80 万人。该通知同时指出，国家专项指标于每年年初下达，当年有效。在民办教师转正过程中要坚持考核、考试相结合的原则，各省、自治区、直辖市要根据本地区实际情况，编制分年度计划，并于每年 10 月底前将下一年度计划报送人事部、国家计划委员会和国家教育委员会。该通知还明确详细地制定了民办教师转正的数量、方法、步骤等。国家采取的各种行之有效的措施和手段，促进了农村民办教师数量的迅速减少。1999 年，全国农村小学民办教师 49.66 万人，比上一年减少 30.63 万人。农村小学民办教师占小学教师总数的 8.47%，比上年下降 5.33 个百分点。全国农村初中民办教师 4.15 万人，比上年减少 2.49 万人。农村初中民办教师占初中教师总数的 1.30%，比上年下降 0.85 个百分点。[①] 全国农村民办教师转正 33.12 万人。到 2000 年，全国农村民办教师转正累计 199.39 万人，连同民师招生、退休及自然减员，共计消化民办教师 200 余万人。到 21 世纪末，民办教师在中国农村教育发展历程中基本画上了一个句号。

---

　　① 教育部办公厅. 1999 年全国教育事业发展统计公报. 中国教育报（京），2000-05-30（4）.

（1）20 世纪 80 年代至 20 世纪末国家西部农村民办教师政策特点

从 20 世纪 80 年代至 20 世纪末国家西部农村民办教师政策内容中可以看出，本阶段国家民办教师政策有许多显著特点，其中最突出的表现为政策制定的速度和频率在加快。首先，20 世纪 80 年代后，随着政治体制改革的不断深化和国民经济快速发展，西部各级各类教育也加快了发展速度，国家对待民办教师的态度在不断发生变化，出台的民办教师政策数量开始迅速增长。其次，政策的总体精神是抑制和减少民办教师数量。20 世纪 80 年代至 20 世纪末，随着西部地区各类教育快速发展及西部农村正规教师数量的快速补给，出台民办教师转正、清理和终止政策是大势所趋。最后，民办教师政策类型、内容呈多样化特点，制定部门也各不相同。民办教师的问题复杂多样，有些是单一的工资政策，有些是单纯的学历提升政策，有些是转正政策，当然多数情况是综合性管理政策。而且这些政策牵扯到教育、人事、劳动等多部门，影响面大、影响范围广。因此，解决问题注重从多个方面进行。

（2）20 世纪 80 年代至 20 世纪末国家西部农村民办教师政策的优劣性

就国家民办教师政策方向和方式看，20 世纪 80 年代至 20 世纪末，国家民办教师政策整体以"转正"为主。整个过程可以分为 20 世纪 80 年代（民办教师初步整顿期）、20 世纪 90 年代（民办教师转正与结束期）两个阶段。在此时期内，西部地区作为民办教师"转正"政策实施的核心地区，其政策呈现的优劣性主要体现在以下几方面。

从 20 世纪 80 年代至 20 世纪末国家西部农村民办教师政策优点上看：第一，民办教师政策逐渐稳定和一贯化。随着西部农村教育发展速度的加快及对西部农村教师质量要求的提高，20 世纪 80 年代至 20 世纪末，国家和地方不会再把发展民办教师作为基本任务，民办教师不能继续存在下去成为趋势。第二，采取限制和清退办法，将不合格和不能胜任教师工作的民办教师从农村教师队伍清退，提升了西部农村教师队伍整体水平和农村基础教育质量。第三，以及时"转正"的策略方式，激励了许多在西部农村地区兢兢业业、认认真真进行最基础教育的基层教师的工作热情，消除了他们的烦躁焦虑心理，使他们能更加安心细致和无忧无虑地从事基层教育工作。第四，采取区别对待的办法，将合格民办教师留任、不合格教师清退，体现了社会主义教师政策的公平合理性原则。

从国家西部农村民办教师政策缺陷看，20 世纪 80 年代至 20 世纪末，国家西部农村民办教师政策也有许多问题和不足，其中主要表现为：第一，"转正"过程重结果、轻过程，导致许多地区"转正"了一些不该"转正"的民办教师，影响了农村地区基础教育质量的提高。第二，对"转正"民办教师的年龄做了最低要求。例如，1988 年贵州省"民转公"规定为 50 周岁以下男教师，45 周岁以下女教师（国务院教育工作研讨小组办公室，国家教育委员会人事司，1990：654-715）。这类规定剥夺了一些教学水平高但年龄偏大的教师"转正"的权利，偏离了民办教师"转正"的价值取向。第三，对民办教师工资收入没有作出合理的最低规定，影响了民办教师的基本收入和生活质量，也影响了民办教师的教学心理和教学情绪。

在科层体制下，国家民办教师政策变化会随时影响地方民办教师政策变化。随着国家民办教师政策的调整、整顿，20 世纪 80 年代之后，西部各省（自治区、直辖市）也开始频繁地进行民办教师政策调整。以青海、云南、贵州为例，可以看出西部各地区民办教师政策调整改革的一些基本特点，以及民办教师政策与国家民办教师政策之间的关系。

2. 20 世纪 80 年代至 20 世纪末西部各省（自治区、直辖市）农村民办教师政策沿革

（1）20 世纪 80 年代至 20 世纪末青海农村民办教师政策

改革开放以后，根据国家民办教师政策精神，1981 年 1 月，青海省委、省政府发出《关于加强青海省少数民族地区教育工作的指示》，就发展青海民族教育问题提出，要办好民族师范教育，加强民族师资培训工作，将民族地区的中小学民办教师逐步转为公办教师。1984 年 2 月 9 日，青海省省长办公会议对民办教育工作作出指示：民办教师的转正问题由省教育厅组织统一考试，根据条件择优转正。1987 年 1 月 12 日，省教育厅、省劳动人事厅、省计划委员会发出《关于从中小学民办教师中选招公办教师的通知》，该通知指出，为了贯彻《中共中央关于教育体制改革的决定》，建立一支数量充足、质量合格而稳定的教师队伍，降低民办教师比例，减轻群众负担，促进农村牧区教育事业发展，国家分配给青海省 1000 名专项劳动指标，用于选招经过严格考核的一部分民办教师为公办教师。该通知不仅规定了选招的原则、条件、审批程序、工资待遇及名额分配等，还要求各地坚决按照条件与审批程序，务必于本年 2 月底前完成选招任务（马玉麟，1992：290）。1992 年 8 月 28 日，青海省第七届人民代表大会常务委员会第二十八次会议通过《关于修改青海省实施〈中华人民共和国义务教育法〉办法的决定》。该决定提出，要切实保证和逐步提高民办教师待遇。民办教师的报酬除国家补助部分外，由县（市、区）或乡（镇）人民政府统筹解决、按时发放。

1997 年 12 月 9 日，青海省人民政府办公厅颁布了《青海省人民政府办公厅关于解决民办教师问题的通知》（〔1997〕156 号），提出根据《国务院办公厅关于解决民办教师问题的通知》（国办发〔1997〕32 号）精神，2000 年前基本解决民办教师问题的办法如下：①实行地方责任制，统筹解决民办教师问题，将民办教师问题纳入地方教育事业目标责任书管理。每年定期下达"民转公"指标，并做好督查落实工作。②全面、准确、严格地执行国家关于"关、转、招、辞、退"的民办教师工作五字方针。③坚决关住新增民办教师的口子，2000 年以前分三年将合格民办教师全部转为公办教师。国家给青海下达的"民转公"专项指标和省政府配套下达的专项指标，由省劳动人事厅会同省教育委员会、省计划委员会等部门统筹安排，每年年初下达，指标当年有效，不能跨年度使用，不得以其他形式和借口挪作他用。提倡和鼓励有条件的地区提前解决民办教师问题，有关地、市、州在逐年落实省级下达给本地区专项指标的同时，根据需要与可能，本着量力而行的原则，在不突破省级当年下达的"农转非"指标和增人计划的前提下，尽可能安排一部分配套指标用于"民转公"。"民转公"工作要充分考虑民办教师的历史贡献和政策导向，以考核为主，不以考试定取舍。要从德、能、勤、绩四个方面进行考核，主要考核民办教师对教育事业的贡献。④对任教时间长、教学成绩突出，多年在边远艰苦地区、贫困山区任教，担任学校领导工作和选招到中等师范深造、取得中等师范学历及取得省教育行政部门颁发的"教材教法过关考试合格证"的民办教师要优先转为公办教师。⑤进一步扩大中等师范学校招收民办教师的数量。全省中等师范学校每年定向招收民办教师的数量要达到中等师范学校招生总数的 20% 以上，未转和转正后的民办教师均可招收到中等师范学校进行学历教育，每年平均招收 300 名，三年合计 900 人。⑥坚决辞退不合格民办教师。未经县级教育行政部门批准、由乡镇自行录用及 1986 年年底以后聘用的代课教师必须坚决辞退。对不能胜任教学工作、思想品质差甚至违法乱纪的不合格民办教师必须及时坚决辞退。辞退不合格民办教师由县级教育行政部门批准。对正常辞退的人员，地方政府要根据其教龄等情况给予一次性生活补贴。⑦实行民办教师离岗退养制度。要进一步改进民办教师离岗退养办法，使年老病残民办教师的生活得到保障，对未达到国家或本省规定退休条件的，以本人退养前的实际工资收入为基数，每工作满一年给两个月的一次性退养金。达到国家或青海规定退休条件的，可参照公办教师的规定办理退休手续，所需费用由同级财政负担。⑧采取措施切实解决好民办教师工资问题，努力提高在职民办教师工资待遇。任何地区都不得以任何理由和形式拖欠民办教师工资。在调整公办教师工资时，相应增加民办教师工资。民办教师较多的地区，在一定时期内，可实行以县为单位的民办教师国家补助费总额包干制，减少民办教师不减补助费，节余部分专项用于提高在职民办教师的工资待遇。农村教育费附加应首先保证支付民办教师公助工资，在农村教育费附加 40% 以内能保证民办教师与公办教师同工同酬的地区，应首先做到同工同酬，其他地区民办教师的工资至少要达到公办教师工资的 2/3。民办教师工资中的集体统筹部分，应由乡镇政府负责足额发放，县级财政、人事、教育部门负责督查落实。⑨加强管理，认真做好民办教师的各项工作。各级政府要进一步加强对民办教师队伍的管理工作，县级教育行政部门要进一步建立健全民办教师档案，将其纳入师资队伍常规管理范畴，省级教育行政部门也要建立分地区民办教师基本情况花名册，做到情况清楚、管理有序。各级教育行政部门要抓紧进行合格民办教师的教师资格认定工作，积极开展民办教师的专业技术职务评聘工作。"民转公"是国家对民办教师历史性功绩的一种补偿措施，必须严格照章办事。要认真贯彻执行国家教育委员会、人事部、财政部《关于禁止在民办教师选招公办教师中乱收费的通知》规定，任何地区、单位都不得以任何理由、任何名目向民办教师收取任何费用，要坚决杜绝此项工作中的不正之风。各级政府要以党的十五大精神为指针，从政治的高度认真对待此项工作。各级教育、人事、计划、财政、公安等部门要通力协作，密切配合，确保 2000 年前基本解决民办教师问题的目标如期实现，推动全省农牧区教育事业的发展。

20 世纪 80 年代至 20 世纪末青海农村民办教师政策特征：①综合国家及青海民办教师政策的演变情况可以看出，受国家社会体制和教育管理体制影响，改革开放以来，青海民办教师政策基本是国家民办教师政策演绎的结果，也是国家民办教师政策在青海的具体化。②受国家民办教师政策影响，20 世纪 80 年代至 20 世纪末，青海民办教师政策制定的次数越来越多，政策规定越来越具体化。③与同一时期国家民办教师政策相一致，20 世纪 80 年代后，青海民办教师政策更加重视当地民办教师的合格化与合法化，并采取措施促进了当地民办教师的快速合格和合法化发展。④随着国家、地方经济条件的好转，青海民办教师政策的人性化程度在提高，民办教师政策越来越关注民办教师的工资和福利待遇问题，这些均有利于稳定师资队伍，稳定农村落后地区的教育教学活动。

（2）20 世纪 80 年代至 20 世纪末贵州农村民办教师政策

20 世纪 80 年代至 20 世纪末，依据国家民办教师政策精神和当地农村教师实际，贵州出台了多方面的民办教师政策。在民办教师治理整顿方面，针对改革开放前贵州农村地区民办教师数量庞大，质量高低不齐，农村地区小学教育普及率、入学率、升学率低的问题，1981 年 9 月 14 日，贵州省人民政府颁布了《省人民政府批转省教育厅关于整顿民办教师队伍意见的报告的通知》，提出要加大力度整顿民办教师队伍，尽快提高农村小学教师队伍质量。该通知规定的整顿范围是 1980 年底前参加民办教师队伍、现仍从事民办教师工作，并领取国家补助费的民办教师。这些政策为民办教师的后期转正打下了基础。以贵州铜仁地区为例，铜仁地区位于黔东北梵净山麓，总面积为 18 005.4 平方千米，20世纪 80 年代初总人口为 2 922 482 人，是贵州的一个偏远地区。这里的广大民办教师承担了绝大多数农村学校教育教学工作的任务。20 世纪 80 年代后，为逐步改变民办教师数量过多、文化业务能力较低的状况，铜仁地区在 1981 年底，对全区 11 930 名民办教师进行了一次全面整顿。此次整顿提出，各县推荐从事教育工作多年的民办教师经地区统一命题考试，择优转为公办教师，全区共录用 29 人。经过 1981 年的整顿，到 1982 年 5 月，当地政府组织了全区性的检查验收，共任用民办教师 8980 人，减少了 2960 人。其中发合格证的 1607 人，具有中等师范或高中毕业学历的达 4954 人，占任用教师人数的 55.2%（任吉麟，1985：934）。1982 年，全省民办教师整顿工作结束，经过考核，全省 8 万多名民办教师大约辞退了 1/3。对于发给合格使用证的民办教师，每年争取一部分劳动指标择优分批转为公办教师。到 1984 年，贵州已有 4000 多名民办教师转为了公办教师。但在 1988 年的转正政策中，贵州省政府对民办教师转正年龄做了不合理的规定：凡转正的男教师年龄须在 50 周岁以下，女教师在 45 周岁以下（教龄满 25 年的可放宽 5 周岁）（国务院教育工作研讨小组办公室，国家教育委员会人事司，1990：654-715）。这在一定程度上剥夺了一些教学水平高、但年龄偏大的教师"转正"的权利，偏离了民办教师"转正"的价值取向。

1992 年，根据教育部文件精神，贵州省政府对全省农村民办教师进行了第二次大整顿。通过综合文化考试和政治业务考核的方式，让 39 200 名合格民办教师顺利转正，7855 名不合格民办教师办理了辞退手续（王献玲，2008：90）。1996 年，贵州省教育委员会、省人事厅颁布《贵州省统筹解决民办教师问题五年规划的通知》（黔教通〔1996〕125 号），要求各县高度重视解决民办教师问题，由各县教育、人事、计划等部门通力协作，在加强管理、提高素质、改善待遇的同时，全面贯彻教育部"关、招、转、辞、退"五字方针。在执行五字方针时，以"转""招"为主，"辞""退"为辅。在"转"的过程中，采取考试和考核的办法，考核既看现时的德、能、勤、绩，又重历史贡献。通过五字方针的贯彻执行，下大力减少民办教师数量，确保在 2000 年前基本解决民办教师问题。

在民办教师身份认证和计划生育政策方面，1996 年 9 月 14 日，贵州省计划生育委员会、贵州省教育委员会联合转发了贵州省教育委员会《关于民办教师选招公办教师工作中有关计划生育问题的答复》（黔教通〔1996〕224 号）。该答复提出，民办教师在"民转公"之前其身份仍是农民的，其计划生育政策与农民同等对待；"民转公"后在执行计划生育政策上应与国家职工同等对待。在《贵州省计划生育条例》颁布实施前违反计划生育政策，已按当地当时规定给予处罚并未再违反《贵州省计划生育条例》的民办教师，在今后的民办教师选招公办教师工作中不受影响，可以参加选招；违反《贵州省计划生育条例》规定者不能参加选招。

在民办教师工资和生活待遇方面，贵州省人事局、省教育委员会于 1988 年联合发布《贵州省关于提高中小学教师工资待遇有关问题的具体规定》，提出根据《国务院关于提高中小学教师工资待遇的通知》（国发〔1987〕102 号）和《劳动人事部、国家教委关于下发〈提高中小学教师工资标准的实施办法〉的通知》（劳人薪〔1988〕2 号），结合贵州实际情况，对提高中小学教师工资待遇问题做了具体规定。该规定第十条提出，中小学民办教师工资中国家补助部分从 1987 年 10 月 1 日起提高 10%，集资补助部分如何提高由各地、州（市）自行研究确定。1990 年 10 月 25 日，贵州省人民政府办公厅转发省人事局、省教委《关于增加我省民办教师工资的意见的通知》（黔府办〔1990〕114 号），提出增加民办教师工资，提高其生活质量的要求。1997 年 11 月 21 日，贵州省第八届人民代表大会常务委员会第三十一次会议通过，自 1998 年 3 月 1 日起施行的《贵州省教师条例》第二十九条规定：对年老病残不能继续任教的民办教师应办理离岗退养手续，并继续享受民办教师工资中的国家补助部分，集体统筹部分按不低于原发放金额的一半发给，具体办法由县级人民政府制定。这些规定为保障民办教师的合法权益提供了依据。

20 世纪 80 年代至 20 世纪末贵州农村民办教师政策特征：①贯彻国家不同年代相关民办教师政策精神，清理、整顿和提高本地民办教师队伍是本阶段贵州民办教师政策的最显著特征。②随着国家经济条件的改善，各级政府逐步开始改善民办教师经济待遇，有利于稳定西部偏远地区教师队伍，推进农村地区教育教学活动的有序进行。③对民办教师身份重新进行认定。认定民办教师是农民身份，有利于落实各项农村教师政策，但也损害了民办教师的社会地位，影响了其工作积极性。④对民办教师计划生育问题做了具体规定，便于全面管理民办教师工作。⑤对民办教师转正年龄做了不合理的最低要求，剥夺了一些教学水平高、而年龄偏大教师"转正"的权利，背离了民办教师"转正"的价值取向。

（3）20 世纪 80 年代至 20 世纪末云南农村民办教师政策

依据国家民办教师转正的相关政策文件，20 世纪 80 年代后，云南开始抓紧制定和落实各种民办教师政策。1980 年，云南开始正式进行边疆 35 个县中小学民办教师转公办教师工作。有关部门决定当年省属边疆 35 个县民办教师转公办教师的指标是 12 370 人，经费指标是 83.39 万元。其中贫困山区 22 个县民办教师转公办教师的指标是 1500 人，经费指标是 6.61 万元（江泉，1989：384）。同年 11 月，云南省教育厅总结云南普及小学教育的情况并提出意见，指出要改变"一刀切"的做法，继续坚持"两条腿走路"方针，落实民办教师口粮和报酬，建立一支稳定合格的小学教师队伍，把边疆民族地区和高寒山区的民办教师逐步转为公办。对于农村、高寒山区民办教师转正，云南采取了一定的倾斜措施。1981 年，民办教师转正指标为 4000 人，名额主要分配到有高寒山区的县及农村，主要用于解决高寒山区民办转公办问题。但是，为了确保转正教师质量，民转公必须坚持全面考核、择优录取的原则。同时，省教育厅对民办教师队伍整顿也提出意见：对于符合条件，能胜任教学工作的民办教师发给聘用证书；对于基本符合条件，能勉强进行教学但有培养前途的民办教师发给试用证书，试用期为两年；对于不能胜任教学且又无培养前途的民办教师可分期分批逐步辞退。1982 年，云南省政府决定以后不再接收新的民办教师（劳凯声，2009：108）。1985 年 9 月 6 日，云南省委常委会听取了全省教育工作会议筹备领导小组汇报后决定，省里拿出 720 万元，给每个民办教师每年增加工资 10 元，这在一定程度上改善了民办教师的福利待遇。1986 年，云南省政府制定了《云南省普通中、小学民办教师吸收为公办教师的实施办法》，决定全省安排 5000 名指标，将一部分经考核合格的中、小学民办教师吸收为公办教师。该办法指出，在较富裕地区工作的民办教师如自愿到高寒山区和较艰苦地区工作可以优先转正，少数民族教师也可以优先转正。该办法同时再次重申，不得再增加民办教师。1986 年和 1987 年云南共吸收 8000 名民办教师为公办教师，占全省民办教师总数的 13%，民办教师转为公办教师后的工资待遇、工龄计算也有了明确规定。

为了有效解决民办教师生活待遇和转正的问题，20 世纪 90 年代初云南省政府提出，到 1996 年，经济发达地区民办教师的报酬不得低于 200 元，并逐步做到与公办教师同工同酬；经济一般地区民办教师待遇不低于 150 元；贫困地区民办教师待遇不低于 100 元。同时提出每年核拨 3500 个劳动指标，从优秀民办教师中选招公办教师；每年在中等师范学校安排 2000 个指标招收民办、代课教师（王献玲，2008：283-284）。这些措施为保障农村民办教师的生活待遇和转正提供了法律和制度依据。

1997 年 9 月，云南省教育委员会等四家单位根据《国务院办公厅关于解决民办教师问题的通知》的精神，制定和发布了云南解决民办教师问题的通知：①全面贯彻实施"关、转、招、辞、退"五字方针，争取在 1999 年基本解决全省民办教师问题。②坚决关住新增民办教师的口子。任何地区、任何单位不得以任何理由吸收新的民办教师。国家承认的民办教师仅限于持有县级以上教育行政部门发放的"民办教师任用证"，并在地、州、市教育行政部门备案 1983 年 12 月 31 日前任教的在职民办教师。③有计划地将具备教师资格、符合"民转公"条件的民办教师分期、分批转为公办教师，争取在 2000 年前全部解决全省民办教师问题。"民转公"工作按照工作需要与条件符合的要求，坚持公开、平等、择优的原则，实行考核与考试相结合的办法，充分考虑民办教师对教育事业的历史贡献，把从教时间长、工作尽职尽责、考核优秀的民办教师优先转为公办教师。考核要以思想品德、工作能力、教学水平和对农村教育事业的贡献为主；考试应以相关学科为主，要根据当地和民办教师的实际情况，对长期从事民办教师工作，在边远、贫困山区工作多年，担任学校教学领导工作及教学成绩突出的民办教师给予一定的考试加分政策，考试工作由各地、州、市自行组织。转为公办教师后必须在原学校任教，原则上不得调动工作。"民转公"是一项国家政策，做好"民转公"工作是政府有关部门的日常工作。各地要认真贯彻执行国家教育委员会、人事部、财政部《关于禁止在民办教师选招公办教师中乱收费的通知》，坚决禁止"民转公"工作中乱收费或变相乱收费的错误做法，任何单位、部门都不得以任何理由、任何名目向民办教师收取不合理费用。④有计划地招收一部分民办教师入学深造。从 1997 年开始，云南每年安排 2000 名民办代课教师进入师范学校学习，毕业后回原学校工作并转为公办教师。根据《国务院办公厅关于解决民办教师问题的通知》的有关精神，要按照择优的原则，逐步扩大师范学校定向招收民办教师的数量。⑤辞退不具备民办教师资格的人员。各地要尽快按照《教师资格认定的过渡办法》的规定，辞退不具备民办教师资格的人员。辞退民办教师应由县级以上教育行政部门批准，乡镇和学校不得擅自辞退民办教师。⑥实行民办教师离岗退养制度。采取财政拨一点，教育费附加提留一点等多渠道办法筹措，以县为单位建立民办教师福利基金，保证民办教师老有所养。凡办理了离岗手续的民办教师，离岗生活补贴提高到 150 元。经济条件好的地区，离岗退养民办教师待遇可参照公办教师退休的有关规定执行。⑦建立健全民办教师管理制度。乡镇要建立民办教师业务档案，负责民办教师的考核、培训、奖惩和待遇等方面的日常工作；县、市要建立民办教师人事档案，负责审定民办教师的任职资格和聘任工作；地、州、市管理民办教师花名册；省级宏观管理民办教师人数。除每年离职到师范院校深造的、民转公的和离岗退养的民办教师之外，县、地教育部门必须严格审查各地精减民办教师的人数，年终报省级教育行政部门核减民办教师的人数。各地应以县为单位实行民办教师工资统筹，切实保证民办教师工资的落实和教师队伍的稳定。民办教师工资要实行乡筹县管、国家补助的形式，国家补助要专款专用，严禁挪作他用。①

20 世纪 80 年代至 20 世纪末云南农村民办教师政策特征：①新时期云南民办教师政策基本是国家特定年代民办教师政策演绎的结果，极少有自身创新的民办教师政策内容。②实行偏远艰苦地区优先转正政策，可以调动偏远地区教师的工作积极性，有利于农村偏远落后地区教育事业的稳定发展。③始终注意民办教师收入待遇的改善。④民办教师任用方面的规定越来越多，越来越具体、细致。⑤与国家民办教师政策精神相一致，此时的云南民办教师政策主要实行的是转正办法，较少采取辞退办法，有利于农村教师教育工作稳步推进。

从以上三省（自治区、直辖市）农村民办教师政策特征看，20 世纪 80 年代至 20 世纪末，西部农村教育行政部门在国家民办教师政策的引导下，普遍开展了多种形式、多种内容的民办教师学历培训和转正运动。伴随着国家民办教师政策制定数量和频率的增加，西部各地方制定民办教师政策的次数和频率也在增加；随着国家民办教师"关、转、招、辞、退"五字政策的提出和执行，西部各地方相应制定和执行了相关政策，西部各省（自治区、直辖市）民办教师政策的国家公共特征十分明显。但从横向的比较层面看，各省（自治区、直辖市）民办教师转正的数量、时间等政策方面又有其地方特点。

---

① 云南省政府. 云南省人民政府办公厅转发省教委等四家关于解决民办教师问题的通知. 云政办发〔1998〕4号; 1998-01-04.

（二）20 世纪 80 年代至 20 世纪末西部农村知识分子政策

1．20 世纪 80 年代至 20 世纪末国家西部农村知识分子政策

农村知识分子主要分布在农村教育机构。农村知识分子是农村社会精英，对农村各行各业发展有重要的促进作用。20 世纪 70 年代后期，各个行业相继提出了"尊重知识，尊重人才"及"科教兴国、人才强国"的总方针，逐步建立了有利于知识分子、有利于教师队伍中知识分子发展的社会氛围，加速了我国西部农村教师队伍的现代化发展。

1978 年 3 月 18 日，中央召开了全国科技大会，邓小平同志在开幕式讲话中指出：绝大多数知识分子已经是工人阶级和劳动人民自己的知识分子，因此，也可以说，他们已经是工人阶级自己的一部分。他们与体力劳动者的区别，只是社会分工的不同（邓小平，1994：89）。邓小平的讲话为知识分子的阶级属性进行了新定位，也让西部农村知识分子真正成了西部地区的主人。据全国 23 个省（自治区、直辖市）的不完全统计，仅 1979、1980 两年得到平反昭雪的全国科技人员案件即达 73 339 起（当代中国丛书编辑部，1992：54）。其中，西部地区占据了不小比例，农村中小学教师也占了一定比例。1980 年 5 月 26 日，卫生部、国家民族事务委员会、教育部印发《关于加强少数民族地区医学教育工作的意见》和《关于内地省市对口支援少数民族地区发展医学教育试行方案》，两个文件都特别提出：要认真贯彻党的知识分子政策，做好支边人员工作，认真贯彻执行教师晋升、晋级制度。对于长期扎根边疆的教师，工资可以适当高于内地教师。这些规定在某种程度上稳定了农村教师队伍中的外地知识分子，激发了其工作积极性。1983 年 7 月发布的《国务院关于科技人员合理流动的若干规定》，要求打破部门、地区界限，合理调配和使用全国科技力量，并提出如在本单位不能发挥特长的知识分子，允许其到发挥所长的单位中去。同时，国家和政府还提出，要采取相关措施将闲散在社会上有真才实学的知识分子经过考试或者考核后任用（劳动人事部，1983：27）。这些规定为东、西部知识分子的互相流动提供了政策支持，为西部地区教育质量的提高提供了教师资源，也为农村教师工作提供了选择权。随着改革开放的深入发展，知识分子在我国特色社会主义事业建设中的地位更加突出。因此，1987 年 10 月 25 日，赵紫阳在党的十三届全国代表大会报告中指出，从根本上说，科技的发展，经济的振兴，乃至整个社会的进步，都取决于劳动者素质的提高和大量合格人才的培养；要坚持教育为社会主义现代化建设服务的方针，按照实际需要，改善教育结构，

提高教育质量，克服教育脱离实际和片面追求升学率的倾向；必须进一步形成尊重知识、尊重人才的社会环境，继续改善知识分子的工作和生活条件，努力做到人尽其才，才尽其用。党的十三届全国代表大会对"尊重知识，尊重人才"这一理论的深刻阐释，为最终形成与时代发展相符合的西部农村知识分子政策奠定了基础。

1989 年党的十三届四中全会召开之后，形成了以江泽民同志为核心的第三代中央领导集体。为应对世界范围内知识经济发展带来的新挑战，新的中央领导集体提出了"科教兴国，人才强国"的知识分子政策，开始更加重视知识分子在推动社会发展中的作用。1990 年 5 月 3 日，江泽民同志在纪念五四运动报告会上发表了题为"爱国主义和我国知识分子的使命"的讲话，认为我国社会主义现代化建设需要工人、农民和知识分子的共同努力。其中，知识分子作为工人阶级中主要从事脑力劳动的一部分，在社会主义现代化建设中肩负着重大的社会责任，发挥着不可替代的作用。而西部地区的知识分子在建设有中国特色社会主义国家的过程中，在提高全民族思想道德和文化素质方面，在加强民主建设的理论研究、完善民主制度及制定各方面法律法规方面，在保证民主建设和改革决策的科学性方面所发挥的作用越来越突出。因此，各地区都应积极创设条件，让知识分子能充分发挥作用。随着"科教兴国"战略的提出，西部各个省（自治区、直辖市）、市、县为了积极贯彻落实党和国家的政策方针，相继提出了"科教兴省""科教兴市""科教兴县"等方针政策，促进了知识分子在西部农村教师队伍中作用的发挥。1995 年 5 月 6 日，《中共中央国务院关于加速科学技术进步的决定》提出，要制定倾斜政策，积极、合理地解决知识分子的住房、职称等实际问题，稳定科技队伍，充分调动现有人才的积极性，使他们有深造的机会和发挥才能的工作条件。同年 9 月 28 日，在党的十四届五中全会关于国民经济和社会发展"九五"计划和 2010 年远景目标的建议中，国务院根据"建议"精神，制定了《中华人民共和国国民经济和社会发展"九五"计划和 2010 年远景目标纲要》。1996 年 3 月 17 日，经八届全国人大批准，"科教兴国"正式成了我国的基本国策。"科教兴国"战略的提出与实施，充分体现了新时期党和国家对农村地区知识分子的信任和希望。由于"科教兴国"战略的提出与实施，西部农村教师队伍中的知识分子再次受到了社会各界的关注，这也有力地推动了西部农村地区教育发展的进程。

20 世纪 80 年代至 20 世纪末国家西部农村知识分子政策利弊分析：在知识分子中，西部农村中小学教师作为具有一定科学文化知识的教育群体，作为在西部农村中小学中从事脑力劳动的特殊社会群体，在 20 世纪 80 年代初至 20 世纪末，在相关政策制度的影响和激励下获得了长足发展。但由于政策的两面性和不完善性，他们的某些发展又受到了一定影响。因此，国家相关知识分子政策有其合理性，但在西部农村实施的相关知识分子政策法规也有其不足之处。

20 世纪 80 年代至 20 世纪末国家西部农村知识分子政策优点是：① 各个年代的政策内容普遍以激励性措施为主，鲜有负面评价性内容，符合人性和知识分子的心理需要，为西部农村经济文化建设特别是教育事业发展提供了必要的人力和知识资源。② 政策形式以文件、要求和讲话等为主，提升了西部地区教育工作者中知识分子的政治地位与社会声望。③政策的内容具有连续性与创新性相结合的特点，反映了政策更加客观务实和稳定，而不是随心所欲的决定。④政策具有务实性与前瞻性相结合的特点，促进了西部农村教师队伍的快速发展。

20 世纪 80 年代至 20 世纪末国家西部农村知识分子政策有其优点的同时，也有一些缺陷：①知识分子政策的制定和出台缺乏长远性、民主性，多数具有临时性特征，很难对农村教师教育教学效能产生实质性和根本性的作用。②政策重视对知识分子的精神激励，对知识分子的物质激励重视不足，难以在知识经济时代对所有知识分子产生实质性和长远性的影响。③知识分子的政策落实机械化较强，没有充分重视和了解西部农村知识分子的特点，难以对农村知识分子产生实质性作用。④知识分子政策涉猎的多数是科技领域的知识分子，对文化教育领域特别是农村教师队伍中的知识分子关注的较少，难以有效激发农村教师传播知识的热情。

2．20 世纪 80 年代至 20 世纪末西部各省（自治区、直辖市）农村知识分子政策

20 世纪 80 年代后，随着改革开放和国家相关知识分子政策的制定、落实，西部各省（自治区、直辖市）根据国家相关精神和本地知识分子的特点，也纷纷出台了许多相关政策。因此，西部各地知识分子政策有其差异性，也有其共同特点。

（1）20 世纪 80 年代至 20 世纪末青海农村知识分子政策

党的十一届三中全会以后，为贯彻中共中央关于科学技术是第一生产力的政策精神，青海各级政府部门积极深入贯彻党在新时期的知识分子政策，全面调整了既有知识分子政策。改革开放初期，青海农村地区教师缺额现象严重，

省政府作出指示，"要把那些在社会上有真才实学又能胜任教学工作的知识分子招收或聘请到学校讲课，充分发挥他们的才能。"（马玉麟，1992：206）1983 年12 月 16 日，中共青海省委、省人民政府颁发了关于"加强教育工作的指示"，该指示进一步提出，为解决教师奇缺问题，要从志愿到青海工作的知识分子中挑选一批具有真才实学、能胜任教学工作的人员，充实到教师队伍中去（任玉贵，1997：210）。这些措施在一定程度上缓解了农村教师紧缺的问题。而为了稳定农村教师队伍，青海省委、省政府在 20 世纪 80 年代初期发出《关于加强少数民族地区教育工作的指示》，就发展青海民族地区教师问题作出指示：要认真贯彻党的知识分子政策，提高民族学校教师的政治地位、生活待遇和住房等问题，使他们能安心工作。为此，青海省政府还采取精神鼓励与经济激励相结合的办法，调动农村地区核心知识分子群体——农村教师的工作积极性。1991 年 9 月 13 日，省政府特意推举了 20 位全国农村优秀体育教师，接受国家教委表彰。1992 年 4 月，青海省人民政府颁布了《关于改进我省学历浮动工资办法，实行知识分子津贴的通知》（青政〔1992〕72 号）。该通知提出，继续实行依照学历、专业技术职务和工作年限浮动工资政策、知识分子津贴政策，以及艰苦地区知识分子津贴和老职工补贴政策。这对稳定农村地区专业技术干部队伍，吸引外地人才，调动广大知识分子中教师队伍群体的积极性起到了重要作用。1993 年之后，青海实行宽松的知识分子政策，允许农村教师知识分子合理化流动，农村教师流动速度开始加快。

20 世纪 80 年代至 20 世纪末青海农村知识分子政策特征：①与国家知识分子政策相一致，青海农村知识分子政策的核心内容是知识分子政治、经济地位的改善。②青海农村知识分子的政策目标是激励知识分子的工作热情，知识分子政策执行的主要方式是激励，以满足知识分子发展需要。③知识分子政策具有显著的民族性特征，是为了满足民族地区少数民族知识分子的发展需要和民族地区教育的发展需要而制定的。

（2）20 世纪 80 年代至 20 世纪末贵州农村知识分子政策

为了有效发挥知识分子在地方经济社会建设中的作用，1982 年 12 月 27日，贵州省政府在其工作报告中特别强调，要加快教育结构改革步伐，继续消除"左"的思想路线对知识分子的负面影响，克服轻视知识、轻视知识分子的错误认识，消除偏见，充分发挥知识分子的作用。中共十一届三中全会以后，贵州省政府出台相关措施，平反了大批冤、假、错案，在教育战线上推翻了两个错误"估计"。经过拨乱反正，逐步清除了"左"倾思想的流毒和影响，扫除了落实知识分子政策的障碍（孔令中，2004：514-516）。据 1987 年统计，粉碎"四人帮"后教育系统复查的案件已结案的占全部案件的 98.23%，复查的冤假错案已按规定平反改正的占 99.39%（孔令中，2004：514-516）。据毕节地区统计，到 1984 年底，毕节地区共平反冤假错案 2057 件，结案率达到 98% 以上。为了进一步提升教师队伍中知识分子的社会地位，1983 年贵州省政府为 300 多名教师恢复、晋升了高级职称，贵阳市政府给 25 年以上教龄的教师颁发了全国少年儿童工作协调委员会制发的"园丁荣誉纪念章"。1984 年，贵阳市政府又给 30 年教龄的教师颁发了"荣誉证书"并给予物质奖励。贵州各地区在 20 世纪 80 年代初，不同程度地改变和改善了知识分子政策，有些地方如毕节地区还提拔了 964 名中、青年优秀教师担任各级领导职务。另外，据大方、黔西、金沙、纳雍、威宁、赫章等 6 个县统计，自 1977 年以来，中学教师平均每人每月增加工资 10.49 元，小学教师每人每月增加工资 10.85 元。1984 年中共毕节地委、行署对改善知识分子待遇先后发过 3 个文件，根据教师学历和教龄每人每月分别发给生活补贴 15 元、10 元或 5 元不等；对于分到威宁、赫章、纳雍 3 县及其他偏远县工作的毕业生，见习期满后，工资向上浮动一级（任吉麟，1985：822）。据 1987 年统计，粉碎"四人帮"后贵州教育系统对被查抄的财物进行了清理和补偿，补发被错扣、停发的资金总额达 400 多万元。1986～1987 年，省政府还为落实政策后工资仍然偏低的教师补发了一级工资，对因错误处理失去工作的教师重新安排工作或办理离退休或退职手续，对已故教师的家属发放了一次性补助（孔令中，2004：514-516）。1996 年 5 月，贵州省政府出台了《贵州省教育经费筹措管理办法》，进一步保证了农村教育界知识分子的基本权益（孔令中，2004：539）。1997 年 11 月，贵州省政府根据《中华人民共和国教师法》制定了《贵州省教师条例》。90 年代后，贵州逐渐放开了知识分子户籍限制，允许外省籍教师回原籍工作，促进了各地区教师的流动。

2000 年 2 月 23 日，中共贵州省委、贵州省人民政府颁发了《关于进一步加强和改进知识分子工作的意见》（省发〔2000〕3 号）。提出要切实加强领导，把贵州知识分子工作提高到一个新的水平；要不断营造和优化环境，在全社会形成"尊重知识、尊重人才"的良好氛围；建立和完善激励机制，充分发挥专业技术人才的积极性和创造性。

20 世纪 80 年代至 20 世纪末贵州农村知识分子政策特征：①政策主要关注的是贵州地区知识分子政治、经济地位的改善。随着社会的发展变化，政策给予农村知识分子更大的职业空间和工作自主权。②政策基本都是对知识分子的正面评价，很少进行负面评价；政策的正向功能远远大于其负向功能。③政策不仅将知识分子引入教师岗位，同时，也允许农村教师向外流动，并适时将知识分子引向领导岗位，有效地提高了农村教师的社会地位。

（3）20世纪80年代至20世纪末云南农村知识分子政策

在阶级斗争思想路线的指引下，云南农村地区教师作为云南知识分子的重要组成部分，在"文化大革命"期间，部分人也受到了严重迫害。1978年4月，邓小平同志在全国教师工作会议上提出"尊师重教"的新要求，1978年后期，云南省根据中央政府新的知识分子方针政策，为当地受迫害的广大农村教师进行了平反。1985年1月，中共云南省委、省人民政府发出《关于尊师重教的通知》。该通知要求各级党委、政府和有关领导部门，一定要站在"四化"建设和人类文明进步的战略高度，带头尊重教师，尊重知识，尊重人才，重视教育。这项政策的颁布引导农村地区知识分子逐步走出了往日的阴影。1989年8月26日，云南省人民代表大会常务委员会制定和颁布了云南省县级人民代表大会选举实施细则，要求在县级人民代表选举中，给知识分子留出必要的比例，保证农村教师在国家权力机构作用的发挥。为了在全社会进一步树立尊师重教的良好风尚，勉励教师教书育人，为教育事业作出更大贡献，1988年7月14日，云南省人民政府批准成立中小学幼儿教师奖励基金会。1993年9月10日，省政府为以前连续从事教育工作30年以上的教师（包括多年从事教育工作，现在担任学校领导的同志和符合条件已离退休的同志）颁发荣誉证书。

20世纪80年代至20世纪末云南农村知识分子政策特征：①政策的国家性显著，注重国家知识分子政策的贯彻落实。②政策的核心内容是激励性政策，政策的主旨是引导广大知识分子做好本职工作。③注重提高知识分子的地位，以及发挥知识分子在地方政治、经济、文化等各项事业中的作用。

从改革开放后至20世纪末国家及云南、贵州、青海三省的知识分子政策特征看，20世纪80年代至20世纪末，西部农村地区教育行政部门在国家知识分子，特别是国家农村知识分子政策的引导下，普遍开展尊重知识、尊重人才的政策宣传活动，逐步落实了知识分子待遇政策，各省（自治区、直辖市）知识分子政策的国家公共特征十分明显。但各省（自治区、直辖市）知识分子政策实践也有其地方特点，有些省（自治区、直辖市）农村知识分子政策有强烈的民族性特征，有些省（自治区、直辖市）农村知识分子政策有明显的流动性特征。说明随着改革开放环境的影响，国家知识分子政策执行过程中的变异性在增多。

（三）20 世纪 80 年代至 20 世纪末西部农村教师培训政策

1．20 世纪 80 年代至 20 世纪末国家西部农村教师培训政策

受"文化大革命"影响，20 世纪 70 年代，我国高等教育招生考试录取工作一度停止，农村中小学校出现了主要靠知识水平参差不齐的民办教师和工农兵大学毕业生维持教学的局面。作为经济欠发达的西部农村地区，其师资力量更加薄弱。为此，自 20 世纪 80 年代以来，国家立足于促进西部地区教育发展的战略需要，出台了各种教师培训政策，对农村地区教师采取了各种不同形式的培训活动，促进了农村教师自身教育教学能力的发展。

1981 年，教育部召开全国教育学院、教师进修学校会议，随后国务院转发了教育部关于《加强教育学院建设若干问题的暂行规定》，对教育学院、教师进修学校的办学方向、领导体制、机构设置、经费、编制等问题做了进一步明确规定。西部地区各个省（自治区、直辖市）、地级市根据中央政府的决定均建立了教育学院，或在中等师范专科学校设立了假期培训班，对教师专业知识、专业技能特别是农村地区教师专业知识和专业技能进行了系统培训，有效地促进了农村教师专业能力的提升。但为了更好地提高农村教师的教学水平，1983 年5 月 6 日颁布了《中共中央、国务院关于加强和改革农村学校教育若干问题的通知》。该通知提出：财政部要拨出一笔专款为少数民族和边疆地区建设一两所师资培训中心，以便为西部地区师资队伍专门化、系统化培训奠定基础。为贯彻国家关于开发和建设大西北的战略设想和精神，加强少数民族师资队伍建设，促进边远、少数民族地区教育事业发展，教育部于 1985 年 3 月 7 日发出了《关于筹建西北少数民族师资培训中心的通知》，决定在甘肃西北师范学院（现西北师范大学）建立西北少数民族师资培训中心。截至 20 世纪 80 年代后期，西北各地、市、县教育部门和中小学校主要领导干部均通过短期学习，参加了培训，一些地方还举办了教育行政干部一年制、二年制的进修班，对农村学校师资管理能力的提升起到了积极作用。

1986 年 11 月，教育部决定通过通信卫星对偏远地区实施远程教育。中国卫星教育电视开办后，各民族地区纷纷利用这一先进手段进行教师教育培训。据统计，到 1988 年，全国 5 个自治区和云南、四川、贵州、甘肃、青海等省（直辖市）共建立了 149 个教育电视台和收转站（占全国总数的 40%）、427 个地面接收站（占全国总数的 26%）、3317 个录放像教学点（占全国总数的 21%）。各地反映，利用电视、录像大面积培训教师，进展快、效果好、投资省，这为民

族地区培训中小学教师提供了新的有效途径（柴永广，1997；刘中枢，1995）。

1993 年 11 月 12 日至 15 日，为贯彻和落实好《中国教育改革和发展纲要》和《中华人民共和国教师法》精神，对农村教师进行更好的系统性培训，更好地为农村地区普及九年义务教育服务，国家教育委员会在四川省乐山市召开了"全国师范专科学校面向农村，深化改革座谈会"。此次会议讨论了贯彻《中国教育改革和发展纲要》的基本精神及面向农村深化改革、培养合格初中教师等问题。西部地区各省（自治区、直辖市）根据各自实际情况提出，对学历不达标教师均应通过委托培养、函授、电视大学、自学考试等各种形式和渠道进行学历补偿教育。与此同时，为有效提高农村初中教师学历达标率，加快中学教师学历培训步伐，各地区又采取高等师范函授、卫星电视教育、自学考试相结合的"三沟通"培训方式，解决了农村中小学在职教师特别是农村初中教师"离不开、考不上、学不下去"的问题，创新了中学教师培训方法、培训工作的新经验，提高了培训质量。据统计，1992～1995 年，全国参加"三沟通"培训的教师人数高达七十多万。经过培训，初中教师学历达标率已从 1992 年的 51.9%提高到 1995 年的 69.1%，中学教师的素质普遍得到提高。但是，由于培训规模较大，加之各地发展不平衡，培训在实施过程中也存在一些问题。于是在 1996年 12 月，国家教委印发《关于调整函授、卫星电视教育、自学考试相结合的中学师资培训工作的通知》，决定从 1997 年开始，通过"三沟通"模式培训的初中教师不再继续接受培训；对现有"三沟通"在籍学员的培训工作要真正做到函授、卫星电视教育、自学考试相结合。同时，要加强对中学教师"三沟通"培训工作的领导，严格实行"考教分离"原则，强化对教学、考试等各个环节的管理。对小学教师进修高等师范专科学历的培训工作，原则上不通过"三沟通"办学模式进行，而是要通过自学考试的方式进行。小学教师进修高等师范专科学历的培训工作要控制规模，确保培训质量。①

1998 年 12 月 24 日，教育部又实施了"面向 21 世纪教育振兴行动计划"，提出要加强民族地区"双语"教育师资培养培训工作，实施"跨世纪园丁工程"，加强师德建设，大力提高教师队伍素质，巩固和完善中小学校长岗位培训和持证上岗制度。在未来 3 年内以不同方式对现有中小学校长和专任教师进行全员培训和继续教育。1999～2000 年，要在全国选拔培训 10 万名中小学骨干教师，通过校本教改试验、研讨培训、接受外校教师观摩进修等活动，发挥骨干

---

① 国家教委办公厅. 国家教委办公厅关于调整函授、卫星电视教育、自学考试相结合的中学师资培训工作的通知. 教师厅〔1996〕3 号，1996-12-31.

教师在当地教学改革中的带动和辐射作用（宁夏回族自治区教育委员会，2000：60）。

1999年9月13日，教育部通过中华人民共和国教育部颁发教育部第7号令的形式，规定参加继续教育是中小学教师的权利和义务。各级人民政府教育行政部门应当采取措施，依法保障中小学教师继续教育工作的实施。中小学教师继续教育分为非学历教育和学历教育。非学历教育包括新任教师培训（为新任教师在试用期内适应教育教学工作需要而设置的培训，培训时间应不少于120学时）、教师岗位培训（为教师适应岗位要求而设置的培训，培训时间每五年累计不少于240学时）和骨干教师培训（对有培养前途的中青年教师按教育教学骨干的要求和对现有骨干教师按更高标准进行的培训）。学历教育是对具备合格学历教师进行的提高学历层次的培训（教育部基础教育司，2003：550）。国家中小学教师继续教育规定的颁布，对20世纪末西部农村教师培训的规范化管理起到了重要作用。

20世纪80年代至20世纪末国家西部农村教师培训政策的优缺点：教师培训作为促进教师专业化终身发展不可或缺的组成部分，对促进西部农村教师专业成长起到了重要的作用。

因此，20世纪80年代至20世纪末国家西部农村教师培训政策有其明显的优点：①逐步实施和推行农村教师专业化发展政策，为西部农村地区有序推进教师队伍的专业化发展及其专业能力的提升提供了政策依据。②重点实施了以教师学历提升为核心内容的教师培训政策，促进了西部农村教师快速合格化发展，同时促进了农村教师知识层次的迅速提高。③采取灵活多元的培训方式，满足了西部农村地区不同教育阶段、不同学科、不同知识背景和学历层次教师的不同需要，进而促进了农村地区不同教师教学能力及素质的共同提高。④逐步由学历补偿性培训向继续教育培训过渡，实现了教师教育的终身化。

20世纪80年代至20世纪末国家西部农村教师培训政策的缺点：①教师培训政策过于关注被培训人员的数量、每次培训的人数和总的培训次数，培训缺乏针对性，缺乏保障培训质量与培训效果的具体措施，造成培训活动走过场、走形式的现象。②培训政策过于关注培训的任务，忽视培训的过程内容和结果，造成许多培训机构只关注培训任务的完成，而不关心培训的实质效果。③注重以多样化方式培训教师，但不同培训方式效果差异明显，有些培训难以保证基本质量。

2. 20 世纪 80 年代至 20 世纪末西部各省（自治区、直辖市）农村教师培训政策

20 世纪 80 年代后，随着改革开放和国家教师培训政策的制定、落实和变化，西部各省（自治区、直辖市）根据国家教师培训精神和本地中小学教师知识、能力、学历的特点，也纷纷出台、修改了许多教师培训政策。因此，西部各地中小学教师培训政策有其差异性，也有其共同特点。

（1）20 世纪 80 年代至 20 世纪末青海农村教师培训政策

改革开放后，随着各级师范教育的快速发展，青海农村教师的数量也得到了迅速扩充。但是，由于历史原因，农村地区中小学教师来源渠道不同，各个层次、类型的教师知识广度、深度及其技能水平差别明显。1981 年 1 月 14 日，青海省委、省政府作出指示，对不能胜任教学工作的小学教师要在三至五年内分期、分批进行轮训，提高他们的业务能力（马玉麟，1992：205）。1981 年 6 月 31 日，针对改革开放后青海在职教师专业知识、专业技能欠缺的实际状况，青海省委书记办公会议对发展本省教师队伍作出指示：要认真抓好教师培训工作，各州、县师范学校要扩大招生，各县要开办轮训班，培训小学教师。对于那些不合格又无培养前途的教师要逐步调整出教师队伍。同年 10 月，省教育厅在黄南藏族自治州召开全省民族语文教学工作座谈会，提出要加强师资培训，建立一支通晓民族语文和汉语文的教师队伍。1983 年 12 月 16 日，青海省委、省政府又作出决定，从 1984 年起用两年左右的时间，在全省普遍地、分期分批地开展中小学教师队伍的调整整顿工作，对基本合格或有培养前途的教师应有计划、有步骤地加以培训（马玉麟，1992：210）。1988 年 9 月 2 日，青海省人大常委会通过的《青海省实施〈中华人民共和国义务教育法〉办法》第三十七条提出，"县级以上人民政府教育行政部门应当制定教师继续教育规划，组织教师培训。加强农村牧区学校和城镇薄弱学校教师的培训"（马玉麟，1992：229）。为扩大教师培训规模，提高教师培训效率，1988 年，青海建设教育电视转收台 29 座，建设地面卫星接收站 15 座，初步形成了卫星电视教育网。各州、地、市普遍开展了电视卫星、函授和自学互相沟通的多种形式的中小学教师培训。在此期间，全省共计培训中小学教师 2256 名，大幅度地提升了农村教师的知识、能力和技能素养。为了提高教师培训的针对性，1993 年，受青海省教育厅委托，青海教育学院举办了初中语文、数学、英语《专业合格证书》考前培训班，70 名中学教师参加了培训，并经考试取得了《专业合格证书》。

　　为了提高女童升学率，根据回族、撒拉族等少数民族群众希望女孩子有女教师教的心理，从 1990 年开始，青海省政府开始采取措施，加强女教师培训，提高女教师的数量。青海在安排教师培养培训计划时，首先，坚持将女校长、女教师的培养发展纳入教师培训规划，重点考虑，统筹安排；其次，要求一些中等师范学校专门开设女子班，培训女教师。这项培训活动使 2800 余名女校长接受了有关教材教法、早期儿童教育等方面的培训，占同期项目总培训人员的75% 以上（王振岭，2001）。截止到 1993 年底，全省已有 602 名中学校长接受了系统培训，培训覆盖面达到了 77%。有 1300 名小学校长接受了培训，培训覆盖面达到了 36%。2000 年，青海成立了以省教育厅、省委组织部、省发展计划委员会、省财政厅、省人事厅、省政府扶贫领导小组为成员单位的"两个工程"[①]领导小组，负责指导、协调"两个工程"的实施。同时，还专门召开了全省教育对口支援"两个工程"工作会议，安排部署有关工作，要求省属大中专院校和西宁市所属中小学对口支援 6 个民族自治州所属的中等专业学校和普通中小学，对口支援的主要方式是开展教师培训（周虹艳，2000）。同年，中国建设服务基金、中华慈善总会及中国教育电视台联合实施了"星火计划"，为国家贫困县的农村、牧区学校提供了录放机、电视、VCD 播放机等先进设备，并利用信息技术，通过实施远程教育工程形成开放式教育网络，使农、牧区学校教师通过中国教育电视台、中国教育科研网提供的优秀教育软件，及时提高了自我知识水平和教育教学效率。同年 6 月 18 日，青海第三所星火行动卫星电视教育中心在互助县四中建成，使身处偏远山村的教师通过现代化远程教育设施了解到了外面的精彩世界（毛翠香，2000）。

　　20 世纪 80 年代至 20 世纪末青海农村教师培训政策特征：①此阶段青海教师培训的主要任务是提高教师的基本学历。所以，本阶段的教师培训抓住了农村教师培训的重点，促进了农村教师知识层次的提高。②根据农村教师培训的特殊性，采取多样化教师培训形式，进而快速实现培训目标。③重视民族地区教师语言的特殊性，重视民族地区教师民族语言培训，并将汉语与民族语言培训结合起来，较好地满足了民族地区的教育教学需要。④强调分块、对口培训，增强了培训者的工作责任感，提高了被培训者的使命感，同时，又提高了培训内容的针对性和培训的实效性。⑤出台专门的民族地区女教师和农村地区女教师培训政策，推动了农村地区女教师队伍发展。

---

　　① "两个工程"指"东部地区学校对口支援西部贫困地区学校工程"和"西部大中城市学校对口支援本省（自治区、直辖市）贫困地区学校工程"。

（2）20 世纪 80 年代至 20 世纪末贵州农村教师培训政策

改革开放后，贵州省委、省政府为适应农村教育发展需要，有效提高农村在职教师专业化水平，依据教育部教师培训文件积极制定和完善相关政策，积极开展农村教师培训。1981 年 1 月，贵州省委印发了《关于贯彻教育部〈关于办好中等师范教育的意见〉和〈关于进一步加强中小学在职教师培训工作的意见〉的意见》。该意见要求，要采取多种形式培训在职中小学教师，尽快使中小学在职教师分别达到师范学院、师范高等专科学校和中等专业学校毕业水平。贵州各农村地区均采取"走出去"与"请进来"相结合的多种培训方式，对在职教师进行了有效培训，取得了良好效果。以贵州毕节地区为例，贵州毕节地区对中学教师的培训主要采取两种形式，一是各县、校选派教师到外地去进修，二是中等教师报考省教育学院和西南师范学院。为了有利于小学在职教师培训，毕节地区对全区 8 所师范学校进行了调整，将毕节、大方、金沙、纳雍、赫章等 5 所师范学校一律改为教师进修学校，年培训规模为 500 人。1983 年，中共毕节地委、毕节地区行署在《关于加强教育工作，努力开创教育事业新局面的意见》中提出，要办好毕节教育学院和各县教师的进修学校，每个培训点都要举办一至两年的离职进修班，采取长、短训结合的办法，做好全区农村教师培训。从 1985 年开始，贵州陆续有 11 所中等师范学校（教师进修学校）实施了教师培训项目。到 1990 年，贵州基本将全省不合格的小学教师和初中教师轮训了一遍（孔令中，2004：626）。为了更好地在贵州实施希望工程，经贵州省委、省政府批准，1990 年 5 月贵州省青少年发展基金会成立。贵州省青少年发展基金会成立后，又对全省乡村教师提供了长期的免费短期培训，有效提高了农村教师的素质。同年，省里还委托贵州教育学院培训了县级督导人员 300 多人次，为培训农村教师起到了基础和保障作用（孔令中，2004：532）。与此同时，贵州省政府对全省农村教师分步实施了远距离培训项目。1993 年，贵州省政府在贯彻国务院《关于加强教师队伍建设的意见》时强调，对未取得合格学历的教师按"自学为主，业余为辅"的原则进行分批培训。当年，贵阳市有小学教师 487 人参加"三沟通"培训，674 人参加学历培训，其中大部分为农村教师（田馨，2007）。1994 年，有关部门进一步加强了在职教师的学历培训工作，通过开办补修心理学、教育学课程，开展函授、成人教育、委托培养教育和开办专升本班等形式，使全市参加在职培训的中小学教师达到 3300 多人，其中大部分是农村教师。1997 年 11 月 21 日贵州省第八届人民代表大会常务委员会第三十一次会议通过《贵州省教师条例》，对教师培训规划及其经费来源做了进一步说明。

1999 年，根据省教育委员会《关于具有高中毕业文凭的小学教师补学〈教育学〉〈心理学〉课程给贵阳市教委的复函》，贵阳地区送去培训的小学教师有 848 人，其中 828 人取得合格成绩，其主要培训对象也是农村教师。2001 年 3 月，贵州启动和实施《贵州省中小学教师继续教育工程方案（2001—2005）》，提出在全面完成小学教师继续教育第一阶段培训任务的基础上，要全面启动为期 5 年的"中小学教师继续教育工程"，农村中小学教师在职培训工作开始进入第二个阶段。

20 世纪 80 年代至 20 世纪末贵州农村教师培训政策特征：①培训形式具有多样性特征，将"请进来"与"送出去"的培训方式有机结合，既便于提高培训工作的质量，又可以满足教师培训方和培训者的不同需要，灵活开展培训活动。②培训过程具备时效性特征，培训对象具有全员性和全纳性特征，促进贵州地区在短期内形成农村教师的基本质量。③培训目标从具体的学历层次提升到模糊的知识水平提高。20 世纪 90 年代前，贵州农村教师培训对象为不具备国家规定学历的教师。而 90 年代后农村教师培训对象为取得国家规定合格学历的小学教师，其中优先安排中青年骨干教师。④培训方式从单一到多样。由 20 世纪 80 年代前的单一函授培训学习发展到 80 年代后的集中培训与业余自学相结合，理论学习与教育教学实践相结合，系统培训与课题研修相结合，校外培训与校本培训相结合的多层次、多渠道、多形式的培训学习方式。⑤培训管理体制从整体走向分化。20 世纪 80 年代后，贵州教师培训工作实行省、地（州、市）、县（市、区、特区）三级管理体制，以贵州教育学院、贵州师范大学、贵州省小学教师继续教育学校、省教育科研所、地区师范学院、师范高等专科学院、中等师范学校和县教师进修学校为主，其他综合型大学积极参与的省、地、县三级培训网络，并成立师训工作领导小组加强组织指导（田馨，2007）。农村教师培训管理日趋具体、细致和完整。

（3）20 世纪 80 年代至 20 世纪末云南农村教师培训政策

为了有效提高农村教师的教学能力和水平，改革开放之后，云南省教育委员会依据国家中小学教师培训政策精神，本着"教什么，学什么""缺什么，补什么"的原则，强调要对农村教师进行多形式、多层次和多渠道培训。其培训工作共分三个阶段：1985 年之前，主要开展了以教材教法过关为重点的教育学、心理学培训；1986～1995 年，开展了以学历补偿为重点的"三沟通"和其他形式的培训；1996 年开始逐步转入以学历达标后的继续教育为重点的进修和培训（蔡寿福，2001：813-817）。其中在第一阶段，由于各种函授、自考及进修方式存在种种不规范性，云南农村中小学教师学历、专业知识水平不高的现象比较普遍。为此，云南省教育厅于1982年7月22日转发了教育部《关于试行中学教师进修高等师范专科、本科教学计划的通知》，并提出如下意见：凡举办中学教师进修高等师范专科、本科脱产进修班，业余进修班和函授班的大专院校，必须开齐规定的课程门类并满学时授课；各地举办的中学教师短训班结束时发给结业证书，但不能作为学历证书使用；各地、各院举办的系统性教师进修班和短训班的种类、人数均需报省教育厅备案，通过严格管理的方式促进了当地农村中小学教师培训质量的提高。1985年，云南省教育厅提出《云南省"七五"期间小学、幼儿师资培养培训初步规划》，提出今后五年实际需要进修中等师范学历的约7.5万人，拟采取三种形式进行培训：离职进修2万人，函授培训2万人，中等师范自学考试培训3.5万人（江泉，1989：440）。同年，云南省教育厅还发出《在我省开展三项电视录像教学工作》的通知。该通知决定在云南开展电视录像辅导培训小学教师的方案，对于享受边疆民族地区待遇的35个县和省定的19所民族中学，省教育厅各免费赠送录像机和彩色电视机一套用于教师培训。1987年，云南教师培训工作得到快速发展。与1986年相比，初中教师合格率提高了3.2%并达到32%，小学教师合格率提高了2.2%并达到55.7%（江泉，1989：484）。到1990年，学历和岗位合格的教师由1985年50%提高到约80%（江泉，1989：455）。总之，随着云南社会文教事业的快速发展和农村教师学历达标任务的完成，当地农村地区教师学历层次得到了快速提高。1992年11月25日，云南省第七届人民代表大会常务委员会第二十七次会议公布施行《云南省实施〈中华人民共和国义务教育法〉办法》，提出教育学院、教师进修学校必须根据教育发展规划切实做好在职中小学教师的进修培训工作，提倡和鼓励中小学教师通过函授、轮训、电视广播教育等形式，提高思想、文化素质。

在农村教师学历基本达标以后，1996年，云南省人民政府以35号令形式颁布《云南省中小学教师继续教育规定》。该规定提出，全省中小学教师都要接受继续教育，要给予贫困县、山区、边疆、扶贫攻坚乡教师培训方面更多的倾斜照顾政策。其中第十五条规定：对少数民族地区和边远贫困地区参加进修、培训的中小学教师，进修、培训院校对其学费应当给予适当减免。自上述规定颁布以来，云南农村中小学教师继续教育的各项工作得到了顺利开展。2000年1月7日，《云南省人民政府转发省教委关于〈云南省实施面向21世纪教育振兴行动计划的意见〉的通知》（云政发〔2000〕8号）提出，要进一步加强少数民族教师的培养和培训工作，对到少数民族贫困地区任教的大中专毕业生实行6

年定期轮换制，并享受国家规定的工资倾斜政策。这些规定对稳定和优化民族贫困地区师资队伍起到了重要作用。

20 世纪 80 年代至 20 世纪末云南农村教师培训政策特征：①注重各种层次的教师培训，将农村教师的知识培训与学历培训有机结合起来，满足了农村学校与教师个人发展的不同需要。②强调培训数量与培训质量相结合，有助于全面推动农村地区师资队伍建设。③在培训经费和培训人员方面优先保障弱势地区，优先保障贫困地区和少数民族地区，体现了罗尔斯社会分配公平中的差异性原则。

从 20 世纪 80 年代至 20 世纪末，国家及云南、贵州、青海三省的农村教师培训特征看，这一时期，西部农村教育行政部门在国家教师培训特别是国家农村教师培训政策的引导下，不断制定和调整自身的农村教师培训政策。20 世纪 90 年代前普遍开展了多种形式、多种内容的农村教师学历培训，90 年代后期开展了专业知识和专业能力提升培训工作，有效提高了农村教师的专业化水平。随着国家农村教师培训政策类型、形式和次数的增加，西部地方农村教师培训政策的类型、形式和时间也在增加，各省（自治区、直辖市）农村教师培训政策的国家公共特征十分明显，但各省（自治区、直辖市）教师培训政策的地方化特点也越来越显著。

20 世纪 80 年代至 20 世纪末西部地方农村教师培训政策的缺点。从改革开放到 20 世纪末西部地方农村教师培训政策内容及其特点可以看出，西部农村教师培训政策在给西部地区提高教师质量的同时，也存在一些明显问题，主要表现为：①教师培训政策过于关注培训的数量、每次培训的教师人数和总的教师培训次数，缺乏教师培训质量与培训效果的保障措施，造成培训缺乏针对性，走过场、走形式而缺乏实效性的现象突出。②教师培训政策过于关注培训的任务，忽视培训的过程和结果，造成许多教师培训机构只关注培训任务的完成，而不关心培训的实质效果。③以多样化方式进行教师培训，但各种培训方式、培训效果参差不齐。

（四）20 世纪 80 年代至 20 世纪末西部教育对口支援政策

1. 20 世纪 80 年代至 20 世纪末国家西部教育对口支援政策

改革开放之前，国家为改变西部地区贫穷落后的面貌，对西部地区采取了"西部大开发政策"及"三线建设政策"，使西部经济社会和文化教育事业得到了一定发展，西部农村教师队伍也有了明显发展。十一届三中全会以后，我国东部地区借助有利的地理位置与政治经济文化环境，积极利用各种信息资源，使其教育事业得到了快速发展。但是，受各种资源环境条件的限制，加之人才贫乏，在信息化浪潮的冲击下，西部地区基础教育发展的速度与我国东部地区有进一步拉大的迹象。为此，国家组织了讲师团对西部农村地区进行了巡回教育宣传和教师培养，同时，要求各省（自治区、直辖市）、民族边疆地区要制定城市支援农村教育政策措施，并要求西部各省（自治区、直辖市）对农村地区的支教活动由被动型支教转向自觉主动支教、由单纯的物质支教转向物质与精神并举的全面支教、由零星的临时支教转向稳定的长期支教。

1980年10月，我国第一次民族学学术讨论会于贵阳举行，来自新疆、内蒙古、宁夏、青海、广西、吉林、贵州等省、自治区共八十多位长期从事民族教育的专家、学者及有关部门的代表参加了会议。这次会议讨论的中心议题是"建设马克思主义民族学的有关问题"，围绕从西部民族地区实际出发，改革和发展西部民族教育，对尽快改变西部农村地区教育落后状况等问题进行了多层次、多角度地分析研究和论证，为开展西部民族地区教师教育活动提供了智力支持。1985年12月16～21日，西北五省区教育主管部门和有关高校在陕西西安市召开了西北五省区第一次高教协作座谈会，会议形成了《西北五省区第一次高教协作座谈会纪要》。国家教育委员会根据该纪要于1986年5月30日向各省（自治区、直辖市）教育委员会、高教（教育）厅（局）、国务院有关部委教育司（局）、国家教委直属院校发出了《关于转发〈西北五省区第一次高教协作座谈会纪要〉的通知》。该通知指出，20世纪末和21世纪初要着重开发和建设大西北，这是党和国家的重要战略决策。而开发大西北的当务之急是加强西部地区的教育发展和教育质量提升，培养大批的各级各类建设人才，使教育更好地为西部地区的快速发展服务。因此，各地区、各部门要从实际情况出发，把高校之间的支援协作进一步开展起来，加强东部发达地区对边远民族地区高校的支援协作，充分利用东部沿海发达地区的人力和教育资源优势，促进西部地区高校发展，进而促进民族地区中小学教师队伍的素质提升。

20世纪90年代，随着我国经济文化的快速发展及改革开放的不断深化，党和国家依据西部地区发展的实际需要及西部农村教育发展的自身需要，结合西部农村教师的发展现状，形成了新的农村教师政策意见。1992年10月21日，国家教育委员会、国家民族事务委员会发布了《关于加强民族教育工作若干问题的意见》，该意见指出，目前全国尚有143个少数民族贫困县，有关省（自治区、直辖市）要采取切实措施帮助这些地方发展教育事业，国家教育委员会和国家民族事务委员会也要通过多种形式重点扶持这些地方的教育事业，使其逐步改变落后状况。除国家给予一定的支持外，各级政府要动员本省（自治区、直辖市）的力量，参照"智力援藏"办法给予扶持，包括选择一些办学条件较好的中等学校招收少数民族学生入学，为经济落后、教育发展特别困难的少数民族和民族地区多培养一些质量较高的人才。要鼓励和组织内地省（自治区、直辖市）对西部省（自治区、直辖市）的少数民族贫困县实行对口支援协作。同时，鼓励和组织本省（自治区、直辖市）内经济、教育较发达的县、市同本省（自治区、直辖市）少数民族贫困县对口支援协作，以加快贫困地区民族教育的发展，走上共同富裕的道路。随后在 1993 年 11 月 27～29 日，国家教育委员会、国家民族事务委员会在宁夏回族自治区银川市联合召开"全国教育对口支援协作工作会议"。会上提出了国家对口协作政策既有东部地区对西北、西南地区的师资支援，也有内地对新疆与西藏的支援。会议同时要求各级党委和政府要努力完成"八五"计划和十年规划所确定的教育发展任务，使民族教育发展与全国教育发展相适应，民族教育发展与少数民族地区的经济、社会发展相适应。据统计，1993 年国家教育委员会组织开展沿海经济文化发达省（自治区、直辖市）对少数民族贫困县的教育对口支援协作项目，全国二十多个省（自治区、直辖市）签订的省际教育对口支援协议项目到 1996 年已基本完成，完成率为 85% 以上，有的省（自治区、直辖市）达到 100%（王明达，1994）。

1996 年 9 月，《中共中央办公厅、国务院办公厅关于转发中共中央组织部、国家教育委员会、人事部〈关于从党政机关和事业单位选派人员支援基层教育工作的请示〉的通知》指出，从党政机关和事业单位选派人员支援基层教育是党中央、国务院实施"科教兴国"战略，保证到 20 世纪末实现"两基""两全"目标的重大举措，是实施素质教育工程的重要措施。在中央政府的安排下，到 1998 年，全国 31 个省（自治区、直辖市）大都制定了贯彻落实上述通知的具体措施，有 16 个省（自治区、直辖市）成立了支教工作领导小组和支教工作办公室。全国各地共派出第一期支教队员 35 000 多人。派出的支教人员有的担任教育薄弱县（乡）副县（乡）长，有的担任薄弱学校领导和教师。承担教学任务的人员约占支教人员总数的 60%。广西、陕西、四川、宁夏、青海等大部分西部省（自治区、直辖市）的支教工作在全国范围内效果显著。同年 12 月 2 日，中国政府和联合国开发计划署第四周期教育合作项目文本签字仪式在北京举行。联合国开发计划署第四周期援款主要用于支持甘肃、青海、四川、云南、广西等西南、西北贫困地区普及九年义务教育。与联合国开发计划署合作 15 年来，中国国家教育委员会成功地执行了 20 个合作项目，接受援款总额约 1420 万美元，合作范围包括大、中、小学教师及管理人员的培训等。这些合作措施将教育的前沿信息和国内外先进教育教学经验、先进教育教学方法带到了西部地区，同时也为西部农村教育发展吸引和培训了大批优秀的师资力量，为我国西部边远农村教育活动注入了一股新力量，在一定程度上促进了西部农村地区教育事业的快速发展。

1999 年教育部、国家民族事务委员会为了系统地掌握各地工作进展情况，对各地开展教育对口支援工作的情况进行了全面调查。从调查情况看，教育对口支援有了新的进展，但发展不平衡。工作开展较好的有北京、上海、天津、广东、青岛，其分别对口支援的为内蒙古、云南、甘肃、新疆、贵州。据初步统计，上述五省市支援对口省（自治区、直辖市）新建、改建了中小学和希望小学，培训中小学教师 15 753 人次、培训教育行政管理干部 4898 人次。另外，根据教育对口支援精神，重庆等少数西部省（自治区、直辖市）积极在本省（自治区、直辖市）民族贫困地区开展教育对口支援，取得了很好的成效。而江苏、浙江、山东、辽宁、福建、深圳、宁波分别对口支援陕西、四川、新疆、青海、宁夏、贵州，工作力度不足，成效不明显。

20 世纪 80 年代至 20 世纪末国家西部教育支援政策的优点：①强调支援工作的对口性，并对支援协作省（自治区、直辖市）和支援活动提出了具体明确的要求，便于检查指导支援活动，提高支教效果。②支援政策具有延续性与跟进性强的特点，便于总结和继承经验，提高支教的质量。③抓住了农村教育落后的根本是师资力量薄弱这一关键问题，实施人力支援政策，避免了城乡间、区域之间教育发展差距不断拉大的危险，保障了教育公平、协调发展。④为西部农村教育及时注入了新的师资力量，缓解了西部农村地区师资短缺与实际需求间的矛盾，推动了受援地区普及义务教育工作的顺利进行。

20 世纪 80 年代至 20 世纪末国家西部教育支援政策的缺点：①支援政策强调支援省（自治区、直辖市）与学校单向性付出，不能充分调动支援省（自治区、直辖市）及支援学校开展教育支援的积极性，进而影响到支援的数量、质量和效益。②支教政策制定中没有将人力支援与物力支援有机统一起来，存在硬件与软件脱节的现象；而政策实施过程存在政策制定的明确性与执行模糊性的矛盾现象，进而影响了政策的实际效果。③支援政策对支援教师的学历、专业没有作出明确的规定，导致支援教师的学历和知识水平参差不齐，不能依据受援学校的需要派遣支教教师，进而不能满足受援学校的要求。同时，支援政策只规定了支援教师的相关待遇，没有对相关待遇落实作出明确要求，导致支教教师的权益不能得到切实保护。

2. 20 世纪 80 年代至 20 世纪末西部各省（自治区、直辖市）农村教师支援政策

20 世纪 80 年代后，随着改革开放和国家教育对口支援协作政策的制定、落实，西部各省（自治区、直辖市）根据国家教育对口支援精神和本地农村中小学教师分布的情况和特点，也纷纷出台了许多支援农村教师队伍发展的政策措施。因此，西部各地教育对口支援政策有其差异性，也有其共同特征。

（1）20 世纪 80 年代至 20 世纪末青海农村教师支援政策

为了进一步做好农村教育工作，在国家对口支援青海政策措施实施的情况下，1985 年 8 月 17 日，青海省政府邀请国家建材局、工商银行、农业银行三大系统组成的中央机关赴青海首批讲师团共 42 人，到青海进行为期一年的支教活动。支教团团部设在海东行署教育处，团员分赴海东地区 8 县，担任中小学教师培训和部分教学工作(马玉麟，1992：262-263)。1986 年，受青海省政府邀请，中央机关第二批讲师团共 43 人到青海支教，团员分赴海东地区 8 县及海南自治州开展教育教学工作，有效解决了农村教师短缺问题。1986 年 9 月 16 日，在中央政策的指导下，青海首届省直机关讲师团成立，来自省级 58 个厅局的具有大专以上文化程度的 85 名成员分赴全省 6 个自治州及西宁市大通县支教一年。尽管由于各种原因，1988 年 8 月 4 日，中共青海省委办公厅发文决定不再组建省直机关讲师团支教，但是，80 年代青海省讲师团活动对农村教师队伍建设起到了重要作用。为了继续做好农村贫困地区教师队伍建设与教育教学工作，1991 年，青海省教育厅下发了《关于省属师范院校和西宁市重点中学选派部分教师对口支援玉树、果洛两州教育有关问题的通知》，该通知要求在"八五"期间，青海师范大学、青海师范专科学校和湟川中学、西宁五中、西宁十四中共选派 50 名教师支援两个农村贫困地区教育教学。同时，从玉树、果洛两个贫困地区的民族师范学校、少数民族中学中每年选送两名校长或教导主任到湟中县重点中学、乐都师范学校开展为期半年的挂职锻炼。同年 8 月 20 日，青海省教育厅和西宁市教育委员会联合召开首批赴玉树、果洛两州支教教师欢送会，对青海师范大学、青海师范专科学校和湟川五中、西宁十四中 10 名教师的支教活动给予了充分肯定。1993 年，根据《国家教委办公厅关于对全国 143 个少数民族贫困县实施教育扶贫的意见》的精神，青海省政府又邀请山东对青海 10 个贫困县

进行对口支援活动，对口支教活动主要进行了以下 4 个方面的工作：①建立了对口支援领导机构；②在全面了解沟通情况的基础上，双方讨论制定了支援协作的原则意见；③组织力量两次赴山东考察洽谈，达成了支援协作具体协议；④两省 5 对县、市正式签订了包括以骨干教师和教育管理干部岗位培训等为主要内容的《协议书》。这次对口支教安排对青海地区利用发达省（自治区、直辖市）教育资源做好本省农村教育工作起到了重要作用。2000 年 4 月，青海成立了以省教育厅、省委组织部、省发展计划委员会、省财政厅、省人事厅、省政府扶贫领导小组为成员单位的"两个工程"领导小组，负责指导、协调中小学教师继续教育和培训工作的实施。同时，专门召开了全省教育对口支援"两个工程"工作会议，安排部署省属大中专院校和西宁市所属中小学对口支援 6 个民族自治州所属的中等专业学校和普通中小学。这次对口支教工作对形成和发展民族贫困地区师资力量起到了积极作用（周虹艳，2000）。

20 世纪 80 年代至 20 世纪末青海农村教师支援政策特征：①将国家支教政策与当地支教政策相结合，将省外邀请与省内派遣工作有机结合起来，促进了不同层面支教活动的有序开展。②不同年代支援者的身份及实施政策不同。90 年代前是讲师团，90 年代后是支援团；讲师团的构成主要是机关干部，支援团的构成是专业教师，这也反映了支教活动逐步走向了专业化道路。③支教目的性、计划性明确，影响范围大，重点突出。

（2）20 世纪 80 年代至 20 世纪末贵州农村教师支援政策

为了加强贵州农村教师队伍建设，在国家对口支援政策精神的引导下，在中国民主促进会和省政协及民进贵阳支部的支持协助下，1983 年 4 月，贵州省教育厅在贵阳举办了"智力支边"教育教学讲习会。讲习会分教育行政、小学语文、中学语文、中学英语四个组进行，受训教师达到 35 000 多人次（任吉麟，1985：164）。1984 年 8 月 1 日，为建设好"第三梯队"，贵州省委组织部在贵州选调了 100 名优秀应届高校毕业生到基层培养锻炼，进行智力支教活动。80 年代期间，贵州省政府还多次邀请辽宁大学生到边疆进行支教活动，这些支援边疆的大学生克服种种困难，对贵州农村教师队伍建设和农村教育教学发展作出了重要贡献。1996 年 9 月 3 日颁发了《中共中央办公厅 国务院办公厅关于转发中共中央组织部、国家教育委员会、人事部〈关于从党政机关和事业单位选派人员支援基层教育工作的请示〉的通知》之后，中共贵州省委办公厅、贵州省人民政府办公厅当月关于转发省委组织部、省教委、省人事厅《关于从全省党政机关和事业单位选派人员支援基层教育工作的意见》的通知，要求各厅级单位按照分配的指标安排人员到农村基层进行支教活动。1990～2000年，贵州省政府又根据国家扶贫支教计划，连续派遣城市教师到农村偏远地区进行扶贫支教活动，并将扶贫支教与评定职称相挂钩，推动了支教活动的有效开展。

20世纪80年代至20世纪末贵州农村教师支援政策特征：①多部门、多机构制定支教政策，组织开展了不同形式的支教活动，保证了不同地区教师的发展需要。②将国家支教政策作为地方支教政策的主要依据，积极利用外省（自治区、直辖市）力量开展对口支教活动。③支教人员政策宽松、成分复杂，既有国家机关人员，也有高校在读大学生，他们主要满足农村教师队伍数量和农村教育存在的需要，难以满足农村教育质量提升的需要。

（3）20世纪80年代至20世纪末云南农村教师支援政策

20世纪80年代，为了加强农村教师队伍建设，推动农村学校教育教学工作开展，云南积极开展各种形式的支教活动。在中学支教措施方面，1983年，云南分3批从外省聘请了一些高中教师来任教，解决了云南地区农村高中教师短缺的情况，满足了边疆地区的教学需要（蔡寿福，2001：790）。1985年年初，中央、国家机关开始抽调干部组成讲师团，奔赴各省市开展支教活动。1985年8月，应云南省政府邀请，铁道部、公安部、国家气象局抽调160多人，组成云南讲师团分赴云南省边疆地区进行支教。1986年7月，依据国家讲师团支教精神，云南就组建云南讲师团支援普通教育提出意见：从省政府机关及直属单位抽调270人，从本年大专毕业生中选调940人，从中央在滇单位选调200人组成云南讲师团，到各农村基层县进行支教。这次支教活动极大地改善了云南农村教师短缺的状况，满足了农村贫困地区教育教学需要（江泉，1989：449）。为了激发大学生的下基层支教热情，推动支教工作顺利进行，1988年云南省教育厅召开"志在四方、献身边疆"的优秀毕业生表彰会，邀请了自愿从内地到边疆支边的五十到八十年代的4届优秀毕业生代表，包括自愿从内地到边疆支边的应届毕业生代表27名，支边下去作出突出成绩的往届毕业生15名。这次表彰会对宣传和推动农村支教工作有显著作用。1993年，为了落实全国第四次民族教育工作会议精神，贯彻国家教育委员会关于对民族贫困县实施教育对口支援的有关指示，云南省教育委员会与上海市教育局协商确定，红河县等19个少数民族贫困县与上海市黄浦区等19个县（区）分别建立教育对口支援协作关系。同年11月17日，云南省教育委员会领导带领这些县的教育局长赴沪与上海市教育局及上海黄浦区的19个县（区）教育局长分别签订了省际、县际对口支援协议书及实施计划，省、县际在教学资料、教学设备、考察和交流活动、教学与培训工作方面达成 7 项协议（《中国教育年鉴》编辑部，1994）。1993 年以来，在党中央、国务院的关心和指导下，在上海和云南两省市各级党委、政府和各有关方面的共同努力下，两省市政府签署的《上海—云南对口帮扶与协作"九五"计划纲要》得到了全面实施，对口帮扶与协作取得了显著成效，加快了云南农村教师队伍建设和普及九年义务教育进程。1996 年，云南省教育委员会、省人事厅颁发《云南省关于高等院校对口帮扶贫困地区发展基础教育的意见》，为农村贫困地区提供了大量大学生，推动了支教活动的进行。1997 年 1 月，两省市签署《上海—云南对口帮扶与全面合作"十五"计划纲要》，云南省政府邀请上海 19 个县区继续对口支援云南 8 个地州 31 个县，邀请上海 100 所中小学对口帮扶云南 100 所中小学，重点帮助当地提高办学水平，改善办学条件，完善九年义务教育。为此，上海先后选派教师 360 人次到云南支教，并为云南培训校长、骨干教师 1000 人次。云南每年选派 30 名中小学教师到上海师资培训中心接受 2～3 个月的培训。这次对口支援活动，进一步利用发达地区的教育资源和教育优势，促进了云南贫困地区中小学骨干教师的形成。

20 世纪 80 年代至 20 世纪末云南农村教师支援政策特征：①政策的地缘依赖性强。积极利用发达地区师资力量开展支教活动，有利于提高支教活动的质量和效率。②重视支援政策的对口协作性，有效提高了支教的针对性。③越来越注重支援人员的专业化水平，有效提高了支教的质量和效率。④支教人员的构成多样性，有应届高校毕业生也有政府机关工作人员，有利于利用各种力量开展支教活动。

总之，从 20 世纪 80 年代以来国家支教政策及以上三省（自治区、直辖市）农村支教教师的政策演变情况、演变特征可以看出，为了有效推动西部农村教育工作开展，改革开放后到 21 世纪之前，国家制定了多项支援西部农村教师发展的政策。西部各省（自治区、直辖市）各级政府和教育行政部门，特别是省级教育行政部门在中央政府的指示安排下，在国家支教政策特别是国家西部农村支教政策的引导下，积极制定政策措施，普遍组织城市干部员工、大学生开展了多种形式、多种内容的农村支教活动，有效推动了农村地区教育教学工作的开展。国家西部农村教师支教政策引导性十分明显，西部各省（自治区、直辖市）农村支教政策的国家公共特征也十分明显。但西部各省（自治区、直辖市）农村支教人员的数量构成、支教时间、支教地点各个不同，反映了西部各省（自治区、直辖市）农村支教政策也有其地方特点，也反映了西部教师政策的区域性特征。

第五章
西部农村教师政策现状

本章从教师政策背景、内容，教师政策特点、价值与缺陷几个方面，全面分析21世纪国家西部地区、西部农村教师政策的发展状况，并将西部部分省（自治区、直辖市）支教教师政策、大学生到农村地区就业政策、清退代课教师政策的内容与特点进行比较，可以真实把握21世纪国家及西部农村教师政策发展的特点与规律，把握好西部农村教师政策的发展现状。

第一节 21世纪国家西部农村教师政策背景

背景是影响事物产生和发展的根本因素，社会背景是影响教师政策产生和发展的根本因素。影响农村教师政策形成的社会背景很多，其中最主要的是农村教师政策形成的社会政治背景、经济背景及文化背景。

一、21世纪国家西部农村教师政策的政治和社会背景

进入21世纪以后，随着世界范围内公平正义力量的不断增长，社会各行业对区域间公平发展的呼声日益高涨。国内消除东西部地区和城乡之间差异，促进东西部和城乡公平发展的声音也日益高涨。为了有效缩小东西部地区和城

乡差距，促进东西部地区和城乡经济社会均衡协调发展，满足公众公平诉求，2000 年 10 月 26 日，国务院颁发了《国务院关于实施西部大开发若干政策措施的通知》，制定并实施了新一轮西部大开发战略，拉开了我国西部农村教师政策变化的序幕。

西部大开发战略能否顺利实施，在很大程度上取决于各级各类教育所能提供的人才数量和质量，取决于劳动者素质的高低程度。而形成高素质劳动者的前提是重视教育、提高教育教学质量，提高教育质量的关键是要有一支良好的教师队伍，良好教师队伍的形成依赖的又是合理的教师教育政策。因此，只有将合理的教师教育政策放在教师教育首位，才能建成一支良好的教师队伍，才能形成良好的教育教学质量。只有将西部农村教师政策放在西部地区教师教育的首位，才能为西部农村建成一支良好的教师队伍，才能为西部农村形成良好的教育教学质量提供保障。

教师教育的关键是数量补给与质量提升，因此，农村教师教育政策的核心是补充教师数量、提升教师质量。因此，进入 21 世纪后，为了深入贯彻西部大开发的战略要求，加强和完善西部教师队伍建设，中央政府出台了包括教育对口支援政策、"三支一扶"计划、"大学生志愿服务西部计划"、免费师范生、特岗教师等多项西部农村教师补给政策，也出台了清退民办教师、代课教师等系列性提升农村地区教师教育质量的政策措施，促进了西部农村教师教育质量的提升。西部大开发战略的制定和实施，既为新时期西部农村代课教师、民办教师等不合格教师清理政策的形成奠定了基础，又促进了西部农村教师支援和补给政策的出台。

在西部农村教师补给政策方面，21 世纪初，中共中央办公厅、国务院办公厅颁布了《关于推动东西部地区学校对口支援工作通知》，启动实施了"两个工程"，进一步动员东部地区和西部大中城市的各方面力量，大力支援西部贫困地区教育事业（教育部基础教育司，2003：89）。2003 年 10 月，在党的十六届三中全会上，中共中央提出了科学发展观，并指出"以人为本"，树立全面、协调、可持续发展观，是促进经济社会和人的全面发展，全面建设小康社会和实现现代化的根本指导方针。科学发展观的提出，为制定科学合理的西部农村教师对口支援和补给政策提供了新的政治依据。而国家"两基"攻坚计划的实施，又为新时期出台新的补给西部农村教师政策提出了具体要求。2005 年 12 月，中共中央、国务院制定和发布了《关于推进社会主义新农村建设的若干意见》，提出教育关系到新农村建设的速度和质量，教育是新农村建设的重要组成和基本方式，而加快农村教育水平整体提高的根本是要有优秀的教师队伍。为此，党中央国务院提出在实施西部大开发战略、建设新农村的过程中，要重点提高西部农村教育水平，重点做好西部农村教师队伍建设工作。

在农村教师质量提升政策方面，21世纪以后，国家层面出台了许多教师培训政策，有序地进行了大规模农村教师培训工作。同时出台了一系列不合格教师清退政策，开展了以代课教师为核心的不合格教师清退工作。

代课教师是不被任何教育行政部门正式认可的、没有事业编制的、工资待遇由地方政府或聘用学校自行解决的临时教师。1949年以来，代课教师在我国基础教育领域一直存在。由于西部地区尤其是西部农村环境恶劣，交通不便，生活条件差，许多学历高的公办教师不愿意去当地生活，致使当地学校只能临时雇佣工资待遇低、生活无保障的"代课教师"，以维系该地区义务教育的存在与发展。因此，尽管代课教师在知识、能力结构上普遍存在问题，但他们为维持西部农村基础教育的普及与发展作出了重要贡献。

经过多年不懈努力，在解决了适龄儿童有学上、上学难，西部农村义务教育普及问题之后，人们开始不满足于只是有学上，开始关注上好学的问题。上好学的前提是有优质教师存在，但西部偏远地区代课教师的综合素质相对较低，西部偏远农村地区部分代课教师学历层次比较低，不具备从业资格，工作也不稳定，在一定程度上降低了农村中小学的教学质量，影响了农村学生发展。而且有学者也认为，长期使用不具备教师资格的代课人员，将损害学生的合法权益，影响农村中小学生的发展，在一定程度上会阻碍素质教育推进。因此，1999年中共中央出台了《中共中央国务院关于深化教育改革，全面推进素质教育的决定》，这一决定要求必须要提高教师的综合素质，促进素质教育发展，也为清退代课教师埋下了伏笔。1998年高校开始连年迅速扩招，应届大学毕业生数量剧增，在大学生就业难、就业压力不断增大的情况下，为了缓解大学生就业难问题，国家创新西部农村中小学教师补充机制，实行了"农村义务教育阶段学校教师特设岗位计划"、"三支一扶"计划、"大学生志愿服务西部计划"、农村教育硕士计划、教育对口支援政策。各种类型的师资补充形式特别是针对农村义务教育阶段的支教措施，在一定程度上充实了我国中西部地区特别是西部农村中小学的正式教师队伍，有效提高了西部农村的教师质量，为解决代课教师问题提供了可能性，也为清退代课教师奠定了前提和基础。

因此，2001年5月29日，国务院颁布了《国务院关于基础教育改革与发展的决定》，首次提出了"坚决辞退不具备教师资格的人员，逐步清退代课人员，精简、压缩中小学非教学人员"的政策要求。①2003年，国务院颁发了《国务院关于进一步加强农村教育工作的决定》，该决定提出，要"严格掌握教师资格认定条件，严禁聘用不具备教师资格的人员担任教师"。②2006年3月27日，教育部发言人在以"代课教师清退"为主题的新闻发布会上宣布，国家将在很短的时间内把中小学代课人员全部清退（杨润勇，2007）。从2006年开始，教育部为了提高基础教育质量，在全国施行"一刀切"，不许再聘用新的代课教师，之前的代课教师被清退或转正。2007年人事部、教育部发布的《关于义务教育学校岗位设置管理的指导意见》提出："对学校按规定要求聘用的人员，经教育主管部门和人事行政部门审核后，应及时办理相应人事关系，兑现工资待遇，严禁产生新的代课人员。"③2010年2月21日，教育部进一步表示，要严禁聘用新的代课人员，坚决制止中小学不规范的用人行为。

二、21世纪国家西部农村教师政策的经济背景

受国家财力严重不足和政府将有限资金重点建设相关区域的思路影响，政府在经济投资方面重点投向了城市地区、东部沿海发达地区，本来落后的西部农村地区受到了严重影响，而我国经济社会长期处于不均衡的发展状态，也使得西部农村经济的发展速度落后而且困难。20世纪80年代，西部地区人均GDP不到东部地区平均水平的40%，仅相当于全国平均水平的2/3（王政，2008）。2000年后，由于政策和方法问题，西部地区落后的经济状况没有得到有效改善，东西部地区发展不均衡的差距开始进一步扩大。2002年，东西部地区的人均GDP比值由1980年的1.9∶1扩大到2.6∶1。2003年，西部地区占全国的经济总量由1980年的20%下降到16.5%（于革胜和杨占武，2006：14）。东西部经济的不和谐增长不仅影响我国经济和社会的和谐健康发展，同时也严重影响西部地区教育水平的整体提高和适合西部形势的西部地区教师政策的出台。社会经济发展不均衡也造成了城乡二元经济结构，进而导致城市教师队伍和农村教师队伍建设和发展的不平衡。经费投入不足使经济不发达的西部农村教师队伍数量、质量长期不合理、不健全，从而阻碍了西部农村教育的发展。

但是，改革开放后特别是20世纪90年代以来，在中央政府的正确领导和

---

① 国务院办公厅.国务院关于基础教育改革与发展的决定，国发〔2001〕21号，2011年11月5日.
② 国务院办公厅.国务院关于进一步加强农村教育工作的决定，国发〔2003〕19号，2011年11月5日.
③ 人事部，教育部.关于义务教育学校岗位设置管理的指导意见.2011年11月5日.

社会各界的共同努力下，我国经济建设和综合国力迈上了新台阶。随着国家现代化速度的加快提升，我国整体的经济发展水平得到了快速增长。1995 年，我国 GDP 达到 57 733 亿元；2000 年，我国 GDP 达到了 89 404 亿元；2001 年，我国 GDP 达到 95 933 亿元，比上一年增长了 7.3%（平仑，2001）。随着国家经济形势的好转和 GDP 的不断提高，国家用于西部地区的教育经费开始逐年增长，国家用于西部农村教师队伍建设方面的经费也开始大幅度以各种政策方式进行提升。由于国家新时期经济形势好转和国民收入大幅提升，国家不仅出台了西部农村特岗教师政策、农村免费师范生政策，也出台了西部农村骨干教师培训政策。大量的职前、职后教师教育的投入，促进了西部农村教师水平的快速提高。

当然，在西部农村地区教育投入不足和教育经费极其有限的情况下，为了解决西部农村教师数量不足、质量不高等问题，国家必须出台西部农村地区支教政策、大学生志愿服务西部计划，通过支教、大学生志愿者等形式为西部农村教师进行补给。随着国家经济水平的不断提升，政府将会有更多的资金投入西部地区，投入农村教育事业，这也为诸多我国西部农村特岗教师政策、师范生免费教育政策等各类农村师资补给政策的出台创造了条件。因此，国家新时期西部农村教师政策的形成不仅是国家新时期政治路线制定和执行的直接结果，同时也是国家新时期社会经济发展的必然结果。国家新时期的经济政策推动了清退代课教师、教育对口支援，以及高校毕业生补充机制等政策的出台。

单纯从代课教师政策看，代课教师数量情况与国家财力情况有很大关系。中华人民共和国成立以来，我国西部农村长期存在教师代课现象，一个很重要的原因是国家财力严重不足，缺乏资金去办教育、培养公办教师，用于农村特别是西部农村教育事业发展和教师教育上的经费严重不足。安排公办教师需要更多资金，而聘用代课教师投入少，因此只能用代课教师维持农村教育的存在。20 世纪 90 年代以来，随着国家财政收入的不断增长，国家用于农村和西部农村的教育经费越来越多，为大规模清退农村代课教师提供了经济支持。2000 年前，西部农村地方教育经费的主要来源渠道仍然是农业税收，而我国西部农村税费收取不规范，部分地区农民负担沉重。为了实现农村经济可持续发展、保护农村生产力、维系社会稳定，必须积极有效地推进农村税费改革，切实减轻农民的负担。为此，《中共中央、国务院关于进行农村税费改革试点工作的通知》提到，用于教育方面的农村税费取消以后，就要适当合并现有乡村学校，对教师队伍进行必要的整顿和压缩。[①] 这为减少代课教师数量奠定了一定的经济基础。

三、21世纪国家西部农村教师政策的文化背景

教师发展的文化理论认为，教师发展过程是教师教育观念、知能结构和文化性格逐步合理提升与完善的过程，是一个外在环境与教师内在因素相互作用的过程（徐莉，2008）。因此，西部农村教师发展既依赖于西部农村教师的自我更新，也依赖于西部地区文化环境的不断创生。但从西部传统文化来看，西部文化中既有小农意识、保守思想和专制思想，也有爱才求贤的作风、崇尚知识的传统和自强不息的精神（孙诚，2007：69-72）。良好的文化环境能净化农村教师生长的土壤，促进农村教师发展，而不良的文化观念又会抑制农村教师发展。然而，由于历史"欠账"太多和现实措施乏力，西部地区的文化建设特别是校园文化和教师文化建设长期落后于东部发达地区的局面并未因此而得到彻底改变。而农村教师，特别是西部农村教师整体文化长期滞后的状况，不仅妨碍西部农村教师队伍结构的合理化、完善化发展，也会影响西部农村教育事业的发展。因此，改革开放以后至21世纪之前，为了加快发展西部地区各项事业，国家在出台政治、经济措施的同时，也制定出台了系列性文化措施。2000年12月18日，国务院颁布了《国务院关于支持文化事业发展若干经济政策的通知》，提出要在民族事业费和边境建设费中安排一定数量的资金扶持边远地区、民族地区发展文化事业，这在一定程度上促进了民族地区教师队伍的发展。随后国家在西部大开发战略中进一步明确提出要加强文化建设，加强校园和教师文化建设，促进边疆地区和少数民族地区教师文化事业发展，支持西部农村地区教师文化建设和精神文明建设的战略任务。2006年9月14日，中共中央办公厅、国务院办公厅印发了《国家"十一五"时期文化发展规划纲要》。其中第十一条又提出：建立健全文化援助机制，通过援赠设备器材和文化产品、共享文化资源、业务合作、人员培训、工作指导等方式，通过东部地区对西部地区、城市对农村开展"一帮一"对口支援活动，帮助农村和西部地区解决文化产品和服务相对缺乏的问题，支持其文化建设。这在一定程度上为进一步促进西部文化事业发展提供了新依据，也为促进西部农村教师队伍建设提供了文化政策依据。随着文化产业的发展，国家新时期西部教师政策将会在更大程度上关注西部教师

---

① 中共中央办公厅，国务院办公厅. 中共中央、国务院关于进行农村税费改革试点工作的通知. 中发〔2000〕7号. 2011年11月5日.

的地缘性、多样性和原生态特征。

文化发展需要不断创新，教师政策文化的发展也需要随时代和社会变化而不断创新。国家西部农村教师政策文化的变化与创新不仅体现在本地既有教师文化的加工改造上，也体现在对外来教师文化的吸收利用上。因此，新时期在西部大开发和新农村建设的文化背景下，积极创设适合西部农村的农村特岗教师政策、免费师范生政策、农村教师国培计划置换政策等，都是符合西部农村教师文化发展需要的。通过教师政策文化创新，农村教师队伍得到了长足发展。

第二节　21 世纪国家西部农村教师政策

一、21 世纪国家西部农村教师政策的基本内容

进入 21 世纪，国家为解决西部农村教师数量不足、质量不高等问题，先后出台了教育对口支援政策、"三支一扶"计划、"大学生志愿服务西部计划"、农村特岗教师政策等系列性数量补充政策措施，也出台了农村免费师范生政策、农村硕士计划、农村骨干教师培训及以清理代课教师政策为基本内容的农村教师质量提升性政策，极大地丰富了西部农村教师政策内容，也在一定程度上促进了西部农村教师队伍的健康发展。

（一）农村教师数量补给政策

1. 教育对口支援西部农村学校教师政策

早在 20 世纪 50 年代，为解决西部地区教育的落后面貌，国家出台了对口支援农村教师的政策，出现了内地知识青年支援西部边疆教育的情况。20 世纪 90 年代后期，随着国家新一轮西部大开发战略启动实施，教育对口支援工作得到了新发展。21 世纪之后，中央人民政府具体制定和实施了新一轮的"两个工程"。中央政府在《中央办公厅、国务院办公厅关于推动东西部地区学校对口支援工作的通知》中提出，依照《国务院办公厅转发国务院扶贫开发领导小组关于组织经济较发达地区与经济较发达地区开展扶贫协作报告的通知》（国办发〔1996〕26 号）的相关规定：①把支教工作作为教师职务评定、转正定级的重

要依据，引导和鼓励城市教师到贫困地区学校任教；②支援学校要选派教师到贫困地区任教；③支教教师支教期间只转临时行政、组织关系，隶属关系不变；④支教的一期时间为两年左右，先试行两期，以后视情况再定；⑤实施"两个工程"以不增加被支援方的经济负担为指导思想，到贫困地区支教的教学人员经费由支教地区负担，受援学校应在基本生活和工作条件等方面给参加支教的教师提供方便，免费提供住宿；⑥参加支教的教师在支教期间，由支援方和受援方双重管理，以受援学校管理为主。2000 年 4 月 25 日，国务院办公厅在北京召开"东西部地区学校对口支援工作"座谈会，进一步动员各方力量大力支持西部贫困地区的教师教育事业。

2. 高校毕业生面向基层就业政策与补充农村教师队伍机制

21 世纪为了解决大学生就业问题，缓解大学生就业压力，同时，为了满足农村教育的发展需要，国家出台了多项高校毕业生面向基层就业、补充农村教师队伍的政策。其中最核心的是"大学生志愿服务西部计划"[①]"农村义务教育阶段学校教师特设岗位计划"。

（1）"大学生志愿服务西部计划"

"大学生志愿服务西部计划"是团中央、教育部发起的，主要利用寒暑假组织大学生服务西部各项事业发展的计划。"大学生志愿服务西部计划"最早于2003 年启动实施。2003 年 5 月 29 日颁发的《国务院办公厅关于做好 2003 年普通高等学校毕业生就业工作的通知》（国办发〔2003〕49 号）提出：国家支持共青团中央、教育部组织实施"大学生志愿服务西部计划"，中央财政对该计划给予适当支持。2003 年 6 月 8 日，共青团中央、教育部、财政部、人事部下发《关于实施大学生志愿服务西部计划的通知》（中青联发〔2003〕26 号），决定从 2003 年开始实施"大学生志愿服务西部计划"，招募数千名志愿者进行 1～2年的教育服务计划。2004 年 4 月，共青团中央、教育部、财政部、人事部又联合下发《关于做好 2004 年大学生志愿服务西部计划工作的通知》（中青联发〔2004〕16 号），提出增加应届高校毕业生选拔名额，被选上的人要进行为期1～2 年的志愿教育服务工作。2005 年 6 月，中共中央办公厅、国务院办公厅又下发《关于引导和鼓励高校毕业生面向基层就业的意见》（中办发〔2005〕18 号），原则性地提出了扩大大学生志愿服务农村教育的范围，并细化了具体措施。

---

① 团中央、教育部、财政部、人力资源和社会保障部. 2010 年大学生志愿服务西部计划正式启动. 中国共青团网，2010 年 5 月 6 日.

2006 年 3 月，中组部、原人事部、教育部等八部门下发《关于组织开展高校毕业生到农村基层从事支教、支农、支医和扶贫工作的通知》，该通知要求：①从 2006 年开始连续招募 5 年，每期招募 2 万名省内普通高校和本省生源的外省普通高校应届毕业生进行"三支一扶"活动。招募"三支一扶"志愿者时要优先招募家庭经济困难、已考取研究生及回生源地的高学历毕业生，并要求其到乡镇特别是西部及欠发达地区进行为期 2～3 年的支教活动。②凡参加"三支一扶"的大学生必须经过培训后才能持证上岗。③"三支一扶"大学生户口可保留在原学校，也可转回户籍所在地。人事档案统一转至服务单位所在地的县级政府人事部门，党团组织关系转至服务单位。④给予每位"三支一扶"志愿者每月 1300 元的生活、交通补贴和 300 元的体检费。同时要为每位志愿者办理人身意外伤害保险和住院医疗保险，经费由省、市、县（市、区）财政按 5∶3∶2 的比例负担。到其他县（市、区）服务的生活、交通补贴和保险费用，由所在市、县（市、区）财政负担。省财政将通过加大转移支付力度，对财政困难县予以支持。⑤县级政府人事部门办公室负责"三支一扶"大学生年度考核和服务期满考核工作，服务单位负责平时考核。年度考核服务期满考核材料存入本人档案，并将考核结果报省级协调管理办公室备案。⑥服务期满后自主择业时各相关部门要为这些大学生就业提供方便和条件。在报考公务员、硕士研究生、事业单位工作人员和自主创业的要提供相应的优惠政策。已就业的"三支一扶"大学生不再实行见习期，服务年限计算为工龄，评定晋升专业技术职务时，同等条件下优先考虑。"三支一扶"计划是新时期国家为支援农村建设、缓解大学生就业压力，为高校毕业生实施的支农、支教和支医政策计划的总称。该项目的实施对深化"大学生志愿服务西部计划"，有效补充西部农村地区教师数量，壮大西部农村教师队伍起到了重要作用。

2009 年，国务院办公厅又颁发《关于加强普通高等学校毕业生就业工作的通知》（国办发〔2009〕3 号），提出参加"大学生志愿服务西部计划"的志愿者除享受国家规定的高校毕业生就业优惠政策外，给予其他方面的政策支持，这在一定意义上进一步激发了大学生志愿服务西部农村教育活动的积极性。2010 年，团中央、教育部、财政部、人力资源和社会保障部在西部计划联席会上重新审议修订并通过了《2010 年大学生志愿服务西部计划实施方案》。该方案规定：①西部计划招募大学生志愿服务者时，应优先考虑应届高校毕业生、在读研究生和师范类毕业生。招募的志愿者要到西部地区贫困县的乡镇中小学从事 1~3 年的教育和教学管理工作；②志愿者服务期间的户口、档案保留在毕业高校；③志愿者服务期间，中央财政给予生活补贴，生活补贴为每人每月 680 元，同时根据所在服务地艰苦等级享受艰苦边远地区津贴。给每一位志愿者缴纳"大学生志愿服务西部计划"综合保障险，包括人身意外险、住院医疗险和基本医疗险。对在西部县以下农村基层单位履行 3 年服务期限的应届毕业生，实施相应的学费和助学贷款代还政策；④服务期满后，由服务学校对志愿者作出鉴定，存入本人档案，考核合格的颁发证书；⑤服务期满的志愿者自主择业时，相关部门要提供就业的方便和条件。自主创业的，可享受行政事业性收费减免、小额贷款担保和贴息等有关政策。志愿者服务期满 2 年考核合格的毕业生，3 年内报考硕士研究生初试加 10 分，同等条件下优先录取。报考公务员享受相关优惠政策。出省服务和本省服务的志愿者优惠政策必须保持一致。

（2）"农村义务教育阶段学校教师特设岗位计划"

2006 年，在西部偏僻农村学校教师缺乏，大学生就业面临压力的双重背景下，国家开始实施"农村义务教育阶段学校教师特设岗位计划"①。由于实施成效较好，教育部、财政部、人力资源和社会保障部、中央机构编制委员会办公室四大部门在总结相关工作经验的基础上，于 2009 年扩大该计划规模，同时将该计划实施范围予以扩大，由原来的西部 12 个省（自治区、直辖市）"两基"攻坚县扩大到了中西部地区 22 个省（自治区、直辖市）的国家级扶贫开发工作重点县。

为了做好特岗教师工作，国家有关部门对特岗教师的来源、条件、范围、实施步骤、工资待遇等方面做了详细规定。①在特岗教师的来源、条件和范围方面，计划规定，特岗教师招收的对象是取得教师资格、具有一定教学经验、年龄在 30 岁以下的全日制高校往届本科毕业生，同等条件下优先聘用参加过"大学生志愿服务西部计划"、有从教经历的志愿者和参加过半年以上支教的师范院校毕业生。同时规定，以招聘高等师范院校和其他全日制普通高校应届本科毕业生为主，可招少量往届师范类专科毕业生。西部地区以"两基"攻坚县为主（含新疆生产建设兵团的部分团场），包括纳入国家西部开发计划的部分中部省（自治区、直辖市）的少数民族自治州，适当兼顾西部地区一些有特殊困难的边境县、少数民族自治县和少数民族县。②在特岗教师资金和优惠政策方面规定，计划所需资金由中央和地方财政共同承担，以中央财政为主，省级财政负责统筹落实资金。按人均每年 1.5 万元的标准与地方财政据实结算，高出

---

① 教育部，财政部，人事部，中央编办. 关于实施农村义务教育阶段学校教师特设岗位计划的通知. 教师〔2006〕2 号. 2006 年 5 月 15 日.

部分由地方政府承担。"特岗教师"既要享受各受援县（市）学校提供的周转住房和必要的生活条件，也能享受中共中央办公厅、国务院办公厅印发的《关于引导和鼓励高校毕业生面向基层就业的意见》和《关于组织开展高校毕业生到农村基层从事支教、支农、支医和扶贫工作的通知》规定的各项优惠政策。③在特岗教师管理办法方面规定，特岗教师实行公开招聘，合同管理办法。合同中详细规定用人单位和应聘人员双方的权利和义务。特岗教师在聘期内，由地方教育行政部门进行跟踪评估，对不适合继续在教师岗位工作的人员，要将其及时调整出教师队伍并取消享受的相关优惠政策。特岗教师在聘任期间的档案和户口由省级人民政府根据当地实际情况确定。档案关系原则上统一转至工作学校所在地的县级政府教师人事档案管理部门。"农村义务教育阶段学校教师特设岗位计划"的实施与"农村学校教育硕士师资培养计划"相结合，符合条件的特岗教师可按规定推荐免试攻读教育硕士，3 年服务期视同"农村学校教育硕士师资培养计划"要求的 3 年基层教学实践。服务 3 年期满后相关省（自治区、直辖市）要研究制定政策措施，鼓励特岗教师继续扎根基层学校，从事农村教育事业。对自愿留在本地学校任教的要负责落实工作岗位，并将其工资发放纳入当地财政统一范围，保证其享受当地教师同等待遇。城市、县镇学校教师岗位空缺需要补充人员时，要优先聘用特岗教师。对于重新择业的特岗教师，各地要为其重新选择工作岗位提供方便条件和必要的帮助。④"农村义务教育阶段学校教师特设岗位计划"实施的原则和步骤方面规定：一是事权不变，创新机制。纳入"农村义务教育阶段学校教师特设岗位计划"的县（市），必须是教师总体缺编、结构性矛盾突出、财力比较困难，但工作基础好、积极性高的县（市）。但在该计划实施期内，不得再以其他方式补充新教师。二是中央统筹，地方实施。相关省（自治区、直辖市）要研究制定实施该计划的具体政策和落实办法，并精心组织实施。受援县（市）负责教师的日常管理和考核，并向省级有关部门报告。三是相对集中，成组配置。岗位的设置要相对集中，避免过于分散。一般在 1 个县（市）安排 100 人左右，1 所学校安排 3～5 人。四是侧重初中，兼顾小学。特岗教师原则上安排在县以下农村初中，适当兼顾乡镇中心学校。人口较少的边境县、少数民族自治县和少数民族县的特岗教师，可安排在农村生源占 60% 左右的县城学校。五是先行试点，逐步扩大。"农村义务教育阶段学校教师特设岗位计划"的实施采取先试点、后推开的办法。相关省（自治区、直辖市）要精心选择部分教师紧缺、工作基础好的"两基"攻坚县作为试点县，并认真抓好试点工作。在"农村义务教育阶段学校教师特设岗位计划"

实施过程中，许多内容做过调整，但基本的内容一直保持不变。

几年来，"农村义务教育阶段学校教师特设岗位计划"犹如一场及时雨，有力地缓解了西部农村教师紧缺的矛盾，并为农村师资力量的充实与加强、大学生就业方向的引导与就业渠道的拓宽发挥了重大作用。然而，和我国教育改革进程中的许多新事物一样，该计划在实际执行过程中也存在某些问题，这都需要我们正视、深思并纠正，否则，出现的问题就会不了了之，预设的政策目标也无法实现（易海华和刘济远，2010）。

（二）农村教师质量提升政策

进入 21 世纪以来，国家在注重西部农村教师数量补给的同时，还通过师范生免费教育政策、"农村学校教育硕士师资培养计划"、清退代课教师和农村骨干教师培训政策等措施，加大力度提升西部农村教师质量。

1. 师范生免费教育政策

师范生免费教育政策是国家为鼓励优秀贫困生长期从事农村中小学教育而实施的免缴学费、攻读师范专业计划。2007 年 3 月 5 日，温家宝同志在十届全国人大五次会议上宣布，在教育部直属的北京师范大学、华东师范大学、东北师范大学、华中师范大学、陕西师范大学和西南大学实行师范生免费教育政策。2007 年 5 月 14 日，教育部、财政部、人事部等部门制定了《教育部直属师范大学师范生免费教育实施办法（试行）》，提出国家当年实施农村免费师范生教育。免费师范生的培养目标偏向于为农村基础教育长期服务的中小学教师，其基本内容为：①录取为部属师范大学免费师范生的学生，入学前与学校和生源所在地省级教育行政部门签订协议，承诺毕业后回生源所在地中小学任教，从事中小学教育十年以上。到城镇学校工作的免费师范生毕业生，应先到农村义务教育阶段学校任教两年。省级教育部门要确保免费师范生毕业后在中小学有编有岗任教。②新招收的有志从教并符合条件的非师范专业学生在入学两年内，也可在教育部和学校核定的计划内转入师范专业，并由学校按标准返还学费、住宿费，补发生活费补助。③由中央财政负责安排免费师范生在校学习期间的学费、住宿费和生活费补助。到城镇学校工作的免费师范生毕业生，由当地政府教育行政部门结合城镇教师支援农村教育工作，安排其到农村学校任教服务两年，在农村学校任教服务期间仍享受派出学校原工资福利待遇。④免费师范生毕业前和在协议规定服务期内，一般不得报考脱产研究生。但为免费师范生在职攻读教育硕士提供便利的入学条件，任教考核合格并通过论文答辩的，颁发硕士研究生毕业证书和教育硕士专业学位证书。⑤毕业前通过双向选择签订就业协议书的免费师范毕业生，档案、户口等由培养学校直接签转至用人单位及用人单位所在地户籍部门；毕业前未签订就业协议书的免费师范毕业生，档案、户口等签转至生源所在地省级教育行政部门，由省级教育行政部门会同有关部门统筹安排，到师资紧缺地区的中小学任教。确有特殊情况要求跨省区任教的，需经学校审核、生源所在地省级教育行政部门批准。⑥免费师范生在协议规定的服务期内，可在学校间流动或从事教育管理工作。

2. "农村学校教育硕士师资培养计划"

为贯彻落实中国共产党十六届五中全会提出的"切实提高师资特别是农村师资水平"精神，切实解决农村教师结构性失衡和整体素质偏低等问题，加强农村学校教师队伍建设，促进城乡教育均衡发展，教育部决定从 2004 年开始实施"农村学校培养硕士师资计划"①。2004 年 4 月 7 日，教育部下发了《教育部关于做好为农村高中培养教育硕士师资工作的通知》，提出通过推荐、免试等一系列优惠政策，将中西部地区"国家扶贫开发工作重点县"符合条件的人员输送到高等院校继续攻读教育硕士学位，借此为农村学校补充高学历教师（冯涛和成爱武，2007）。农村教育硕士住宿费等除按照在校研究生缴费办法执行外，农村教育硕士生学费要减免。但是农村教育硕士生在农村的服务期不能少于 5 年（包括在培养学校的 1 年学习时间），期间必须履行服务期规定的其他义务。②

2010 年，为了进一步提高农村教师的学历水平，国家相关部门提出扩大农村教育硕士师资规模，将硕士师资培养与"农村义务教育阶段学校教师特设岗位计划"相结合的政策方案。该方案规定：①从具有免试推荐硕士研究生资格的高校中选拔部分优秀应届普通本科毕业生录取为"农村学校教育硕士师资培养计划"研究生，并与地方政府教育行政部门签约聘为编制内正式教师。要求其先到设岗县的农村义务教育阶段学校任教服务 3 年，并在职学习研究生课程。第四年到培养学校脱产集中学习一年，毕业时获硕士研究生毕业证书和教育硕士专业学位证书。②将"农村学校教育硕士师资培养计划"与"农村义务教育阶段学校教师特设岗位计划"紧密结合。具体采取两种方式进行，一是录取为"农村学校教育硕士师资培养计划"研究生的同时应聘为特岗教师。聘为

---

① 教育部办公厅. 农村学校培养教育硕士师资计划. 2004 年 9 月.

② 教育部师范司. 教育部关于做好为农村高中培养教育硕士师资工作的通知. 教师函〔2004〕1 号. 2004 年 4 月 7 日.

特岗教师的先到设岗县的农村义务教育阶段学校任教服务 3 年，并在职学习研究生课程。第四年到培养学校脱产集中学习一年，毕业时获硕士研究生毕业证书和教育硕士专业学位证书。 二是根据《教育部 财政部 人事部 中央编办关于实施农村义务教育阶段学校教师特设岗位计划的通知》（教师〔2006〕2 号）精神，对于具备普通高等学校本科学历、3 年聘期内年度或绩效考核至少 1 年优秀并继续留在当地学校任教的优秀特岗教师，经任教学校和县级教育行政部门考核推荐，培养学校单独考核，符合培养要求的可推荐免试在职攻读教育硕士。③推荐学校是经教育部批准，本省（自治区、直辖市）内能够开展推荐免试研究生"农村学校教育硕士师资培养计划"专项工作的高等学校。推荐学校在资格审查的基础上对学生各方面能力进行考查，并依据农村学校对学生所学专业要求，在限定名额内择优录用。④到农村学校任教的"农村学校教育硕士师资培养计划"研究生户籍及人事档案等落到任教学校所在县，《农村学校教育硕士师资培养计划研究生登记表》放入所在县教育局的人事档案科。3 年期满继续留在当地任教的"农村学校教育硕士师资培养计划"研究生不转户口、档案，其他"农村学校教育硕士师资培养计划"研究生户口、档案转至培养学校。学生报到时拿《农村学校教育硕士师资培养计划研究生登记表》，在登记表中由任教学校签署任教满 3 年、年度考核合格的考核意见，任教不满 3 年或年度考核不合格者取消入学资格。⑤"农村学校教育硕士师资培养计划"研究生在农村 3 年服务期限内，按照在职教师待遇政策享受相关待遇。其中聘为特岗教师的"农村学校教育硕士师资培养计划"研究生，在服务期内执行国家统一的工资制度和标准，其他津贴补贴由各地根据当地同等条件公办教师年收入水平和中央补助水平综合确定。

农村硕士计划是国家为提高农村教育质量制定的农村高学历教师补充计划。"农村学校教育硕士师资培养计划"的实施，对提高农村教师整体的学历水平，进而提高农村教育质量和水平起到了积极作用。

3. 清退代课教师政策

清退代课教师政策是国家为解决农村教师队伍文化层次过低、质量不高和提高农村教师队伍整体素质而制定的一项教师政策。2005 年 11 月 10 日，在国务院新闻办举行的"中国全民教育国家报告"新闻发布会上，时任教育部副部长的章新盛就取消代课教师做出了原则性说明，他认为应当逐步取消代课教师。在正规教师不愿意去的西部农村地区，特别是山区、高寒地区、欠发达地区，代课教师还不能被完全取代。这说明在解决代课教师问题初期，国家只是在宏观上提出了解决代课教师问题的一些基本原则和方法，以及清退代课教师的力度和方式，但没有提出解决问题的具体性对策建议。[①]

在 2006 年 3 月 27 日全国"两会"安排的新闻发布会上，教育部发言人表示，通过几年的"清退"工作，全国还剩下 44.8 万代课教师。其中肯定还有一部分素质较好、有一定教学经验的代课教师。对于这部分代课教师尤其是那些学历合格、素质较高、取得教师资格的代课教师，可以根据需要安排其参加当地统一组织的新聘教师公开招聘会，通过参加适当形式的招聘活动取得正式教师身份，进而被正式录用（《中国新闻周刊》编辑部，2006：21）。

在 2010 年 1 月 21 日教育部召开的一次新闻通气会上，新闻发言人指出："代课教师产生的原因非常复杂，教育部并没有确定今年是清退全部代课教师的最后期限。"他提出："我们不能否定代课人员曾经付出的努力和劳动，更不能简单地让所有代课人员离校回家。妥善解决这个问题，关键是地方各级政府要按照义务教育法要求切实负起责任。"（刘莉，2010）他要求各级政府首先要规范中小学用人行为，严格禁止聘用新的代课教师，保证合格教师的补充需求。对现在还在岗的代课教师，要按照以人为本、政府统筹、坚持标准、有进有出、积极稳妥、标本兼治的思路，把妥善解决在岗代课教师问题与建立完善教师正常补充机制结合起来，将择优招聘、辞退补偿、纳入社保等政策措施统筹考虑。特别是要允许那些具备教师资格、符合教师任职条件、素质较好、有一定教学经验的代课人员参加公开招聘，择优进入教师队伍。对那些被辞退的代课教师要给予一定补偿，同时随着各地社会保障制度完善，积极研究争取通过纳入城乡社保、农村合作医疗等办法，解决他们的实际生活困难。

从以上规定可以看出，国家代课教师十年政策一直处于调整状态。2000 年初期强调要取消代课教师，2005 年认为代课教师不能被完全取消，2010 年后提出不能再聘用新的代课教师。这些都反映了全国代课教师问题非常复杂，而政策制定者在政策制定过程中对许多问题考虑得不细致、不严密，以偏概全、不切实际，甚至主观性地提出对策建议，导致政策形成以后一直存在问题，难以贯彻执行和发挥其预期功能的情况。

4. 农村骨干教师培训政策

为了进一步做好西部农村教师队伍建设工作，有效提高农村教师教育质量，

---

① 国新办就"中国全民教育国家报告"发布情况举行新闻发布会. 2005 年 11 月 10 日.

2000 年以来，国家还制定了影响范围最大、持续时间最长的中小学教师培训政策。2004 年 9 月，教育部、国务院西部开发办印发了《教育部 国务院西部开发办关于印发〈2004—2010 年西部地区教育事业发展规划〉的通知》，要求加强西部地区教师的培养与培训，拓宽西部教师的来源渠道。到 2010 年，西部城镇小学专任教师学历合格率已经接近 100%，农村小学专科以上学历教师几乎达到40%，农村小学专任教师学历合格率为 98% 左右；初中专任教师学历合格率为95% 左右，其中本科以上学历教师超过 20%，农村初中专任教师学历合格率为90% 以上；高中教育阶段专任教师学历合格率得到大幅提升。^① 因此，要进一步提高西部农村教师待遇，基本遏制西部地区合格教师流失状况，基本解决西部农村不合格代课教师问题。要在保证西部地区教育管理水平和办学效益得到不断提高的同时，进一步加强西部农村中小学教师继续教育制度，保证西部农村中小学教师结构性短缺的问题基本得到解决，西部农村基础教育质量得到明显提高。为了实现这一目标，国家制定了相应的以培训和挂职锻炼为基础内容的西部农村系列性教师政策措施。

（1）国家西部农村教师培训政策

21 世纪以来，国家出台了系列性农村教师政策，从制定主体看，国家西部农村教师培训政策主要由两部分构成，一部分是西部中小学教师国家级培训计划，另一部分是国家相关部门协同各种基金会组办的教师培训政策：西部中小学教师国家级培训计划。2000 年以来，为了解决西部农村中小学教师业务能力总体滞后问题，大面积迅速提高本地区中小学教师专业化水平，国家开展了多种形式和内容的中小学教师国家级培训计划。从来源上看，国家西部农村中小学教师培训计划开始于 1999 年实施的"中小学教师继续教育工程"。该工程的实施使西部农村半数以上中小学教师接受了一轮师德、信息技术教育，广大中小学教师业务能力有了明显提高。2003 ～ 2007 年教育部组织实施的"中小学教师全员培训计划"，让西部农村中小学教师普遍接受了不低于 40 学时的能力提高培训。而 2007 年教育部组织实施的中西部地区农村义务教育学校教师远程培训计划，对西部农村偏远地区中小学教师专业能力的提高起到了重要影响。在实施"西部农村中小学教师国家级远程培训计划"时，教育部采取了卫星电视课程播放与网络在线辅导答疑相结合的方式，对中西部 22 个省（自治区、直辖市）及新疆生产建设兵团 150 个县的 20 万名义务教育阶段学科教师进行了专项

---

① 教育部，国务院西部开发办. 2004—2010 年西部地区教育事业发展规划. 教发〔2004〕25 号. 2004 年 9 月 23 日.

培训，其中为西部农村 12 万名教师提供专题培训，有效提高了农村教师质量和水平。由于 21 世纪国家中小学教师培训的重点是班主任和音体美教师，在 2007 年教育部实施的"万名中小学班主任国家级远程培训"过程中，教育部主要在西部地区选择了部分县，对西部农村地区的部分中小学班主任进行专题培训。同时，为了提高西部农村地区中小学体育教师的教学技能，教育部委托有条件的高等学校对西部农村中小学专职体育教师和中小学传统学校体育项目教师进行了专项培训，有效提高了广大班主任的业务素质和体育教师的能力水平（晓光，2008）。

为了全面深入推进农村中小学教师培训工作，2008 年 4 月 15 日，教育部又发出通知，决定通过 5 个具体项目组织实施中西部农村中小学教师国家级培训计划。该通知指出，2008 年中小学教师国家级培训计划包括西部边远地区骨干教师培训专项计划、普通高中课改实验省教师远程培训计划、中西部农村义务教育学校教师远程培训计划、中小学班主任专项培训计划和中小学体育教师培训计划。其中该年组织实施的西部边远地区骨干教师培训专项计划主要采取专项支持和"对口支援"相结合的方式，委托上海等东部省（自治区、直辖市）和陕西师范大学等高等师范院校分别对云南等西部省（自治区、直辖市）农村中小学骨干教师进行了针对性培训。在培训过程中还将培训资源制作成光盘发送给受援地区，使约 50 万西部农村中小学教师共享优质教学资源。据了解，教育部当时正在研究制订今后 5 年进一步加强中西部地区农村中小学教师培训的总体规划。有关负责人表示，各地要"按照农村学校年度公用经费预算总额 5% 的教师培训经费"要求，落实教师培训经费。在国家级培训计划实施过程中，不得向教师个人收费，以减轻教师的经济负担。此外，还有各种基金会制定实施的教师培训政策。21 世纪国家相关部门协同各种基金会制定实施的教师培训政策很多，其中最有影响力的是西部"烛光计划"、中国宋庆龄基金会"西部园丁培训计划"。中国宋庆龄基金会"西部园丁培训计划"是由美国星巴克公司资助、中国宋庆龄基金会主办的为支持西部省（自治区、直辖市）教师教育而启动的教师培训项目。该计划旨在通过培训行动为西部贫困地区教师提供继续教育的机会，着力打造和建设一支专业型、学习型、创新型和长期扎根于西部农村的骨干教师队伍。西部"烛光计划"是中华慈善总会发起的一项帮扶西部农村教师发展计划。其目的是通过帮助每一位农村贫困教师，改善中国西部农村贫困教师生活状况，提高农村教师的自身素质，进而开启广大农村孩子的智慧，帮助其摆脱落后的生活状态。在国家教育投入不足情况下，这些基金项目为提高西部中小学教师素质起到了举足轻重的作用。

（2）西部农村教师挂职交流政策

教师挂职交流政策是教师教育管理人员到对应单位挂职体验对方教育管理经验，学习其教育管理方式方法的一种制度规定。为了增强西部农村教师质量意识，更好地为西部农村培训高级管理人才和教学人员，21世纪初期，国家启动了西部教师到东部发达地区挂职交流计划。该计划是将西部农村学校管理人员输送到东部发达地区城市学校，通过承担相应岗位任务，现场体验发达地区治校经验，进而提高自身管理水平的一项政策。新华社北京记者2001年11月6日报道，来自陕西省西安市碑林区的10所农村中小学校骨干教师分别在北京市海淀区的10所中小学校"走马上任"，挂职担任为期1个月的校长助理和教导主任等职。据碑林区教委主任介绍，通过挂职学习锻炼，大家发现西部农村的基础教育与发达地区相比，除了师资、校园环境、资金投入等方面有差距外，学校的科学管理、宏观发展方向把握等方面更是有深层次的差距。通过这次教育挂职培训，农村地区教师的教育教学管理能力和水平有了明显提高（邬焕庆，2001）。

二、21世纪国家西部农村教师政策特征

不同时期国家西部农村教师政策的背景不同，国家西部农村教师政策的内容、方式不同，国家西部农村教师政策的特点也会有区别。但同一时期国家西部农村教师政策会有许多共同的政治、经济、文化背景，21世纪国家西部农村教师政策的共同特点主要表现为变"输血"为"造血"，将扶持西部学校师资力量作为支教的根本措施来进行。以往支援西部学校发展的活动，更多地注重物力支持和派遣人员支教。这种支持活动有利于及时、快速地解决西部农村教师队伍发展中的急切问题，但对于西部农村教师队伍的长远发展没有起到根本性作用。此时与以往对口支援西部农村教师政策不同的是：第一，21世纪东西部和城乡对口帮扶计划强调加强受援学校教师队伍建设，这与派遣教师支援方式相比较，对西部农村教师队伍发展有更加长久和深远的意义。西部农村受援学校的教师学历、教学水平和科研能力相对偏低，因此，这些学校的发展不仅依赖于东部发达地区优秀教师的支持，但更需要依靠自身内部的师资力量。支援学校采取各种措施提高受援学校教师队伍的学历水平、教学科研能力，变"输血"为"造血"，将更有利于西部地区各级学校的师资队伍建设和发展，也更有

利于西部地区高水平人才的培养。第二，有统一的政治要求和系统严密的行动计划。国家对口支援西部农村教师发展计划是国家教育行政部门通过政策计划的方式，将支援省（自治区、直辖市）的学校教师教育资源直接派送到各个受援省（自治区、直辖市）、教育部门和学校。该计划确定了支援地区、支援学校和受援地区、受援学校名单，明确了支援任务、支援的步骤、过程和方式。因此，它是在政府部门有目的、有计划的组织协调下进行的，体现了国家意志，具有浓厚的政治色彩。第三，国家 21 世纪西部农村教师政策更加关注西部农村教师数量的形成，通过"大学生志愿服务西部计划""农村义务教育阶段学校教师特设岗位计划"等政策方式，不断为西部农村补充足额的中小学教师，以维护西部农村中小学教师队伍的稳定发展。第四，国家 21 世纪西部农村教师政策越来越关注西部农村中小学教师质量的形成。21 世纪国家为西部农村制定了"农村学校教育硕士师资培养计划"、免费师范生政策、农村骨干教师培训等多种内容和形式的教师教育政策措施，以提升西部农村教师的教学能力、教学水平方式，促进西部农村地区基础教育师资质量的提高。

但具体到不同的农村教师数量补给与质量提升政策，其内容、形式不同，政策措施特征也不同。

1. 政策性质的支援性和互补性

21 世纪国家教育对口支援政策是国家西部农村教师教育政策的重要构成，它要求东部地区学校对口支援西部贫困地区学校和西部大中城市学校对口支援本省（自治区、直辖市）的贫困地区学校。要求对口支援学校之间结成对子，支援学校选派教师到贫困地区任教，同时，向受援学校提供无偿资助。可见，教育对口支援政策具有明显的支援性。但是，选派到西部农村学校支教的教师从农村学校教师身上学习到了艰苦朴素等很多优秀品质，而农村中小学教师也从支教教师身上获取了最新教育教学信息，也获取了其先进的教学理念与方法。因此，二者之间是一个互相学习和相互促进的行为，具有一定的互补性。

2. 政策方式体现了针对性与强制性、补偿性与激励性的统一

教育对口支援政策明确规定了，东部学校教师对口支援西部贫困地区学校和西部大中城市教师对口支援本省（自治区、直辖市）贫困地区学校，并要求对口支援学校之间要结成对子。所以，教育对口支援总体上针对的是西部贫困地区义务教育阶段薄弱的学校。具体而言，一方面，它针对的是西部贫困地区，

针对的是西部贫困地区义务教育阶段相对比较薄弱的学校，具有明显的针对性。而高校毕业生到农村学校就业政策具有很强的针对性。无论是大学生志愿者，还是特岗教师，针对的都是到农村学校就业的大学生，而且各项政策普遍鼓励回到原籍支持当地的教育教学工作。例如，"三支一扶"计划招募省内的普通高校和本省生源外省普通高校应届毕业生，主要针对的是本省学生。另外，多数支教政策要求学生毕业后回生源地所在省市的中小学任教，在城镇任教的毕业生要到农村服务两年。由此看来，教育对口支援是国家教育宏观调控政策的重要组成，是在政府组织协调和推动下进行的一种规定性动作，是国家意志的体现，因而又具有一定的强制性。

另一方面，政策实施方式具有显著的补偿性和激励性特征。为了扶持和引领高校毕业生到西部农村学校就业，高校毕业生到农村学校就业服务时，各项政策要提出为毕业生提供相应的补偿办法，要求高校毕业生在服务期间除享受国家给予的基本报酬外，还有其他方面的补贴。例如，"大学生志愿服务西部计划"明确提出，中央政府给予每位志愿服务者每月基本生活补贴，特岗教师享受国家提供的基本工资。同时，提出根据所在服务地的地区差异享受相应的艰苦边远地区津贴等。大学生志愿者、农村特岗教师服务期满后，政府还要为他们提供工作后免除见习期等多项优惠和激励性政策，引导大学生积极到国家最需要的西部农村学校就业。

3. 政策实施过程的临时性、长期性与阶段性的统一

部分教师政策明显有临时性和阶段性特征，有些教师政策之间又有连续性特征。例如，教育对口支援政策规定，教师支教期间只转临时行政组织关系，隶属关系不变。教育对口支援政策规定支教教师的支教时间是先搞两期，一期为两年左右，两期结束后的事项，根据效果和需要再进行调整。也就是说，支教教师的支教行动既是一种临时性行为，又是一个阶段性过程。

"大学生志愿服务西部计划"规定，大学生志愿到西部农村学校服务的时间为1～3年，但实际上每年几乎都在重新修改和制订新的服务计划，而且该计划已经执行了十年。而特岗教师政策规定，"农村义务教育阶段学校教师特设岗位计划"先进行3年，以后根据实行效果和需要再决定，而实际上，该计划连年在修订，总体上也已经执行了8年。说明大学生到西部农村就业计划不是短期的事情，而是具有明显的长期性和阶段性特征。

4. 政策之间的相互贯通性与衔接性

21 世纪以来，尽管国家出台了"大学生志愿服务西部计划""农村义务教育阶段学校教师特设岗位计划"等多项大学生到西部农村学校就业的政策，各项政策出台之后也在不断调整和完善，但各项大学生西部农村学校就业政策之间不是矛盾对立的，而是相互贯通、互相衔接和相互融合的。例如，大学生参加"大学生志愿服务西部计划"以后可以被优先选聘为特岗教师，这样既可以避免政策制定、执行中的相互打架现象，也可以提高政策执行效率。

5. 政策实行方式由柔性到刚性再转为弹性

2001 年 5 月 29 日，《国务院关于基础教育改革与发展的决定》指出，要坚决辞退不具备教师资格的人员，逐步清退代课人员。该说法表明，此时的清退代课教师政策是柔性的。2006 年 3 月 27 日，教育部新闻发言人在以"清退代课教师"为主题的新闻发布会上提出：要在很短的时间内把中小学代课人员全部清退。这表明，此时的清退代课教师政策已经转为刚性。2010 年 2 月 21 日，教育部新闻发言人表示，没有确定清退全部代课教师的期限，不能简单地让所有代课教师离校回家，要妥善解决清理中产生的问题。地方各级政府按照义务教育法要求切实负起责任，必须制定足够的保障措施。这表明清退代课教师政策实行十年后，逐步变为弹性措施。国家清退代课教师十年间态度上的变化说明，国家制定代课教师清理政策过程和方式的主观性与随意性；也说明在对代课教师问题的复杂性和存在的合理性了解不够、考虑不周情况下，制定和实施相关政策会造成许多问题。

6. 政策执行的复杂性、艰巨性和政策结果的广泛性

从 20 世纪 80 年代后期到 90 年代后期，随着农村民办教师的逐步清退和"两基"攻坚工作的全面推进，我国农村代课教师数量开始逐步增加。代课教师增加后，一定程度上保证了农村教师数量，但却影响了农村教师教育及其教育教学质量。因此，21 世纪开始，国家提出要逐步清理代课教师。2006 年后，国家提出全部清理代课教师。但截至 2009 年年底，我国仍有代课教师 31 万人（马立，2006），可见清退代课教师任务的艰苦性和复杂性。一方面，代课教师学历构成复杂。早期代课教师学历不高，主要肩负着维护农村教育存在的任务。21世纪代课教师大多取得了大学以上学历，他们的存在不仅维护了农村教育的存在，对农村教育的质量形成也有重要贡献。另一方面，代课教师不仅国内存在，

国外发达国家也存在，它的产生又反映了社会需要。西部农村贫困偏远地区因环境恶劣、交通不便和生活条件差等原因，公办教师不愿去、去了也留不住的现象多有发生。严格执行严禁聘用新的代课教师政策之后，许多农村学校将会面临停课之危险。这又为清退代课教师政策的执行带来了一定的困难性。

政策影响的广泛性则体现为，西部农村支教教师、特岗教师和教师培训政策等内容影响的不仅是西部农村地区，也影响了整个西部地区甚至全国其他地区。代课教师在西部农村地区普遍存在，但大多数生活在西部偏远贫困地区。西部农村地域面积广，代课教师在这里的影响较大。代课教师数量较多，且许多人代课年限较长，因此，清退代课教师的过程影响了众多农村教师的利益、农村老教师的利益，影响了农村教育的现实，也影响了农村教育的未来。

7. 政策内容丰富，形式多样

西部农村教师政策既有数量补给又有质量提升，既有清理性又有补给性，既有本科层面的也有硕士层面的，既有理论性也有实践性，既有送出去学习的教师教育政策，也有请进来的教师培训政策。各项教师政策的内涵日渐丰富，形式多样，便于贯彻执行。

第三节　21 世纪西部地方农村教师政策

理论上讲，在科层政治体制下，国家教师政策与地方教师政策总体上是一致的。实际上，地方在执行国家教师政策过程中，一直在有意无意地调整改变着其内容要求。西部各省（自治区、直辖市）在执行国家教师政策和国家西部教师、国家西部农村教师政策的过程中，一方面在形式上普遍积极贯彻执行国家相关政策精神，另一方面在具体行动略上根据各省（自治区、直辖市）自身的实际情况，对国家相关政策内容要求进行适当的调整和修改，制定出符合各个省（自治区、直辖市）自身特点的一系列农村教师政策。以下以宁夏、新疆、四川三个具有不同区域特色的西部地区农村教师政策为例，说明新时期西部农村地方教师政策的基本状况与特点。

一、21世纪西部地方农村教师政策内容

依据国家农村教师政策、国家西部农村教师政策的精神，21世纪西部各地制定了许多农村教师政策，概括起来主要有大学生支教政策、农村特岗教师计划、农村免费师范生和农村教育硕士计划等高校毕业生到农村地区就业政策和清退农村代课教师政策等几个内容。

（一）21世纪西部各地大学生到农村支教政策

21世纪初，在国家大学生西部志愿者行动计划的安排下，西部各地制订了大学毕业生到农村基层支教的活动计划。2006年，国家人事部颁布了第16号文件《关于组织开展高校毕业生到农村基层从事支教、支农、支医和扶贫工作的通知》以后，西部各省（自治区、直辖市）积极开展相关工作，并制定了更为具体详细、具有各自地域特点的大学生志愿到农村地区支教政策。

1. 宁夏大学生到农村支教政策

21世纪初，依据国家西部计划精神，宁夏回族自治区政府制定了大学生到农村支教的政策文件。[①]2003年共有331名全国西部计划志愿者和1165名自治区地方配套项目志愿者在宁夏9个县（区）从事教育、卫生、农林牧、公检法、科技、旅游、扶贫、企业管理和青年相关事务等工作。其中有1114名参加"大学生志愿服务西部计划"的大学生志愿者在宁夏师资力量短缺、条件艰苦的乡村学校从事教育工作（吴海鸿，2004）。

2006年之后，依据国家"三支一扶"计划政策精神和宁夏的实际情况，宁夏回族自治区政府对农村支教活动做了具体规定。①支教毕业生服务期间生活补贴标准，按照大学生服务地乡镇事业单位新聘用高校毕业生试用期满后的工资收入水平发放，同时，按照服务地规定参加养老、医疗和工伤保险。②支教毕业生服务期间的工作考核，按照管理权限和规定的程序进行。对女性毕业生服务期间的生育问题，按照服务协议"因身体或其他原因连续1个月不能在岗服务的"规定，劝其退出服务工作。③毕业服务期满的优惠政策。自治区相关政策规定，支教毕业生服务期满考核合格者享受相关优惠政策。具体办法：一是自治区考录公务员和招聘事业单位工作人员时，在计划名额中"切块"招录

---

① 宁夏回族自治区"三支一扶"工作领导小组. 2009年宁夏回族自治区招募"三支一扶"高校毕业生工作简章.
2009年7月8日.

和招聘服务期满考核合格的"三支一扶"毕业生。二是支教毕业生服务期满成绩突出且本人要求继续为基层服务的，根据服务单位需要留取5%的名额继续进行为期3年的支教服务。支教服务期间，可通过专向招聘（服务单位出现事业编制空缺）和定向招聘（事业单位招聘中留取相应比例）的办法，招聘为在编事业单位人员。三是支教毕业生到农村基层服务期满考核合格的，高职（高专）毕业生可免试入读成人高等学历教育专科起点本科教育。本科毕业生服务期满后3年内报考硕士研究生，初试总分加10分，同等条件下优先录取。四是支教毕业生服务期满考核合格，按规定符合相应条件的，享受相应的学费补偿和助学贷款代偿政策。毕业生到农村基层的服务年限计算工龄。五是支教毕业生服务期满考核合格、自主创业的，除享受以上优惠政策外，还享受国家和自治区规定的各项优惠政策。在创业服务、创业贷款方面享受全民创业扶持政策。

2012年2月宁夏回族自治区教育厅、宁夏回族自治区团委联合制定和下发了《宁夏大学生志愿服务西部计划管理服务细则（试行）》，对大学生志愿服务学校职责、志愿者的权利与义务、服务期的变更、考核工作、志愿者违约和违规的处理等问题做了详细规定，进一步规范了大学生农村支教活动。

2. 新疆建设兵团大学生到农村支教政策

2003年7月，在国家"大学生志愿服务西部计划"要求的引领下，新疆建设兵团安排了数十名大学生到农村学校开展了支教活动。[①]2006年，在国家"三支一扶"计划的要求下，新疆维吾尔自治区政府制定了新的支教政策，该政策规定：①从2006年开始连续5年共招募2000名高校毕业生，主要到自治区乡镇从事支教等工作，每人次服务期限为2年。②各级人事、教育、扶贫等部门积极采取有效措施，充分挖掘就业岗位，为支教大学生提供有效服务。各服务单位补充人员时应优先接收服务期满考核合格的支教大学生。县、乡各类事业单位特别是乡镇中小学在补充专业技术人员时，要安排一定比例的职位专门招聘这部分毕业生。③服务期满考核合格的支教大学生报考公务员、硕士研究生、事业单位工作人员和自主创业的，享受自治区党委办公厅、人民政府办公厅《关于进一步促进大中专毕业生面向基层就业的意见》（新党办发〔2006〕9号）文件规定的优惠政策。④服务期满考核合格的支教大学生，凡落实了接收单位的，毕业生就业主管部门负责为其办理相关手续，就业后不再实行见习期。凡进入

① 新疆建设兵团人事局兵团团委. 2009年新疆生产建设兵团"三支一扶"计划招募通告. 兵团"三支一扶"工作领导小组办公室. 2009年4月.

国有企事业单位的，由接收单位按照所任职务或岗位比照同等条件人员确定其工资福利待遇，其服务年限计算为工龄。在今后评定晋升专业技术职务时优先考虑。2008 年 8 月 21 日，新疆建设兵团团委颁布了《大学生志愿服务西部计划兵团志愿者管理办法》，对大学生兵团支教提出了更加系统和具体的要求。2008 年 8 月 27 日，新疆建设兵团团委制定颁布了《新疆建设兵团大学生志愿服务西部计划实施方案》，提出支教对学生上岗前要集中进行岗前培训，上岗后通过"导师带徒制""试岗制""首问制"，加强支教大学生日常管理。支教活动结束后，要为考核合格的志愿者提供就业岗位。

3. 四川大学生到农村地区支教政策

根据教育部、团中央相关文件，2003 年 6 月 16 日，共青团四川省委，四川省财政厅、教育厅、人事厅联合下发《关于在全省大力实施大学生志愿服务西部计划的通知》（川青联发〔2003〕35 号），每年招募一定数量的普通高校应届毕业生到本省贫困地区、民族地区所属县的乡镇从事为期 1~2 年的支教活动。[①] 服务期满后考研、报考公务员可享受加分优惠政策。

2007 年 3 月，依据国家"三支一扶"计划政策内容及精神，四川政府为调动大学生扶贫支教的积极性，要求扶贫支教大学生扶贫支教期间和扶贫支教结束之后，均应获得积极的优惠政策措施。第一，支教计划志愿者服务期间享受生活补贴政策。参加省级支教计划项目的志愿者服务期间的生活补助标准为：在实施艰苦边远地区津贴县的（名单附后，以下称艰苦边远地区县）乡镇及以下基层学校工作的，每人每月补助 1200 元；在其他地区乡镇及以下基层服务的，每人每月补助 800 元。所需经费省财政负担 50%。同时，制定了考核补助措施，规定志愿者服务期间由县（市、区）人事局会同主管部门进行管理和考核。对完成工作目标、服务期每满 1 年且考核合格的，增发一次性生活补助。参加省级计划项目的志愿者按每人每年 1000 元标准发放，所需经费由省财政承担。第二，在晋级、晋职和职称评定方面规定，服务期满且连续两年考核优秀、符合选拔条件的，经本人申请，由县级组织、人事部门考核，市（州）组织、人事部门审核推荐，可按选调生选拔程序充实到选调生队伍中。在职称评定方面要求志愿者服务期间，可以依据国家规定的最低专业技术工作年限参加专业技术职务资格考试和评定，其服务年限可计入基层工作经历和专业工作年限。在乡镇工作的，可免于职称外语、计算机应用能力考试。需要评定专业技术职务的，

---

① 四川省人事考试中心.关于招募"三支一扶"计划大学生的公告. 2011 年 6 月 9 日.

通过县级以上政府人事部门人才服务机构代为申报。第三，提出了服务期间的档案管理政策措施。志愿者服务期间，其人事档案原则上由服务县政府人才服务机构免费管理。第四，明确了支教期间的休假办法。规定参加支教计划的志愿者在服务期间，享受国家规定寒暑假。其他志愿者服务期满一年、考核合格的，在服务的第二年可享受7天休假（不含法定节假日）。第五，制定了扶贫支教期间的保险措施。志愿者服务期间，教育行政部门统一为志愿者办理人身意外伤害和住院医疗保险。第六，在工龄计算方面规定：服务期满，被国家机关、国有事业单位在编制内录（聘）用的，其服务期限计算为连续工龄。第七，在工资待遇方面规定，服务期满、被艰苦边远地区县及乡镇（不含县城所在地的镇）事业单位聘用的，试用期间执行试用（见习）期满后的工资待遇，试用期满，按所任职务比照同等条件人员确定工资待遇。第八，在国家公务人员考核录用中规定，党政机关考录公务员、事业单位公开招聘工作人员，均应拿出一定比例，面向具有两年以上基层工作经历的人员招考。在农村、社区连续工作2年以上的志愿者，报考公务员时，每工作1年且经县级组织、人事部门考核合格，按比例折合后的笔试成绩加1分，符合其他加分规定的不累加，可按最高加分规定加分，并在同等条件下优先录用。加分最高不超过5分。录用后，基层服务年限可视同新录用公务员下基层锻炼年限。服务期满且经县级组织、人事部门考核合格的志愿者报考事业单位的，在乡镇及以下基层每服务满1周年，笔试总成绩（指公共科目笔试与专业知识笔试按比例折合后的笔试成绩）加2分。符合其他加分规定的，按就高但不累加的原则加分，加分最高不超过6分。乡镇机关专门面向"三支一扶"志愿者招考公务员时，经省机构编制委员会办公室批准可使用周转编制。第九，在事业单位人员补充方面规定，艰苦边远地区县区域内的事业单位有编制空缺需补充人员时，可在参加四川地区"三支一扶"等志愿服务计划且服务期满、考核合格的志愿者中定向统一招考。同时规定，全日制普通高校普通班毕业生，在艰苦边远地区县的乡镇（不含县城所在地的镇）参加"三支一扶"志愿服务且服务期满、连续两年考核优秀的，经县级政府人事部门审批同意，乡镇事业单位在编制内可直接考核招聘。2011年5月16日，四川"大学生志愿服务西部计划"项目管理办公室颁发了《四川省2011年大学生志愿服务西部计划实施方案》，提出选拔志愿者时要进行包括心理测验在内的笔试、面试和统一体检，志愿者必须是具有志愿精神、学分总绩点（或学业成绩）排名在本院系同年级学生总数前70%之内者。本科及本科以上学历、户籍所在地在西部地区者，以及优秀学生干部和有志愿服务经历者可优先考虑。

（二）21 世纪西部地方大学生到农村学校就业政策

为了确保农村教师的基本数量，提高农村教师质量，促进农村教育教学工作有序有效进行，在国家相关政策的安排下，新时期西部地方出台了以农村特岗教师政策、免费师范生政策和"农村学校教育硕士师资培养计划"政策为代表的多项农村教师政策措施。

1．21 世纪西部地方农村特岗教师政策

为了加强西部农村地区教师队伍建设，促进义务教育均衡发展，2006 年 5 月，教育部、人事部和中央机构编制委员会办公室联合制订和发布了特岗教师政策计划。此后，教育部又陆续制定和实施了多项跟进式政策。为了贯彻执行国家特岗教师政策的精神，满足本地区农村教师队伍建设的需要，西部各省（自治区、直辖市）政府根据自身特点，纷纷制定实施办法与细则，进而推动了这项政策在各地的有效贯彻。因此，21 世纪西部地区农村特岗教师政策有一致的地方，也有不同之处。以下以宁夏、新疆、四川三个省（自治区）为例，可以看出西部各地农村特岗教师政策内容上的一些异同。

（1）宁夏特岗教师政策

在科层管理体制下，国家政策变化随之会引起地方政策内容变化。国家农村特岗教师政策的内容变化，将随之引起宁夏特岗教师政策[①]的内容变化。宁夏特岗教师政策形成初期的政策制定者与数年后的政策制定者不同，特岗教师政策形成初期与数年后政策制定者的经验不同，不同年代宁夏特岗教师政策内容也会不同。2005 年，宁夏特岗教师政策实施初期，由于政策制定主体受到一定的局限，其制定的特岗教师招生政策内容与国家特岗教师政策内容基本一样。2009 年后随着特岗教师招生经验的总结完善，宁夏特岗教师招生条件、要求等政策内容开始丰富、完善和具体化：①全日制高等师范院校师范类专业专科以上毕业生和其他全日制普通高校本科毕业生，年龄在 30 周岁以下（1979 年 6 月 1 日以后出生）。②初中特岗教师招聘高等师范院校本科毕业生和其他全日制普通高校本科毕业生；小学特岗教师招聘全日制师范类专业专科以上学历毕业生。③往届全日制普通高校本科毕业生和全日制师范类专业专科以上学历毕业生须取得教师资格证。④思想品德、业务能力、身体状况等符合教师资格条件和招聘岗位要求。各市县中小学特岗教师招聘条件则由各有关市县（区）教育局、

---

① 自治区人力资源和社会保障厅，自治区教育厅. 宁夏特岗教师招聘简章. 2009 年 4 月 30 日.

人事局自行确定。2010年之后宁夏回族自治区教育厅、自治区人力资源和社会保障厅针对本地教师的实际情况，在特岗教师招录过程中，在继承以往经验的基础上，对特岗教师政策作了一定调整。其具体内容是：①严肃招录纪律，全程检查监督招考过程，突出公开公平原则。在特岗教师招录过程中，宁夏教育、人事部门制定了严明的招考纪律，严禁考试作弊，并邀请各级纪检监察部门全程参与、监督招录过程。如发现有替考嫌疑的考生，由公安厅进行笔迹鉴定；对被举报的考生进行调查，如有作弊行为将取消其考试或面试资格。严把录取政策界限，坚持"民主、公平、竞争、择优"的原则，对达不到分数的考生坚决不突破政策界限。②区别对待不同身份考生，对高学历和有实践经历的考生提供优惠政策。宁夏教育和人事部门明确规定，具备研究生以上学历的考生、志愿服务山区八县的大学生、在宁夏南部山区及红寺堡开发区进行过支教和"三支一扶"的高校毕业生、2005年宁夏南部山区面向社会统一招考的编制外聘用人员和烈士子女，均可以享受免去笔试的优惠政策和实行加分政策。③针对录取过程中的问题，不断调整笔试、面试办法。一方面，增加笔试分值、减小面试分值，适时调整笔试、面试之间的比例。2010年宁夏特岗面试人数比例由2006年的1∶3调整为1∶1.3。另一方面，将面试权限逐渐下放至单位，增加各用人单位录用教师过程中的自主权，提高选人用人的科学性和实效性。④由注重教育心理学专业知识到注重所教文化课的考查，由注重知识考查到注重综合能力考查。2006年特岗教师招考初期，宁夏特岗教师笔试试卷中全部为教育心理学知识。2010年后，宁夏特岗教师笔试试卷中教育心理学知识仅占20%左右。特岗教师招录初期，主要是文化知识考试，后期采取模拟试讲加专业技能考核（业务答辩）的方式。⑤坚持"定县、定校、定岗"与鼓励引导高校毕业生到基层就业相结合的原则。招聘的特岗教师被安排到农村义务教育阶段学校任教，不得随意调整。⑥宁夏地区特岗教师报考年龄由30岁以下推后到35岁以下（1977年7月1日以后出生），报考户籍限制在宁夏境内，学历和资历限制在全日制普通高校往届师范类专科及以上毕业生，且具有相应的教师资格证书。

（2）新疆特岗教师政策

受不同年代国家特岗教师政策内容及新疆特岗教师[①]制定环境变化等因素影响，不同年代新疆特岗教师政策内容有所不同。如2006年新疆建设兵团规定，义务教育阶段特岗教师招收条件：①坚持德才兼备的用人标准和遵循"公开、

---

① 新疆生产建设兵团教育局. 新疆生产建设兵团2006年团场义务教育阶段学校教师特设岗位招聘简章. 2006年6月1日.

公平、自愿、择优""定团场、定学校、定岗位"的原则；②以高等师范院校和其他全日制普通高校应届本科毕业生为主，招聘部分应届师范类专业专科毕业生；③报名者应该是符合招聘岗位要求，取得教师资格，具有一定教育教学实践经验，年龄在 30 岁以下（1975 年 6 月 1 日后出生）的全日制普通高校往届毕业生；④优先录取有实践经历者，即优先录取参加过"大学生志愿服务西部计划"、有从教经历的志愿者，以及参加过半年以上实习支教的全日制普通高校毕业生；⑤有政治、思想和司法等问题者不能录取，即不能坚持党的基本路线，在重大政治问题上不能与党中央保持一致者，有犯罪前科和严重违法违纪行为，被司法机关确定的犯罪嫌疑人，有政治、经济和其他问题者，发现有其他较严重疾病者，以及不符合报考资格条件者不能录用。①

　　2011 年，新疆结合国家特岗教师政策的变化情况及本地特岗教师的发展状态，对特岗教师的招聘对象和招聘条件做了进一步规定，并对本自治区各县市招生要求分成了等级，每个不同等级的地区都有不同的报考条件和要求。首先，在招聘对象方面，新疆明确规定了不在特岗教师招聘范围的人员：自治区统一组织选派到基层乡镇工作服务期未满的人员，曾因犯罪受到刑事处罚及法律规定不能招聘为专业技术人员的人员。近 3 年来，在公务员、专业技术人员招考中有作弊行为的人员和中小学校在职在编教师。其次，在报考条件方面新疆作出了明确细致的规定，报考条件包括以下几个方面：①年龄在 30 岁以下者。②政治素质好，具有良好的品行。③具有能正常履行工作职责的身体条件。④具有报考岗位要求的相关专业背景。⑤不同类型的地区有不同的招聘学历条件。第一、第二、第三类县（市）招聘岗位的学历要求为全日制普通高校本、专科学历（仅指通过全国普通高考入学，在全日制普通高等院校毕业取得的本科、专科学历）；第四、第五类县（市）招聘岗位的学历要求原则规定为全日制普通高校本、专科学历，但成人高等教育全日制脱产大专（限师范类）、本科毕业生允许报考，全日制普通高校毕业生，同等条件下优先录取；第六类县（市）招聘岗位允许成人高等教育本、专科毕业生（含"五大"毕业生）报考，全日制普通高校毕业生，同等条件下优先录取。⑥具备招聘岗位要求的相应层次教师资格证书或教师资格认定条件。少数民族报考人员应具备招聘岗位要求的汉语水平考试（HSK）等级证书。学前和小学、初中、高中教学岗位的少数民族报考人员，必须分别达到 3、4、5 级或相应水平。

---

① 新疆生产建设兵团教育局. 新疆生产建设兵团 2006 年团场义务教育阶段学校教师特设岗位招聘简章.
2006 年 4 月 5 日.

（3）四川特岗教师政策

受教师政策制定者水平、教师发展水平及各个年代国家特岗教师政策内容等因素影响，不同年代四川农村特岗教师政策[①]的内容不同。2006年特岗教师政策实施初期，四川特岗教师招聘政策的内容规定，应聘人员必须是：①应届本科毕业生及师范类专业专科毕业生。②取得教师资格，具有一定教育教学实践经验、年龄在30岁以下（1976年6月1日后出生）且与原就业单位解除了劳动协议或未就业的全日制普通高校往届本科毕业生。③政治素质好，热爱社会主义祖国，拥护党的各项方针、政策，热爱教育事业，有强烈的事业心和责任感，品行端正，遵纪守法，为人师表，在校或工作（待业）期间表现良好，未受过任何纪律处分，志愿服务农村基层教育。④符合教师资格条件要求和服务岗位要求（应聘初中教师原则上以本科及以上学历为主，且所学专业与服务的岗位学科一致或相近）。⑤笔试的主要内容为国家事业单位公职人员应具备的公共知识（《行政职业能力倾向测试》）和承担"农村义务教育阶段学校教师特设岗位计划"教师工作应具备的相关知识。[①]

2012年特岗教师政策实施6年以后，四川特岗教师招聘政策内容规定，应聘人员必须是：①学历上是全日制普通高校师范类专业应届专科学历毕业生。全日制普通高校具备教师资格条件的应届本科及以上学历毕业生。②取得教师资格证，同时具有一定教育教学实践经验、年龄在30岁以下（1982年7月1日后出生）。③政治上要求政治素质好，热爱祖国，拥护中国共产党的各项方针、政策，热爱教育事业，有强烈的教育事业心和责任感，品行端正，遵纪守法，在校或工作（待业）期间表现良好，没有任何纪律处分，为人师表，志愿服务农村基层教育。④采取优先录取和加分政策：报考生源地的少数民族学生加4分，省级及以上表彰的普通高等学校优秀毕业生、"三好学生"、"优秀学生干部"、抗震救灾优秀大学生加4分，校级优秀毕业生、"三好学生"、"优秀学生干部"加2分。同时具备以上几类加分条件的学生，可以累计加分，最高加分不超过8分。⑤参加"大学生志愿服务西部计划""三支一扶"计划且服务期满的志愿者和参加过半年以上实习支教的师范院校毕业生及生源地考生在同等条件下优先聘用；符合相应条件要求的特岗教师，可按规定推荐免试攻读教育硕士。⑥特岗教师三年聘期视同"农村学校教育硕士师资培养计划"要求3年基层教学实践；特岗教师招聘的报名、笔试、面试、体检等各个环节均不向考生收取任何费用。[②]

---

① 四川省教育厅、人事厅. 四川省"农村教师特岗计划"教师招聘办法（试行）. 2006年6月19日.

② 四川省教育厅、四川省人事厅. 四川省2012年招聘特岗教师简章. 2012年6月29.

从以上三个省（自治区）特岗教师政策内容看，由于国家有统一的西部农村特岗教师政策，西部各省（自治区、直辖市）特岗教师政策条文方面，除特岗教师招录方面根据本省（自治区、直辖市）情况而定外，其他方面与国家制定的特岗教师政策基本一致。各个省（自治区、直辖市）农村特岗教师政策基本是国家农村特岗教师政策的演绎和推演。但是各个省（自治区、直辖市）在执行国家特岗教师的过程中，又都有所调整。例如，宁夏更注重特岗教师专业能力评价，四川注重特岗教师前期教学经验的考评，新疆非常注重特岗教师思想品德的功能，但对特岗教师学历要求不高。因此，各省（自治区、直辖市）特岗教师政策有不同之处，也有相似之处。这也反映了特岗教师政策实施过程中的变异性、复杂性和灵活性。

2．21世纪西部地方免费师范生政策

为了加强基础教育教师队伍建设，促进基础教育质量全面提升，2007年5月9日，国务院办公厅转发教育部等部门《教育部直属师范大学师范生免费教育实施办法（试行）》，从2007年秋季入学的新生起，在北京师范大学、华东师范大学、东北师范大学、华中师范大学、陕西师范大学和西南大学6所部属师范大学试点实行师范生免费教育。国家采取这一重大举措的目的是为基层培养大批优秀的教师。为了贯彻执行国家免费师范生政策精神，满足西部地方中小学教师队伍建设需要，西部各省（自治区、直辖市）教育行政部门根据自身特点，纷纷制定免费师范生实施办法与细则，进而推动了这项政策在各地的有效贯彻落实。因此，21世纪西部地区免费师范生政策有一致的地方，也有不同之处。以下以宁夏、新疆、四川三个省（自治区）为例，可以看出西部各地免费师范生政策内容上的一些异同。

（1）宁夏免费师范生政策

2011年1月，宁夏在实施免费师范生政策[①]的过程中，根据国家免费师范生政策精神和本地免费师范生特点，制定了《宁夏回族自治区免费师范毕业生就业实施办法》，其内容为：①加强对免费师范毕业生就业工作的领导。组成自治区免费师范毕业生就业工作领导小组，统筹免费师范毕业生就业工作。②落实免费师范毕业生就业所需年度进人计划和编制。各市、县（区）教育行政部门根据本地区中小学教师岗位需求情况，会同同级编制部门，在中小学教师编

---

① 宁夏回族自治区人民政府办公厅.关于转发自治区教育厅等部门关于宁夏回族自治区免费师范毕业生就业实施办法的通知.2011年1月24日.

制总额内提前安排当年接收免费师范毕业生编制计划，按照预留编制的办法，确保免费师范毕业生到中小学任教有编有岗。③灵活做好免费师范毕业生就业工作。自治区根据当年免费师范生岗位需求计划，采取双向选择和统筹安排两种方式，妥善做好免费师范生的安置工作。④做好免费师范毕业生派遣工作。免费师范生毕业前通过双向选择签订就业协议书的，其档案、户口等由培养学校直接迁转至用人单位及用人单位所在地户籍部门；毕业前未签订就业协议的，其档案、户口等由培养学校统一迁转至宁夏大中专毕业生就业指导服务中心，待岗位落实后再迁转至用人单位及用人单位所在地户籍部门。确有特殊情况要求跨省任教的，需经学校审核并提供接收单位和主管部门接收材料报自治区教育厅审批。⑤免费师范毕业生要履行支教义务。对到县城及以上城区学校任教的免费师范生，结合城镇学校对口支援农村学校工作的要求，安排其到农村学校任教服务两年后回到原派出学校，在服务期间仍享受派出学校工资福利待遇。⑥加强免费师范生的培养。免费师范毕业生到中小学任教满一学期后，可按规定申请免试攻读在职教育硕士专业学位。但在服务期内，不得报考脱产研究生。2013年，为了推进教师培养和补充机制改革，推动宁夏教育事业科学发展，造就一批乐教、适教的优秀教师，根据国家有关完善和推进师范生免费教育和教师队伍建设相关政策，经教育部批准，宁夏师范学院成为宁夏唯一的师范学生免费教育试点院校，并从2013年秋季开始招收免费师范生。宁夏免费师范生政策规定，宁夏免费师范生就业前，由培养院校负责，学生及其担保人、培养院校、自治区教育厅共同签订协议，承诺毕业后在宁夏从事中小学教育十年以上，并鼓励免费师范生终身从教。免费师范生在校读书期间，学费、教材费、住宿费和生活费补助等相关费用由自治区财政全额承担，毕业后由自治区有关部门按照相关政策规定落实小学任教岗位编制。此外，宁夏范围内免费师范生招生计划列入自治区本科专业提前批次录取，择优选拔热爱教育事业，立志长期从教、终身从教的优秀高中毕业生，并严格按照考生志愿、分数投档，承担培养任务的院校在自治区教育考试院提供的符合条件的考生范围内，按照规定程序择优录取（赵静，2013）。

（2）新疆免费师范生政策

从新疆免费师范生文件资料看，新疆免费师范生政策与其他省（自治区、直辖市）有显著不同，它一方面执行国家免费师范生政策措施；另一方面及早实行了本地免费师范生招生就业政策。在执行国家免费师范生就业政策方面，新疆免费师范生政策提出（于东晓，2010）：①各地在中小学教职工编制总额内提前安排接收免费师范毕业生编制计划，确保免费师范毕业生到中小学有任教的编制和岗位；②通过多种形式的供需见面活动进行双向选择，为毕业生提供自己满意的任教学校；③到城镇学校工作的免费师范毕业生先安排到农村学校服务两年，服务期间享受派出学校的福利待遇；④免费师范生在协议规定服务期间内可以攻读教育硕士学位，但不得报考脱产研究生。

新疆在施行本地区免费师范生政策方面提出（王雪迎和刘冰，2011）：第一，积极进行相关政策宣传。通过招生简章、新闻媒体等途径，让广大考生迅速了解该政策的基本内容和基本精神。第二，在招生数量规模和形式方面，新疆维吾尔自治区政府规定，2010 ~ 2013 年，自治区每年招收 6000 名师范类专业免费师范生（含自治区农村"双语"教师特殊培养计划招收的定向就业免费师范生）。免费师范生分为定向就业和非定向就业两种模式。定向生需要到具体的县、乡、学校就业，非定向生则不受此条件限制。第三，在招收人数、招生专业和招收办法依据上规定，由各地（州、市）教育局根据招生需求提出，自治区教育厅根据各地（州、市）的实际需求和师范类院校的办学能力统筹安排。定向就业的免费师范生招生计划（农村"双语"教师特殊培养计划）由相关地（州、市）教育及人力资源和社会保障部门共同提出，并严格根据定向就业地（州、市）的实际需求进行安排。第四，在报名条件上作出明确规定，凡报名者必须符合《新疆维吾尔自治区普通高考报名工作规定》中的有关条件。报考艺术、体育类专业的考生须参加专业测试，专业测试合格才能报考该类免费师范生招生计划。第五，在招生范围和招生对象上规定，免费师范生招收实行面向全区所有考生的政策。政策明确指出，凡热爱教育事业，有志于服务基层教育事业，政治上合格的新疆籍高中毕业生均可填报免费师范生招生计划。定向就业的免费师范生计划（农村"双语"教师特殊培养计划）要优先招收定向就业地（州、市）的生源，优先招收"双语"教学重点推进地区的生源。第六，在投档和录取环节中规定，自治区招生办公室要严格按照考生志愿和分数投档，按照规定程序择优录取。录取结束后要签订协议，定向就业的免费师范生（农村"双语"教师特殊培养计划学生）须签订《特培生教育协议书》，否则培养院校有权取消定向就业免费师范生录取资格。第七，在学籍管理方面规定，免费师范生学籍纳入国家正规学籍管理，在校期间享受国家普通本科生、专科生相关政策待遇。定向就业的免费师范生（农村"双语"教师特殊培养计划学生）入学后及在校期间一律不得申请调整学校和专业。对有志从教并符合条件的非师范专业优秀学生，在入学两年内，按照学籍管理有关规定，可在自治区教育厅核定学校的免费师范生招生计划内转入师范专业，并自转入学年享受免费师范生政策。第八，在教育实践环节规定，免费师范生均要留出一学期以上（不超过一年）前往地（州、市）的农村乡镇中小学、学前教育机构实习、支教。第九，在学习年限上明确规定，本科学制为4年，专科学制为3年。除少数民族语言文学等特殊学科专业外，其他专业的少数民族考生实行一年预科。在规定学习期限内未完成学业任务而形成的学习费用由学生本人承担。第十，在就业环节上规定，定向就业的免费师范生（农村"双语"教师特殊培养计划学生）毕业后须按协议规定，由定向就业地、州教育行政部门安排至当地乡镇中小学或幼儿园就业，并保证在乡（镇）中小学工作5年以上。履约期限内定向就业的免费师范生不得再与其他任何单位建立新的人事关系和聘用关系。工作关系由当地县（市）教育部门管理，户口保留在县城，享受当地有关优惠政策。定向就业的免费师范生（农村"双语"教师特殊培养计划学生）在毕业前及在基层服务期间，原则上不能报考脱产研究生。自治区鼓励非定向就业的免费师范生从事教育工作，但非定向就业的免费师范生可以在全区范围内自主择业。第十一，在培养费用上规定，自治区设立免费师范生计划专项资金，全额承担免费师范生在校期间的学费、教材费、住宿费和实习支教等相关费用。

（3）四川免费师范生政策

根据国家免费师范生政策内容、特征，以及四川地区农村教师队伍状况，2007年，四川省政府制定了本省免费师范生政策[1]的具体内容：①高度重视免费师范毕业生就业工作。②落实就业岗位和编制，确保免费师范毕业生到中小学任教时有编有岗。在中小学教师编制总额内，提前落实接受免费师范毕业生的编制和岗位计划。③免费师范毕业生的就业安排实行公开考核招聘。首先是将免费师范生的信息提前统计汇总后在本省大学生就业公共服务立体化平台上发布，然后通过考核签订就业协议，办理人事、工资等手续。其具体办法是通过开展多种形式的供需见面活动进行双向选择，双向选择成功的签订就业协议。通过双向选择未能签订协议的免费师范毕业生，由有关部门统筹安排到师资紧缺的中小学任教。仍未落实工作单位的由生源地所在市（州）负责落实任教中小学和工作岗位。未按规定完成免费师范毕业生就业任务的市（州）不得新进教师。④鼓励免费师范毕业生到艰苦边远地区任教。在艰苦边远地区工作期间，享受一定的优惠政策。⑤加强对免费师范毕业生的就业管理。其具体办法有四

---

[1] 四川省教育厅，人力资源和社会保障厅，四川省委机构编制委员会办公室，四川省财政厅.关于转发《教育部直属师范大学免费师范毕业生就业实施办法》的通知.川府办发电（2007）（48）号.2010年10月15日.

点：一是到城镇学校工作的免费师范毕业生应安排到农村中小学校任教服务两年，服务期间享受派出学校的福利待遇；二是免费师范毕业生可攻读教育硕士研究生，但不得报考脱产研究生；三是免费师范毕业生在协议规定服务期内，可在本省内的学校之间流动或从事教育管理工作；四是未能履行协议的免费师范毕业生要按规定退还已享受的免费教育费用并缴纳违约金。

在执行和总结国家免费师范生政策的基础上，2013年，四川开展地方免费师范生培养工作，选拔优秀学生免费攻读师范类专业，为四川艰苦地区农村公办义务教育学校、幼儿园和特殊教育学校定向培养教师，以解决农村学校师资紧缺矛盾，改善师资结构，促进基础教育的均衡发展。按照四川地方免费师范生政策，2013年秋季，四川计划招收2000名面向农村义务教育阶段适当兼顾农村幼儿教师和特殊教育的免费师范生。四川免费师范生培养的实施范围是本省民族地区、集中连片特殊困难地区和革命老区、艰苦边远地区。培养层次主要为本科层次农村义务教育学校教师、特殊教育教师和藏汉"双语"农村初中教师；专科层次农村小学和初中"音、体、美"专业教师、农村幼儿教师、藏汉"双语"农村小学教师。本科层次除特教教师由乐山师范学院培养、藏汉"双语"初中教师由四川民族学院培养外，其余由四川师范大学、西华师范大学等进行培养；专科层次藏汉"双语"小学教师由阿坝师范高等专科学校培养；专科层次"音、体、美"专业教师及幼儿教师由成都师范学院培养。

招生录取方面，本科层次农村义务教育、特殊教育免费师范生从参加普通高考的考生中招录，本科、专科层次藏汉"双语"免费师范生从参加藏文"一类模式"高考的考生和参加当年普通高考的藏文加试考生中招录，专科层次"音、体、美"免费师范生从参加当年普通高考的艺术体育类考生中招录。录取时将优先录取纳入实施范围的县（市、区）的生源，生源不足时在全省生源中根据考生报考服务地志愿择优录取。录取原则上将安排在相应批次前单独进行，分数线分别达到当年普通本科第二批、藏文"一类模式"高考本科、藏文"一类模式"高考专科、藏文加试本科、藏文加试专科和艺术体育专科省定录取控制分数线。

免费师范生的权利和义务方面规定，免费师范生在校期间免缴学费、住宿费，并享受在校期间每学年十个月的生活补助[600元/（人/日）]，优秀免费师范生同时还可享受奖学金资助政策。但是，免费师范生要实行服务期制度，要与培养学校、生源地市（州）或报考服务地市（州）教育行政部门签订三方协议，承诺毕业后回生源地或报考服务地所属的实施范围县（市、区）内从事教育教学工作时间不低于 8 年，其中，在县（市、区）以下农村义务教育学校和农村幼儿园工作时间不低于 5 年。特殊教育师范生可在县（市、区）级特殊教育学校任教。若免费师范毕业生未按协议规定回相关市（州）从事教育教学工作，或已就业未按协议规定履约的要全额退还已免缴的学费、住宿费和生活补助费，并缴纳违约金（按所享受免补费用总额的 50% 计算）（张瑾，2013）。

总之，在国家免费师范生政策发布后，西部地方纷纷出台了各自的免费师范生政策，其免费师范生政策出台的时间、政策内容，其执行国家免费师范政策之方式、执行要求方面各个不同，不同省（自治区、直辖市）免费师范生政策也有其各自地方特点，如宁夏免费师范生可以异地就业，新疆免费师范生可以跨行业就业，四川免费师范生要到农村艰苦地区就业。而且，政策出台初期，多数地区实行的是国家免费师范生招生政策，仅有少数地区实行了自定的免费师范生招生政策。这反映了地方经济实力、政治因素，以及教育发展水平对免费师范生政策制定执行的影响。但各地方免费师范生政策出台的总体时间、免费师范生政策的基本内容及执行国家免费师范政策的基本方式、执行要求方面也有很大的相似性或一致性。

3．21 世纪西部地方"农村学校教育硕士师资培养计划"

（1）21 世纪宁夏"农村学校教育硕士师资培养计划"政策

为了贯彻落实《教育部 财政部 人事部 中央编办关于实施农村义务教育阶段学校教师特设岗位计划的通知》（教师〔2006〕2 号）和《教育部关于做好 2010 年"农村学校教育硕士师资培养计划"实施工作的通知》（教师〔2009〕5 号）精神，支持特岗教师在职学习和专业发展，吸引更多的优秀人才到农村学校任教，根据教育部文件，宁夏回族自治区教育厅于 2011 年 11 月下发了《教育部办公厅关于做好 2011 年特岗教师在职攻读教育硕士工作的通知》，该通知决定从 2011 年起开展服务期满留任特岗教师在职攻读教育硕士专业学位工作。报考条件为：具有全日制普通高等学校本科学历，参加中央"农村义务教育阶段学校教师特设岗位计划"和参照中央"农村义务教育阶段学校教师特设岗位计划"实施的地方"农村义务教育阶段学校教师特设岗位计划"，服务期满且继续留在当地学校任教；近 3 年年度考核合格且至少有一次考核优秀的特岗教师。专业方向和领域有语文教学论、数学教学论、物理教学论和现代教育技术四个。2011 年招收计划为 40 名，按不低于 3：1 的比例择优确定复试名单并公示。复试是对考生教育基础知识、教育教学技能、综合素质和培养潜力等方面的考察，包括笔试、面试两种方式。所有专业均须进行专业课笔试。笔试考试时间为 2 小时，笔试内容为教育学、心理学。面试时间每名考生不少于 15 分钟（每位复试考生准备一个 45 分钟的教学设计，面试时用 10 ～ 15 分钟时间说课，说明对该堂课程的设计思路、教学方法、教学目标及流程等，回答老师提出的问题。现代教育技术专业领域需要准备 PPT，其他专业领域不需准备）。复试总分为 100 分，其中笔试占 50%，面试占 50%。同等条件下，获得县级及以上荣誉称号者优先录取。特岗教师在职攻读教育硕士专业学位按规定缴纳报名费、学费和住宿费。2013 年 11 月 26 日，宁夏大学代表宁夏回族自治区教育厅制定颁布了《宁夏大学关于做好 2013 年特岗教师在职攻读教育硕士工作的通知》，本次招考与 2011 年招考只是专业领域与名额上的区别，其他方面没有区别。2013 年宁夏特岗硕士招生专业方向和领域除语文教学论、数学教学论、物理教学论和现代教育技术外，新增了化学教学论、英语教学论、思想品德教学论、心理健康教育、教育管理和小学教育、学前教育八个方向，名额也增加到了 100 名。

（2）21 世纪新疆"农村学校教育硕士师资培养计划"政策

2004 年 4 月 18 日，新疆维吾尔自治区教育厅下发了《关于实施 2004 年农村高中教育硕士师资项目的通知》，该通知提出，按照国家教育部部署，从 2004 年起，新疆将实施"农村高中教育硕士师资培养计划"，从新疆大学和石河子大学选拔 40 名应届本科毕业生送往新疆师范大学培养。本次通过推荐免试方式确认接收的农村教育硕士生必须履行服务期规定的义务，从本科毕业到中学任教，服务期为 5 年（包括在培养学校的 1 年学习时间）。培养方式为第一年到指定的扶贫县高中任教；第二年到培养学校注册研究生学籍，脱产学习教育硕士专业学位研究生课程；第三年在任教学校工作岗位上边工作、边学习，通过现代远程教育等方式继续学习部分课程，并撰写学位论文。学生毕业通过论文答辩后，获硕士研究生学历证书和教育硕士专业学位证书。第四、第五年在任教中学承担教学任务。

2010 年 10 月 9 日，新疆维吾尔自治区教育厅就"农村学校教育硕士师资培养计划"作出解释：① 新疆农村教育硕士师资注重高素质双语教师培养，提高少数民族双语教育质量。② 特设岗位硕士师资享受面试纳入"农村义务教育阶段学校教师特设岗位计划"管理。进入该岗位的教师，前三年利用寒暑假面授方式集中学习研究生基础课程，第四年到培养学校脱产集中学习一年教育硕士专业学位研究生课程。③"特设岗位硕士师资"在学期间免缴学费，在农村学校任教期间工资待遇按特岗教师标准执行。④本科毕业前未取得教师资格证书的硕士研究生，上岗前要通过考核培训取得教师资格证书。⑤推免培养的学科范围为语文、数学、物理、英语、政治、历史6个专业，学段为初中和高中。⑥毕业时获得硕士研究生毕业证书和教育专业硕士学位证书。2011年7月，新疆维吾尔自治区教育厅师资管理处在《关于做好2012年"农村学校教育硕士师资培养计划"岗位申报工作的通知》（新教师办〔2011〕47号）中进一步提出：① 2012年将"农村学校教育硕士师资培养计划"推免研究生就业及服务岗位纳入"双语教师特设岗位计划"管理，依托教育部"农村学校教育硕士师资培养计划"和自治区"农村义务教育阶段学校教师特设岗位计划"所提供的优惠政策，结合基层需求，以"免费、定向"培养的形式，为南北疆贫困地区县镇及以下农村学校培养具有教育硕士专业学位的骨干教师。② 本着突出重点、注重实效的原则，南北疆贫困地区（市、州）试点实施的名额分配为：伊犁、阿勒泰、和田、喀什地区各8名，阿克苏地区13名（其中沙雅县8名），吐鲁番地区托克逊县5名。试点地区教育行政部门招聘特岗教师时，提前预留2012年"农村学校教育硕士师资培养计划"研究生定向服务的农村学校特设岗位。③ 从基础教育实际需要及"农村学校教育硕士师资培养计划"研究生长远发展考虑，2012年"农村学校教育硕士师资培养计划"试点地区在上报执行计划所需的"农村义务教育阶段学校教师特设岗位计划"设岗学校名单时，既要以县镇及以下农村学校为主，也可根据需要适当安排县镇以上学校岗位。④ 推免培养中小学学科范围为语文、数学、物理、化学、英语、思想政治教育、历史、生物、地理9个学科。

（3）21世纪四川"农村学校教育硕士师资培养计划"政策

2007年8月，四川省教育厅将农村教育硕士师资培养单位定为四川师范大学和西华师范大学两所。同年8月24日，四川省教育厅在《关于报送2008年农村学校教育硕士师资需求计划函》中提出：①请各市州根据有关县农村对高学历中学教师的实际需求，申报农村学校教育硕士师资需求计划。②申请农村学校教育硕士师资计划的县级教育行政部门应先与当地人事部门沟通、落实编制，如不能解决编制的不申报。③实施"农村义务教育阶段学校教师特设岗位计划"的市（州），应将该计划与"农村学校教育硕士师资培养计划"结合起来考虑，符合相应条件且本人愿意参加该计划的农村师资教育硕士生，纳入该计划统筹安排。2007年10月30日，四川省教育厅向本省各市（州）教育局、有关高等院校转发《教育部办公厅关于做好2008年"农村学校教育硕士师资培养计划"实施工作的通知》，要求"按照文件要求认真贯彻落实"。2011年10月9日，四川省教育厅给四川大学、四川师范大学和西华师范大学分配教育硕士师资名额，要求各市（州）依据编制和需要进行申报。2012年9月10日，四川师范大学根据教育部和四川省教育厅公布的《关于做好2013年为农村学校培养教育硕士师资工作的通知》，提出学校可以选拔部分优秀应届普通本科毕业生录取为"农村学校教育硕士师资培养计划"免试研究生，由学生与地方政府教育行政部门签约聘为编制内正式教师，先在县镇及以下农村学校任教3年，但服务地不再仅限于国家级贫困县。该类教师在服务期间可以在职学习研究生课程，第四年到培养学校集中脱产学习一年，毕业时获得硕士研究生毕业证书和教育硕士专业学位证书。

（三）21世纪西部地方清退代课教师政策

1. 21世纪宁夏清退代课教师政策

根据教育部代课教师政策精神，21世纪之前宁夏已经开展了代课教师清退工作。1993年6月25日，宁夏回族自治区教育厅发出通知，提出要进一步贯彻自治区教育厅、计划委员会、劳动人事厅《关于做好整顿清退中小学代课教师有关问题的通知》（宁教人发〔1992〕216号）第一款第五条精神：在确保山区、缺编地区师资需求的同时，坚决清退未经县以上教育行政部门批准，乡村自行聘用的代课教师。

21世纪之后，为了做好代课教师清退工作，2003年3月4日，自治区劳动和社会保障厅颁发了《关于教育系统民办教师和长期临时代课教师参加企业职工基本养老保险有关问题的通知》，该通知第三条提出，对于长期聘用但已经实行了退养办法且经费由财政负担的临时代课教师，继续维持原办法不变，不再纳入企业职工基本养老保险范围。①

2010年1月，自治区教育厅人事处相关负责人在接受记者采访时表示，宁夏目前到底有多少代课教师，自治区教育厅并没有确切的统计数据，据估计宁夏目前由各学校自聘的代课教师数量很少。因此，宁夏随着2006年"农村义务教育阶段学校教师特设岗位计划"的实施，代课教师退出历史舞台将成必然。由于宁夏地区现有的代课教师均由学校自聘，所以各学校可根据与教师签订的用工合同，到期不予续签。其中，有资质的代课教师可通过正式应聘成为符合国家规定的正式教职人员。对于学历合格、素质较高、取得教师资格的代课人

---

① 宁夏回族自治区劳动和社会保障厅.关于教育系统民办教师和长期临时代课教师参加职工基本养老保险有关问题的通知,宁劳社发〔2003〕14号.2003年3月4日.

员，可根据需要参加当地统一组织的新聘教师公开招聘转为正式教师。

2．21 世纪新疆清退代课教师政策

2005 年 9 月 28 日，新疆维吾尔自治区人事厅、教育厅联合下发了《关于深化自治区中小学人事制度改革的意见》，在意见第十八条中提出，"坚决清退不合格教师，逐步辞退代课教师"。2006 年 9 月 30 日，新疆维吾尔自治区人民政府办公厅印发"新疆维吾尔自治区教育事业发展第十一个五年计划"，该计划第一款第五条提出，"代课教师问题逐步得到解决"。2010 年 9 月 16 日，新疆维吾尔自治区政府办公厅（新政办发〔2010〕207 号）转发：自治区教育厅、人力资源和社会保障厅、财政厅、民政厅、监察厅等部门《关于解决自治区已离岗农村代课教师问题的意见》通知，提出为妥善解决好已离岗农村代课教师问题，在落实《关于为自治区农村中小学定向招聘教师的实施意见》（新政办发〔2009〕120 号）文件精神的基础上采取如下意见。

1）在指导思想上要以科学发展观为指导，深入贯彻落实中央新疆工作座谈会议精神，按照有利于农村义务教育师资队伍整体素质提高，有利于农村教师队伍稳定的总体要求，以及自治区宏观指导，地州总体负责，以县为主的具体工作思路，坚持适当从宽、稳妥有序、有情操作的原则，结合现行农村义务教育管理体制，切实解决好自治区已离岗农村代课教师问题。

2）在实施范围及办法上为经县（市）教育行政部门批准聘用，或经县（市）教育行政部门认可乡（镇）、村公办学校（含承担农村义务教育的民办公助学校）自聘的，截至 2008 年 12 月 31 日前，曾经在新疆地区农村义务教育阶段同一乡镇、村公办学校（含塔什库尔干县县城学校）实际代课满 1 年且已离岗的教师（代课期间经县教育行政部门批准调整代课岗位的教师，代课年限可累计计算），以及符合《转发关于为自治区农村中小学定向招聘实施意见的通知》中的招聘条件但经考核未能转为正式教师的离岗农村代课教师（不包含在国家机关、国有企事业单位已实现稳定再就业的已离岗农村代课教师）。实施办法具体规定，对已离岗农村代课教师采取经济补偿、多渠道再就业、纳入养老保险及城乡低保等措施。经济补偿由自治区建立补偿机制。按现行财政体制，各级财政按比例共同承担，自治区统筹，以县为主，补偿资金分年度到位。已离岗代课教师按照代课年限，每代课一年给予离岗上年度本县（市）公办教师年平均工资一个月工资标准的经济补偿。领取经济补偿金应签订相关协议。同时，采取多渠道再就业办法。县（市）人民政府应积极采取措施，帮助未就业的代课教师实现

就业。通过支持自主创业、扶持农业生产、承包土地等多种办法和方式为已离岗农村代课教师提供就业机会，并提供优惠政策予以扶持。要把已离岗农村代课教师作为村级后备干部，在村级组织的换届选举中，注重推荐已离岗农村代课教师为村干部人选。农村各类社会公益性岗位要面向已离岗农村代课教师进行招聘，同等条件下优先聘用。另外，纳入养老保险未参加城镇企业职工基本养老保险且有农村户籍的试点县（市、区）已离岗农村代课教师，可在户籍所在地自愿参加新型农村养老保险。有关基金筹集、个人账户、养老保险待遇和领取条件等具体办法按照自治区新型农村养老保险试点政策规定执行。在城镇有固定住所、有稳定收入的已离岗农村代课教师，本人自愿，签订协议，可纳入城镇企业职工基本养老保险。①基本养老保险费的缴纳。以各年上年度自治区在岗职工社会平均工资为缴费基数（不得低于各年上年度自治区在岗职工平均工资的60%），费率统一按20%补缴。其中：1996年1月1日以前开始代课的，补缴年限从1996年1月1日起计算，1996年1月1日前在公办中小学代课的时间视同缴费年限；1996年1月1日以后开始代课的，补缴年限从实际代课之日起计算。补缴费用由离岗代课教师个人承担，财政予以适当补助。②基本养老保险待遇。参保人员男年满60周岁、女年满55周岁且缴费满15年的，可以按月领取基本养老金；参保人员男、女年龄分别达到或超过60和55周岁，累计缴费仍不满15年的，可允许其继续缴费至满15年，享受养老保险待遇。③财政补助。为减轻养老保险个人缴费负担，对参保的已离岗农村代课教师个人补缴养老保险所需费用，在个人缴费的基础上，财政给予一次性补助，具体补助标准：不满5年的财政不予补助；5～10年（含5年）每人平均补助0.5万元；代课满10年以上（含10年）每人平均补助1万元。按现行财政体制，养老保险补助费用由各级财政按比例共同承担，财政补助经费分年度到位，并直接拨付至社会保险经办机构，不得发放给个人。④纳入城乡低保将符合低保条件的已离岗农村代课教师按现行政策统一纳入城乡居民最低生活保障范围，并实施分类救助。已享受当地安置补偿政策的已离岗农村代课教师不再重复享受上述政策。当地安置补偿待遇低于自治区的，由各地政府视具体情况予以补差，自治区财政给予适当补助。

3）工作步骤为先要调查摸底，严格界定清理代课教师范围。根据此次确定的解决已离岗农村代课教师问题的实施范围，各地、州（市）统筹指导，各县（市）对已离岗农村代课教师情况进行全面细致的摸底，在充分掌握情况的基础上编制已离岗农村代课教师的花名册，并在学校、村、乡镇、县（市）分别进行公示，重点公示教师的代课经历，同时要在自治区和当地主要媒体进行公示。经逐级公示无异议，由地、州（市）将确认后的已离岗农村代课教师花名册及统计表报自治区教育厅、人力资源和社会保障厅备案。在此基础上，各地、州（市）根据自治区解决已离岗农村代课教师问题的政策措施，结合本地实际情况，制定出本地、州（市）解决已离岗农村代课教师问题的具体工作方案并进行经费测算，报经自治区解决已离岗农村代课教师问题领导小组审批后组织实施。各地、州（市）根据自治区批复的工作方案，第一步按要求对已离岗农村代课教师身份认定；第二步对符合经济补偿条件的已离岗农村代课教师发放经济补偿费用；第三步对纳入养老保险统筹人员审核；第四步将符合低保条件的代课教师纳入当地城乡居民最低生活保障。

4）各地要高度重视解决已离岗农村代课教师问题工作，切实贯彻国家及自治区有关政策精神，有效解决已离岗农村代课教师问题。第一，自治区成立党委、政府分管领导挂帅的解决已离岗农村代课教师问题工作领导小组并下设办公室，各地、州（市）、县（市）也应成立相应的领导协调机构，加强对本地解决已离岗农村代课教师工作的统筹领导，落实各项具体工作。第二，加强政策宣传，把握舆论导向。解决已离岗农村代课教师问题充分体现了自治区党委、人民政府对广大已离岗农村代课教师的关心。此项工作政策性强、社会关注度高，各地要加强宣传，讲清政策，使这项惠民政策深入人心。同时，要防止其他人员盲目攀比，产生新的不稳定因素。第三，统筹协调，分工负责。在地、州（市）解决已离岗农村代课教师问题工作领导小组的统一领导下，教育、编制、人力资源和社会保障、财政、民政、纪检监察等部门分工协作。教育部门负责已离岗农村代课教师的摸底核实及身份认定，人力资源和社会保障部门负责已离岗农村代课教师的工龄认定及养老保险等相关待遇的审核落实，财政部门负责已离岗农村代课教师经济补偿及纳入养老保险统筹等相关经费的保障，民政部门负责将符合低保条件的已离岗农村代课教师及时纳入当地城镇居民最低生活保障，纪检监察部门负责全程监督检查。第四，阳光操作，严肃工作纪律。解决已离岗农村代课教师问题必须始终坚持公开、公正、公平原则。从代课教师身份确认、人员名单登记造表到经济补偿数额等各个环节都要及时公布，确保代课教师的知情权、参与权和监督权，维护教师政策的权威性和严肃性。对于已离岗农村代课教师提出的合理诉求，要认真研究、妥善解决，力争政策不留死角，工作不出漏洞。要严格执行各项工作纪律，对弄虚作假、徇私舞弊者，一经查实，要取消其享受相关政策的资格，并严肃追究有关单位和相关责任人的责任，严重者给予纪律处分。第五，有情操作，防止工作简单化。各级各相关部门都要带着感情解决好已离岗农村代课教师问题，对于类似本意见第二条第（一）项内容中所涉及范围的，为农村教育事业发展做出过贡献的，要从实际出发，参照本意见中的办法和原则制定解决办法。在具体工作中，要坚持以人为本原则，做到有情操作，防止因工作简单化而激化矛盾。

新疆维吾尔自治区教育厅组织干部（人事）处一位官员指出，为了妥善解决农村代课教师问题，新疆相继出台了《自治区为边远农村中小学定向招聘教师的实施意见》《自治区关于解决已离岗农村代课教师问题的实施意见》两个文件，并于 2012 年 3 月由自治区统一组织、全面启动农村代课教师定向招聘工作。根据文件规定，对符合条件的在岗不在编农村中小学教师采取定向招聘的方式予以吸纳。定向招聘由县（市、区）教育局统一招聘，定向招聘教师身份认定和考试工作地确认都由所在地、州（市）安排。招聘对象是从事教学年限 5 年及以上的乡镇、村中小学（不含县城学校）在岗不在编教师。此次定向招聘针对农村代课教师的实际情况，不采取一般意义上教师招聘考试采用的笔试、面试等办法，而是采取专项教学能力考核办法测试招聘人员的实践教学能力。重点考虑学生和家长的认可程度与曾受县级及以上表彰奖励等因素，以准确掌握农村在岗代课教师对现任教学岗位的胜任程度及实际教学水平（井波，2012）。

3．21 世纪四川清退代课教师政策

早在 20 世纪 90 年代，四川省人民代表大会教育科学文化卫生委员会就解决代课教师问题指出，目前不少地方都有一批 1981 年后招的代课教师，他们中多数已经成为农村山区的教育骨干，但是，他们的教师身份只为地方土政策承认，待遇很低。建议重视代课教师问题的解决，在"转公"政策上给予一条出路（孟旭和马书义，1999：222）。

2011 年 10 月 24 日，四川省政府召开全省"两基"迎国检电视电话会议，四川省省长在会上提出，"要摸清我省代课教师的基本现状，力争在 2012 年妥善解决好代课教师问题"①。

2012 年 8 月 13 日，四川省人民政府办公厅转发四川省教育厅、人力资源和社会保障厅、财政厅、省机构编制委员会办公室《关于妥善解决中小学代课教师问题的实施意见》（川办函〔2012〕184 号）。该意见指出：长期以来，一些

---

① 四川省人民政府办公厅. 以"两基"迎检为契机进一步夯实教育强省的基础. http://125.64 .4.186/t.aspx ?i=20111024163429-162675-00-00[2011-10-25].

地方不同程度地存在使用代课教师问题，偏远地区农村中小学尤为突出。代课教师为四川基础教育事业特别是农村教育发展作出了积极贡献，但许多代课教师不具备相应的教师资格，待遇较低，长期使用代课教师制约着教育质量的提高，不利于教育公平发展。根据《国家中长期教育改革和发展规划纲要（2010—2020年）》和教育部、人力资源和社会保障部、财政部、中央机构编制委员会办公室《关于妥善解决中小学代课教师问题的指导意见》（教人〔2011〕8号）的相关要求，结合实际，四川就妥善解决当地中小学代课教师问题提出如下实施意见。

第一，加强领导，落实责任。妥善解决四川地区中小学代课教师问题是一项非常复杂、关联度高、政策性强的系统工程。地方政府是解决代课教师问题的责任主体。各地要抓紧部署，精心组织，落实责任，安排专人负责具体工作，保障经费落实到位。要根据本地实际情况，按照着眼长远、以人为本、建立机制、边补边出、规范管理、优待退出，分类解决、逐步化解的原则，制订切实可行的工作方案和政策措施，确保在2012年底前妥善解决四川地区中小学代课教师问题，不得再产生新的代课教师。

第二，多措并举妥善解决四川地区中小学代课教师问题：①择优招聘为公办教师。编制和教师岗位有空缺的县（市、区）、乡镇小学可采取主要面向具备相应教师资格的在岗代课教师的公开招聘。招聘工作中要充分考虑代课教师的教育科学经历和实际水平，对符合招聘基本条件的代课教师，尤其是边远农村小学代课年限较长、表现良好、教学质量较高的代课教师适当给予倾斜，对取得教师资格并被评为地市级及以上劳动模范的代课教师，可采取直接考核招聘的方式招聘为公办教师。②多途径转岗使用。各地在增设寄宿制学校工勤和生活服务岗位及农村公益岗位时，结合城镇化进展、新农村建设、中小学布局结构调整、留守儿童教育需要，要择优选聘在岗代课教师，并按照国家有关规定规范管理。③妥善做好辞退补偿。未被聘用的辞退代课教师，依照或参照《中华人民共和国劳动合同法》《中华人民共和国劳动合同法实施条例》等法律法规，结合本人实际代课时间等情况给予一次性经济补偿。工作每满1年的最低补偿标准由各地参考当地社会成员最低生活费用、职工月平均工资等因素综合确定，不得低于当地最低工资标准。实际代课时间按代课教师本人在公办中小学代课的实际年限合并计算，由同级教育部门认定。补偿资金按照学校隶属关系，由同级财政解决。④依法依规纳入社保。各地要按照国家社会保障制度改革的政策和方向，充分考虑代课教师的实际贡献，将现户籍在本行政区域内的代课教师纳入城乡居民社会养老保险或企业职工基本养老保险和基本医疗保险。对符合条件的代课教师，可按国家规定享受城乡最低生活保障和城乡医疗求助待遇。在岗代课教师公开招聘为公办学校在编在岗教师的，社会保险按当地机关事业单位政策规定执行。依法解聘或辞退未参加企业职工基本养老保险的代课教师，可自愿参加企业职工基本养老保险。对担任代课教师期间的工作年限可按不低于参保时上年全省在岗职工平均工资的 60% 为缴费基数，以 20% 的缴费比例一次性缴纳 15 年（工作年限不足 15 年按实际工作年限计算）的基本养老保险费核算。达到领取基本养老金条件时，按其实际缴费年限计发养老保险待遇。⑤积极开展就业培训。鼓励代课教师参加职业培训，提高职业技术、增强就业、创业能力。对符合条件的代课教师可按规定享受职业培训补贴。通过支持自主创业、扶持农业生产、承包土地等多种途径提供就业机会和政策支持。

第三，严肃工作纪律，确保各项举措平稳实施。各地要高度重视、统一思想，按照本意见精神认真组织实施。要加强舆论引导，坚持多做少说，避免炒作，同时深入细致地做好四川地区中小学代课教师及相关群体的思想工作和政策解释工作，确保各项举措平稳、顺利实施。妥善解决代课教师问题的工作情况，将其作为全省各级人民政府工作考核评价和教育督导的重要内容。对代课教师较多、经济发展相对落后且代课教师问题解决较好的地区，市级以上人民政府可通过财政转移支付方式给予适当支持。省直相关部门将不定期对各地解决代课教师问题的工作进展情况进行督促检查，对认识不到位、措施不力的地方政府在全省范围内给予通报，对违规行为要及时纠正，并坚决追究责任、严肃处理。

为了做好农村代课教师清退工作，2013 年 8 月，四川农村基层政府要求，要充分认识清退代课教师是中央、省（自治区、直辖市）的政策要求，是农村教育的一项措施；要把握好政策依据，多措并举妥善解决好公办学校在聘代课教师相关问题；要兑现辞退补偿，对全县清退的在聘代课教师按实际代课年限给予一次性补偿；要依法纳入社保，严格参保条件，完善参保办法，规范办理程序，按期发放基本养老金；要依法纳入医保；要保证最低生活标准，民政部门要根据相关规定，对符合低保条件的纳入城市或农村最低生活保障（杨东，2013）。

2013 年 10 月 18 日，为了进一步做好辞退中小学代课教师养老保险工作，四川省人力资源和社会保障厅、教育厅联合印发了《四川省人力资源和社会保障厅、四川教育厅关于落实辞退中小学代课教师养老保险有关问题的通知》（川人社办发〔2013〕317号）。就辞退中小学代课教师户籍地与工作地不一致情况下的参保问题、缴费基数问题、参保费用及补助问题做了详细规定，并提出，各地要在2013年底以前，确保完成落实被辞退中小学代课教师养老保险工作。

二、21世纪西部地方农村教师政策特征比较

（一）21世纪西部地方农村支教政策特征比较

由于21世纪西部各地方农村支教政策内容不同，21世纪西部各地方农村支教政策特点也不同。从宁夏地区支教政策内容可以看出，21世纪宁夏地区大学生到农村地区支教政策具有以下显著特征：①政策具有激励性和引导性特点。给予支教教师考研、入职、自主择业等方面优惠措施，激励了大学生的扶贫支教活动热情。宁夏大学生到农村地区支教政策还规定，参加过扶贫支教的人员报考公务员或事业单位编制时，自治区政府事先预留一定比例的名额，可以调动支教者的支教积极性，引导和吸引大学生到农村地区支教。②政策具有临时性和过渡性特征。大学生到农村地区支教政策实际是一种临时性就业措施，旨在逐步将大学生推向社会，缓解大学生就业紧张的局面，也为大学生二次就业提供了平台和依据。③政策具有志愿性和非强制性特征。参加农村地区支教活动的应届大学毕业生都是自愿进行扶贫支教活动的，活动中会随时退出扶贫支教活动。

新疆建设兵团大学生到农村地区支教政策的内容有如下几个明显特征：① 其政策具备明显的实践性特征。新疆地区规定扶贫支教活动是一种实习实践活动，因此，凡参加过扶贫支教的大学生，不再进行实习、见习活动。扶贫支教结束被教育部门正式接纳后，即享受正式职工待遇。② 其政策具有远景的激励性特征。新疆建设兵团大学生到农村地区支教政策规定，在就业、考研等方面，为参加过扶贫支教大学生提供优惠政策，促进更多的大学生参加到扶贫支教活动中去，以减小社会就业压力。③ 其激励政策具有整体性、宏观性、原则性特点，没有具体细化激励方式。④与其他省（自治区、直辖市）相比较，建设兵团大学生志愿支教政策具有连续性和跟进性强的特点。2003～2013年，新疆建设兵团的大学生志愿支援农村教育活动方案的修订工作没有停止过，但每次修订都是在原有方案基础上进行的，具有跟进性强和连续性强的特点。⑤ 注重过程管理。通过导师带徒弟制、试教制、首问制等方式，保证了支教质量。

从四川大学生到农村地区支教政策内容可以看出，四川大学生到农村地区支教政策具有三个方面的显著特征：第一，政策具有即时性和阶段性特点。扶贫支教前和支教活动结束后有不同的政策激励措施，不同阶段的政策措施只能解决不同阶段当时的志愿者的问题，而且扶贫支教前后的政策措施内容都非常具体详尽。第二，政策的安置性和保障性。扶贫支教活动政策明确规定了扶贫支教者具体详细的生活待遇，以及保障扶贫支教者生活的基本措施。第三，政策的激励性与发展性。扶贫支教活动结束后，政策对报考公务员和事业单位提供了优惠措施，对晋职、晋级和生活待遇方面也提供了优惠措施，旨在促进扶贫支教者的进一步发展。第四，政策的具体性和细致性。四川大学生到农村地区支教政策对支教人员报考公务员和事业单位人员的加分办法做了详细规定，这是其他省份不具备的。第五，政策的价值导向随时间推移而不断变化。前期政策注重远景激励措施，后期政策注重支教者本身的意愿与水平。

从以上三省（自治区）农村支教政策特征可以看出，西部各地方农村支教政策有较大的相似性，它们都是国家大学生西部支教政策的延续，普遍具有巨大的激励性，旨在推进大学生到农村地区临时就业，解决大学生就业压力。不同之处是，由于西部各省（自治区、直辖市）经济社会和教育发展情况不同，各个省份给志愿扶贫支教者提供的生活条件、工资待遇和未来发展优惠措施也不同，反映了各省（自治区、直辖市）大学生到农村地区支教政策也有其特殊性。有的省（自治区、直辖市）的政策内容阐述的比较具体细致，而且随时间变化还在不断调整完善；有的省（自治区、直辖市）规定的比较笼统，调整的节奏和步法也比较慢；有的省（自治区、直辖市）注重支教过程中的具体指导；有的省（自治区、直辖市）只是进行宏观指导要求。

（二）21 世纪西部地方大学生到农村学校就业政策特征比较

1. 21 世纪西部地方农村特岗教师政策特征比较

从 21 世纪西部地方农村特岗教师政策沿革的情况看，西部各地方农村特岗教师政策都有其明显的本地特征。宁夏地区农村特岗教师政策的主要特点：① 政策开始更加重视从教人员的专业性，越来越强调师范专业毕业生的重要性。特岗教师招聘初期，宁夏地区不要求应聘者是师范专业毕业生，到后来逐步要求应聘者必须是师范专业毕业学生。这说明宁夏地方政府在补给农村教师的过程中，已经从过去简单的数量补充发展到专业水平和质量提高阶段。② 政策主张应逐渐放宽应聘者的年龄限制，促使聘任教师年龄限度走向合理性。政策最初规定应聘者的年龄一般是 30 岁以下，这也是国家农村特岗教师招聘的年龄限度。2010 年后，宁夏本地特岗教师年龄比国家特岗教师年龄放宽 5 岁，可以将成熟型骨干教师吸收进教师队伍行列，提高应聘者的质量和素质。③聘任过程的行政性日益突出。笔试、面试过程，总体实行教育、人事主管部门控制的原则，用人学校在用人过程中所起的作用相对较小。④政策的定向性日益明显。逐渐强调聘任者到农村最基层学校工作，不允许调换岗位。

从学历、年龄、语言及专业化等方面看，21 世纪新疆农村特岗教师政策都有一些明显的共同特征：①从学历政策看，学历政策由统一规定和要求逐步变为区别对待的方式。例如，特岗教师政策开始，整个建设兵团统一招收一次性本科毕业生或师范学校毕业的专科生。5 年后开始根据不同市县教育发展的特殊性，采取不同特岗教师学历对策措施，允许个别地方招收"五大毕业生"（电大、夜大、自考、函授、成人进修）。②从年龄政策看，报考特岗教师者的年龄严格限制在 30 岁以下。③从专业政策看，对教师的专业化程度要求不高，只要求具备必要的学历就可以。④从语言政策看，越来越重视被招聘教师的汉语水平。2006 年不要求汉语水平考试成绩，2011 年明确要求少数民族必须有汉语水平考试合格证书。⑤注重被招考教师的思想政治和道德素质，始终不允许有政治、思想、道德问题的考生参加考试。

从 21 世纪不同时期四川特岗教师政策内容来看，四川特岗教师政策具有一些显著的地方特征：①政策的差异对待性。对不同情况的应聘教师采取不同的录用政策。优秀学生、少数民族考生录取时进行加分，其他考生不享受优惠政策。②政策的实践性。四川特岗教师政策非常重视应聘前的教育教学经验，要求应聘者要具有一定教育教学实践经验。③政策的公务性。四川特岗教师政策注重应聘者的行政能力，要求必须考察应聘者国家事业单位公职人员应具备的公共知识（《行政职业能力倾向测试》）。④政策的激励性。四川政府部门实施积极的特岗教师考试激励政策，免除应聘者的所有应聘费用。同时，对参加考研者予以一定的优惠，可以更好地调动应聘者的积极性。

从以上三省（自治区）农村特岗教师政策特点可以看出，西部各地方特岗教师政策有明显的差异：有的省（自治区、直辖市）注重特岗教师的专业性，有的比较忽视；有的省（自治区、直辖市）注重学历要求，有的对教师学历只做一般性要求；有的省（自治区、直辖市）注意年龄限制，有的则没有这方面要求；有的省（自治区、直辖市）要求参加特岗教师考试时要交报考费，有的则不做要求；有的省（自治区、直辖市）考察的是应聘教师的教育教学知识与能力，有的考察的则是应聘人员一般性的公务能力。但总体而言，各省（自治区、直辖市）特岗教师政策都是国家特岗教师政策制定和执行的结果，具有高度的统一性特点。

2．21 世纪西部地方免费师范生政策特征比较

从西部各地免费师范生政策制定和执行情况来看，西部各个地方的免费师范生政策也都有其自身特点。具体到宁夏免费师范生政策而言，也有其突出特点：第一，其政策由单向走向双向。免费师范生政策实施初期，宁夏只有免费师范生就业政策，而无免费师范生招收政策。宁夏免费师范生的招收完全依照国家确定的免费师范生招生计划和试点学校招生计划而进行。5 年之后，宁夏地区高校才开始招收免费师范生。第二，政策对象具有全纳性。宁夏地区在免费师范生就业方面实行全部接纳，统筹安排正式岗位的办法，避免了他们在工作中的不稳定现象。第三，就业政策的灵活性，实行双向选择和统筹安排两种就业方式。第四，就业区域政策的开放性，允许免费师范生跨省、跨地区就业。第五，就业方式的城乡结合性。允许免费师范生在城镇就业，而且，大部分免费师范生都到城镇及以上学校进行就业，但要求必须在农村学校服务 2 年。第六，招生就业的初等性。2013 年宁夏政府规定的免费师范生招生单位是面向初等教育的宁夏师范学院，而且宁夏免费师范生要到小学就业 10 年。这意味着宁夏地方免费师范生只能在小学就业，而不能在中学就业。

从新疆免费师范生政策内容看，新疆在免费师范生政策具有其他省（自治区、直辖市）不具备的一些显著性特征，具体表现为：第一，在招收方面具有点面结合的特点。新疆既向教育部部属师范院校输送国家级免费师范生的同时，又利用当地师范院校资源，招收新疆地区免费师范生，体现了点面结合的特点。第二，在就业方面实行强制与非强制结合的方式。新疆地区国家级免费师范生就业政策具有全员性，地方非定向免费师范生就业具有开放性。主要表现为新疆地区积极贯彻国家免费师范生政策精神，全部安排国家免费师范生正式就业。但是，新疆地区并不强行安排地方非定向性师范生在教师行业就业。第三，培养政策的实践性，注重师范生实践能力培养。新疆地区规定地方免费师范生上学期间必须有一年实习、实践经历。第四，招生政策具有开放性的特点，积极吸纳非师范专业学生进行免费师范生教育。政策明确规定，如果非师范专业学生有志于教育事业，可以免除其学费，吸纳其进行免费师范生教育。第五，不

同级别的免费师范生有不同的服务期限。规定国家免费师范生服务期限为 2 年，地方为 5 年，说明政策的服务年限具有显著的层次性和差异性。

而从四川免费师范生政策内容看，四川免费师范生就业政策与其他省（自治区、直辖市）有相似之处，也有其自身特征。第一，免费师范生就业政策具有计划性强的特征。在免费师范生就业政策制定的过程中，长期重视对免费师范生进行详细情况的统计分析，便于统筹安排其工作。第二，免费师范生就业政策具有选择性。免费师范生就业方面，非常注重双向选择，不强行安排免费师范生到特定地区工作。第三，免费师范生就业方面有鲜明的基层和农村特征。四川省政府积极鼓励和引导免费师范生到基层工作、到农村工作、到农村艰苦地区工作。实行地方免费师范生政策后，四川的免费师范生政策突出的特点是它的义务性和农村性。该政策要求接受免费师范教育的部分学生到初中学校就业，部分到小学就业，但必须在农村地区服务 5 年以上。

总之，西部各省（自治区、直辖市）免费师范生政策有统一性特征，西部各省（自治区、直辖市）免费师范生政策出台的时间、政策的具体内容，各省（自治区、直辖市）执行国家免费师范政策的方式、执行要求方面具有很大的相似性或一致性。但不同省（自治区、直辖市）免费师范生政策也有其各自的地方特点，如宁夏国家免费师范生可以异地就业、地方免费师范生只能在小学就业。新疆免费师范生可以跨行业就业，四川免费师范生必须要到农村艰苦地区就业。在政策初期，多数地区实行的是国家免费师范生招生政策，只有少数地区实行了自定的免费师范生招生政策。随着这项政策的持续推进，各地方逐步制定了当地的免费师范生政策。这说明了国家政治因素、地方经济实力及其教育发展水平对免费师范生政策制定执行的影响。

3．21 世纪西部地方"农村学校教育硕士师资培养计划"政策特征比较

从 21 世纪西部各地"农村学校教育硕士师资培养计划"看，西部各地方农村学校教育硕士师资培养政策具有显著的地域特征。例如，从宁夏农村学校教育硕士师资培养政策及其与西部其他地方农村学校教育硕士政策比较中可以看出，宁夏农村学校教育硕士政策有 4 个明显特征：①起步和实施晚。宁夏农村教育硕士实行时间比全国和新疆等地晚了 6 年左右。②运行过程自由松散。宁夏农村教育硕士招考采取自愿、自由报名方式，组织行为较为自由松散。③组织工作高度集中统一。组织工作整体上由省级教育行政部门组织安排，地方教育行政部门极少有具体任务。④形式单一。宁夏农村教育硕士形式只有特岗硕

士一种。

从新疆"农村学校教育硕士师资培养计划"政策及其与西部其他地方农村学校教育硕士政策比较中可以看出，新疆农村学校教育硕士政策有3个明显特征：① 定向性。新疆农村硕师政策内容始终规定，定向为农村贫困地区培养高学历教师。② 民族性。新疆农村硕师计划内容规定，农村硕师要注重高层次双语人才培养，以便为民族地区教育教学活动服务。③ 阶段性。先期的硕师政策一味满足农村高中教育阶段对高学历教师的需要，后期逐步将其推向了整个基础教育阶段。④ 免费性。其他省（自治区、直辖市）的农村硕士受教育期间按在职研究生要交纳培养费，而新疆则不交纳。⑤ 形式多样性。先期的教育硕士对象既有特岗硕士，也有非特岗农村教育硕士。

从"四川农村学校教育硕士师资培养计划"政策及其与西部其他地方农村学校教育硕士政策比较中可以看出，四川农村学校教育硕士政策也有3个明显特点：①针对性强。四川农村学校教育硕士在调研的基础上，完全根据各地区的教师编制和实际需要进行定向培养，避免了培养的盲目性。②由局部推向全局。政策初期，四川农村硕士政策只针对农村偏远贫困落后地区，五年后逐步推向了整个农村地区。③继承性和延续性特征。四川农村硕士政策基本是国家农村教育硕士政策精神的传递，较少推陈出新。④阶段性特点。先期硕师政策一味强调满足农村高中教育阶段对高学历教师需要，后期逐步将其推向了整个基础教育阶段。⑤形式多样，既有特岗硕士，也有非特岗农村教育硕士。

由此看出，西部各地农村教育硕士政策内容方式有许多相似之处，总体而言，西部各地方农村学校教育硕士师资培养政策都是按照国家农村学校硕士师资培养计划的基本精神进行的，都是国家农村学校硕士师资培养计划制订和执行的结果，具有明显的国家性特征。但各地方农村教育硕士政策的地方特征很明显，如宁夏政策的整体性，新疆政策的民族语言性，四川政策的复杂多样性，均反映了农村教师政策从统一规定到统一性与灵活性相结合的必然趋势。

综上所述，21世纪西部各地大学生到农村就业政策都有其显著的地域性特征，如新疆大学生到农村就业政策普遍强调语言性，宁夏大学生到农村就业政策的迟缓性和单一性，四川大学生到农村就业政策的农村性。但新时期西部地方大学生到农村就业政策也有许多一致性特点，即大多数都在引导大学生到农村就业，总体上都有向农性特征。各个时期各个大学生到农村就业政策都有一个由点到面、由局部到整体推进过程。

（三）21世纪西部地方清退代课教师政策特征比较

从21世纪西部农村地方代课教师政策内容看，各地方代课教师政策有共同之处，也有其各自特点。宁夏清退代课教师政策特征表现为代课教师聘用主体逐渐在下放。首先，世纪交替之际的代课教师由县级以上教育行政部门聘用，21世纪之后的代课教师聘用逐步由各个学校自行决定。其次，身份模糊。世纪交替之际的代课教师身份由县级教育行政部门认定，21世纪以后的代课教师身份逐步由学校确认。甚至通过"用工合同"性的模糊语言，将其身份工人化。

新疆清退农村代课教师政策特点主要表现在两个方面，一方面，政策具有连续性与渐进性特点。新疆在农村代课教师政策问题上出台了多套政策措施，但各项政策措施保持了一致性，始终强调要逐步解决代课教师问题。另一方面，政策具有原则性与灵活性相结合的特点。新疆在农村代课教师问题上始终只做大的原则性规定，没有详细具体的要求，具体办法要求各地根据本地区代课教师特点灵活选择。

四川清退代课教师政策特点主要表现在三点：一是由保障性不足走向保障性强，21世纪初期四川清退代课教师的保障措施不力，引起了民怨，后期保障性逐渐加强，推动了清退工作的顺利进行。二是由简单清退走向合理性清退。世纪交替前后清退工作简单粗放，后期逐渐系统完善。三是由逐步解决到限期解决。21世纪初期对待代课教师的基本政策是逐步解决代课教师，后期提出要限期解决代课教师问题。

总之，随着国家宏观调控力度的加大和地方政府在教师政策制定权利上的加强，西部各地区农村教师政策方面将逐步形成自身特征。但是，在科层政治体制下，各个地方农村教师政策与国家农村教师政策将会长期保持一致性。

第六章
西部农村教师政策问题

了解问题是解决问题的前提，了解教师政策问题是解决教师政策不足，改进政策状况的前提。西部农村教师政策问题既有国家层面的，也有地方和地区性的；既有制定问题，也有执行问题及执行结果问题。因此，从不同层面把握好西部农村教师政策问题，对于西部农村教师政策的改进和发展具有重要意义。

第一节　国家西部农村教师政策问题

一、国家西部农村教师政策制定问题

（一）教师政策制定的含义和要求

1. 教师政策制定的含义

关于政策制定的含义主要有两种观点：一种观点认为，政策的制定由理性决定，即面对问题时，理性的人首先澄清其目的、价值或目标，并加以排列或组织；然后列出所有可能的政策手段，并审查每项政策有可能产生的重要后果；在对后果和目的进行比较的基础上，选出最为合理的行动方案。另一种观点则认为，在政策制定方面应该持渐进主义立场，即在处理复杂政策问题时，

仅仅"根据界定的目标，对各种选项进行全盘评价"的方法是行不通的，取而代之的是，应依据过去的经验和当前的形势，对已有政策进行适当增加、补充（Lindblom，1959）。实际上，政策的制定既要有理性主义的方法和态度，也要汲取经验主义方式，单一的任何一种态度和方法都会造成政策制定上的偏颇。

因此，基于以上两种观点，笔者认为教师政策制定既是对教师所面临各种方案的平衡选择，也是对以往方案的改进。合理的教师政策制定首先是澄清教师政策的价值和目标，然后在原有教师政策的基础上进行适当的调整、补充，并审查每项政策有可能产生的重要后果。在后果和目的比较的基础上，选出最适合西部农村教师发展的政策。

2. 教师政策制定的要求

政策制定是一个极其复杂的过程，需要考虑宏观上的政治、经济、文化等因素，中观层面决策机构的组织环境、人员关系、管理水平，以及微观层面的决策者的认识水平、管理能力，以及情感、态度、价值观等许多方面的内容。因此，教师政策制定过程中需要结合三个层面的因素，营造和谐的政策环境。这里既要注意平衡各个社会阶层和团体的利益，形成良好的政治环境，也要注意经济条件的可行性。同时要努力提高决策者的素养，使决策者形成科学、民主、顾全大局的观念和能力，要加强合作、整合力量、群策群力，发挥各方面人员的智慧水平，促进政策的科学化。最后，积极收集各方面信息，了解各方面情况和要求，避免信息不畅和信息欠缺给决策带来的问题（袁振国，2000：76-83）。

（二）制定西部农村教师政策的基本要求和方式

按照经济发展的"水流效应"理论，东西部差距拉大的步调已经越来越快（于革胜和杨占武，2006：32）。东西部发展的差距不单单体现在经济发展方面，同时也体现在教育方面，而教育质量往往与教师质量有着不可割裂的关系。所以，西部教育的振兴还需要西部教师的崛起。那么，如何培养一批训练有素、能扎根西部农村地区的高水平教师？笔者认为，制定一整套符合西部农村教师发展状况的政策措施是关键。

法国自然主义哲学家卢梭认为，出自自然的便是最好的。因此，政策必须基于现实，符合教师教育发展的自然规律。合理的政策措施不是随便主观臆造出来的，而是从实践中总结和自然引导出来的。合理的西部农村教师政策也不是随便臆造出来的，而是从西部教师发展的逻辑中自然引导出来的。西部农村地区教师政策的制定要符合西部农村教师发展的基本特点和自然规律，根据西部农村教师的生活处境自然推导出适合西部教师的政策。西部教师政策的制定也应当与西部地区教师所处的环境紧密结合。西部地区自然环境恶劣，经济较落后，因此，国家在制定政策的过程中应该适当地加大政策倾斜力度，增加财政投入，保证西部教师的物质条件和精神需要。马克耐尔认为，影响政策的关键要素是制度、利益与理念。笔者认为，财政资源的分配在教师政策制定中扮演着举足轻重的角色，只有明确了财政资源投入的份额、比例，才有可能真正产生问责，并以此监督政策的实施。广州之所以能成功解决代课教师问题，在于其市财政、省财政的大量投入，而甘肃虽然也试图通过招考使一部分代课教师顺利转变为公办教师，但因资源的限制而难以实施，这直接导致了清退中的两难问题。贫困地区皆因财政、缺编等因素聘请代课教师，自然无力拿出资金解决代课教师的补偿问题。因此，对于经济存在显著差异的地区，其制定教育政策的过程，必须考虑资源的差异化分配和弱势补偿原则，而非仅仅是责任的调整，这样才能有效推动政策的实施。要想有效解决西部农村代课教师的问题，必须给予西部地区财政倾斜政策，以满足当地教师的自然需要。西部农村教师政策制定的同时需要考虑西部农村教师的生存发展需要，让农村教师政策切实为农村教师服务。因此，在教师政策制定过程中需要从以下几个方面考虑。

第一，教师政策要有具体明确的人本关怀，即政策的目标方案要具体明确、切实可行，并指向教师普遍期望的结果。政策措施和行动步骤也要明确具体，让西部农村地区教师能够"看得见、摸得着"，切实感受到各项教师政策制度的意义价值，让政策成为西部农村教师发展的"保护伞"。一旦农村教师利益受到损害，就立刻能够用具体明确的政策法规，来指引农村教师正确有效地捍卫自身权益，而不至于在自身受到不公正待遇时只会消极应对。不能形成适合西部农村教师发展的政策环境，便会给农村教师发展带来消极情绪。一旦将这种消极情绪带进教育教学管理活动中，最终受影响的只能是西部农村的教育和学生。

第二，西部农村教师政策应该具备稳定性、连续性和可靠性的特点。政策系统的稳定性和相应的可靠性能够逐渐使相关政策主体形成对政策的信任和认同。农村教师政策的稳定性、可靠性可以使农村教师信任和认同农村教师政策，进而推进农村教师安全、稳定、有序的发展。但政策的稳定性、可靠性不是指政策的不变性，而是指现在政策与过去政策之间应有一定的内在联系。政策一经制定，既应该保持相对稳定性，也应保持一定的连续性。

第三，西部农村教师政策应该具备发展性特点。任何政策需要稳定，不能朝令夕改。政策变更过快只会导致政策执行过程变得混乱无序，但各项教育政策也不能长时间地保持不变。长期不变的政策不但不能引导经济社会发展，还可能阻碍经济社会发展。西部农村教师政策也要随着西部农村地区社会、经济、文化和教育的发展变化情况而及时调整和变化，特别是要随着西部农村教师需要的发展而不断调整，才能更好地引导西部农村教师队伍发展。

（三）我国西部农村教师政策制定问题

从国家西部农村教师政策沿革情况看，中华人民共和国成立以来，随着社会体制、经济情况的发展变化，我国制定了许多有利于西部、西部农村教育和教师发展的政策措施，大大促进了西部和西部农村教育事业的发展。但是，在计划经济时代，受极"左"或极右思想路线的影响，国家和地方也制定和出台了一些消极的西部农村教师政策，大大影响了西部农村教师的自身发展，也影响了农村教育质量的提升和学生发展。改革开放以来，特别是 2000 年以来，随着决策者水平的不断提高及各项教师政策改革的深化，农村教师政策制定体制趋于民主化，西部农村教师政策的科学化程度日渐提高。但是，受社会环境和政策制定方式、政策制定者能力水平等因素影响，西部农村教师政策制定方面存在一些明显问题，甚至长期存在一些突出问题，主要表现在以下几个方面。

第一，政策制定的权力相对集中，政策形成的体系较为封闭，影响了教师教育政策的民主性、科学性与客观性。

我国高度集中的权力配置形成于 1957 年，这导致了权力过分集中现象的出现。邓小平同志曾指出：把一切权力集中于党委，党委的权力又往往集中于几个书记，特别是集中于第一书记，什么事都要第一书记挂帅、拍板。党的一元化领导，往往因此而变成了个人领导（邓小平，1994：328-329）。这种情况不仅长期体现在政府行政部门，在西部教师政策的制定上也有淋漓尽致的体现。在西部农村教师政策的决策上，权利往往更加集中于国家和地方政府、教育行政部门有一定层次和级别的少数领导人身上，西部农村教师利益的要求却往往被忽视。西部教师利益表达与实现并非主要由西部教师来承担，而是一般由教育权力精英通过分析、调查和研究确认，并最终输入到教师政策中去的。这种机制导致整个教师政策制定系统始终处于相对封闭状态，体系内部与外部环境的交流、互动渠道和能力比较有限。西部教师政策制定体系的封闭性使西部教师政策制定难以深入体现出西部农村教师的意向、及时有效地回应西部教师要求，还制约了西部教师参与权的实现，不利于西部教师政策制定的民主性和科学性，也不利于社会主义民主政治的发展。

一位在教学上颇有成效的教师在其创办的教育网站上写道："我们如何进行教育决策？教育决策不是一个普通教师所能揣测和评价的，具有幽默意味的是教师只能是决策的旁观者，但却是决策的具体施行者。很惊讶的是我们教师中的大部分很少会去质疑决策的科学性，我们只是像'牛'一样默默地按照所谓的来自上级的规定做着自己的本分工作。我们不能说什么或者我们精明而势利地不会说什么或者我们懒得去说。我不知道决策是怎样来的，是否来自某个强权人物一时的灵感。但有一点是肯定的，教育决策并非都来自科学途径。"从这段话中不难看出，西部农村教师也有参与教育决策诉求愿望，但由于种种原因，他们不能说什么，或不会说什么，或懒得去说，教师参与教育教师政策的制定诉求在一定程度上被忽视，直接影响了政策的科学性和合理性。

当然，西部农村教师参与政策制定的诉求被忽视，也是由于我国西部教师在参与农村教师政策决策方面还没有明确的法律授权。目前，依法办教育还没有实质性地进入西部农村教师政策制定过程。因此，应该以西部农村教师所处的地理、人文及经济环境为基本背景，赋予西部农村教师参与西部农村教师政策制定的法律权利，满足西部农村教师参与农村教师政策制定的诉求。在西部农村教师积极参与的状况下，方能制定出相对科学、相对符合事实的政策，才能体现出西部教师政策制定的人文性及以教师为本的政策理念。在西部农村教师积极参与的状况下，才能制定出一整套有益于西部农村教师生存、发展，符合西部农村教师特征的科学化政策体系。

第二，西部农村教师政策制定机构存在缺陷，导致政策缺乏科学性和连续性。

研究表明，无论从历史上看还是从现阶段看，西部农村教师政策制定系统都存在多方面的问题与缺陷：第一，等级制的政策信息收集系统造成信息收集环节过多，容易出现信息收集错误和失实情况。等级制容易引起高层决策部门官僚主义作风：不深入实际调查研究，主观片面决策，进而影响教育政策、教师政策及西部农村地区教师政策制定的客观性。第二，改革开放多年以来，政府部门因人设岗，造成政府机构臃肿，部门林立现象时有发生。虽经过多次改革，这种弊端始终没有得到根本解决，政府职能都没有实现彻底转变。机构臃肿、部门林立的直接后果是各机构、部门之间职能权限不清，导致政出多门，各项有关教师教育政策、西部农村教师政策本身及其具体措施实施过程往往不能衔接和配套（张克兢，2003）。有些拥有西部农村教师政策制定权限的公共部门，把政策变成了维护本部门特殊利益、特殊权利或不正当权力的手段，从中谋求利益。这在很大程度上影响了政策决策的科学性和合理性。

比如，在对待农村代课教师的政策制定方面，上级政府部门在缺乏充分考虑和调查研究的情况下，仅凭基层政府部门的层层汇报，时而提出要使用代课教师，时而提出要清理代课教师。在2005年前后，教育行政部门更提出要全部清退代课教师。在对师资补充方式缺乏充分调研的基础上，就简单化地提出了使用或全部清退代课教师要求，造成了社会上的不良反响。应该肯定，不同历史时期使用或清退代课教师的初衷都有合理性。但是，有些政策建议方式并不一定能解决所有代课教师问题。因为不同时期、不同地区、不同代课教师的情况不同且十分复杂，难以用简单化办法将复杂问题解决好。如何完善农村小学教师补充机制，如何鼓励合格人才到农村任教，这些问题本身就比较复杂，使用代课教师问题则更加复杂。2006年，国家政策提到要加大城镇支援农村力度，但这只能暂时解决问题。如果国家能够合理调配足够多的城镇教师到农村，也只能是部分解决代课教师问题，满足农村学校正常的教育教学需要，却不能从根本上解决农村代课教师问题（刘琼，2010）。清退代课教师的过程中考虑问题过于简单化，造成代课教师政策在执行过程中总是处于推倒了重来、至今无法得以真正解决的状态。

众所周知，"橘生淮南则为橘，生于淮北则为枳"，教师政策的制定也会随着环境的改变而改变。东西部经济水平、地理环境、教育质量之间的距离已经不能同日而语。因此，教师政策的制定应当本着从实际出发、尊重事实的原则，适当在资金等方面对越来越弱势的西部农村教师有所倾斜。比如，在西部农村教育资金总体投入方面，随着国家财力的逐步改善，要逐渐加大；在西部农村教师待遇方面，要逐步加大特设西部农村教师津贴的力度。这一系列措施都会给西部农村教师发展带来新希望，让在岗的西部农村教师能积极主动地为西部农村地区的基础教育奉献自己的能量，而不会因吃饭穿衣和子女教育等问题去苦恼，从而影响教学效果。

第三，有关西部农村教师政策方面的缺陷既有科研成果严重不足，导致政策制定缺乏有力理论依据方面的问题，也有因此而导致政策的前瞻性和针对性不足方面的问题。

农村教师政策研究对农村教师政策的制定至关重要。一方面，教师教育政策研究应该为教师教育政策的制定提供理论指导和理论依据，另一方面，教师教育政策的制定和实施又应该成为教师教育政策研究的重要内容。但在改革开放前 30 年，我国教师政策研究基本是空白的，导致农村教师政策制定基本上没有理论依据。改革开放以来，随着政府、学术界对师资队伍关注度的不断提高，农村教师政策研究从无到有逐步发展起来，极大地推动了农村教师政策内容的改善，说明政策研究与政策制定理应有着非常紧密的联系。但从改革开放以来我国教师政策研究结果看，情况并不理想。农村教师政策研究存在着诸如，系统的农村教师政策研究较少、研究深度不够，出台的政策关联度不大，部分研究内容缺失及研究视角单一等问题。

从学术期刊网搜索结果看，直接以"教师政策"为主题的文章从 1979 年到 2010 年总共有 143 篇，而以"农村教师政策"为主题的文章显示只有 7 篇，而且其中大部分是报道、宣传、解释政策文本的，系统的理论研究仍然非常少。从农村教师政策研究的历史发展进程看，2007 年以前没有专门研究农村教师政策的文章，直到 2007 年以后才出现以"农村教师政策"为题的系统研究文章（周险峰，2011：7）。而以"西部农村教师政策"为主题进行相关信息搜索时结果更令人失望，2005 年以前这方面的研究文献为 0。西部农村教师是西部教师队伍中一个数量庞大的群体，对西部教育的发展有着不可忽视的重要意义。西部农村教师政策研究长期处于空白状态，必然会引发很多问题。最主要的问题就是，这种现象导致西部农村教师政策的制定缺乏有力的指导性和针对性。

第四，西部农村教师政策制定人员的科际整合度不高，导致政策制定既缺乏整体上的理论依据，又缺乏前瞻性和针对性。

政策制定者整体能力的优劣与否与政策制定结果和水平息息相关（张国庆，2004：120）。我国西部农村教师政策的制定人员长期以政府官员主体为主，他们依靠自己的声誉、名望及影响力，既影响着公众的偏好及注意力，也直接影响着西部农村教师政策的形成，影响着公众对西部教师政策制定的判断和选择。不可置疑，政府官员的政策制定方式有其可以肯定的地方，但必须看到这种制定方式的不足。一方面，每一个教师政策制定者知识文化素质的不同，收集信息的方法和手段不一样，对信息的把握度不一样，会直接影响他们对政策制定的认识、理解和设计。另一方面，政策制定者的学科知识整合程度不够高，会影响政策制定的科学性、系统性和严密性。学科知识整合是决策过程中需要各学科人员的协作互助、群策群力，发挥他们集体的智慧来完成的。但在西部农村教师政策制定过程中，与政策、教育政策、教师政策相关的学科、专业人员本来就少，各学科、专业人才的协同合作与整合度就更是难以保障。

当代政策发展的一个突出特点就是政策的复杂性与政策的科学性、逻辑性之间的错综关系。当代教师教育政策也是一个复杂的社会系统工程，教师体系中的任何一个重大问题都关系到众多互相影响、相互制约的复杂因素，是一个复杂性、综合性课题。西部农村教师政策的制定也是一个关系众多、互相制约的复杂性行为，是一个综合性工作，需要把不同科际之间具有不同知识结构、不同经验的专家学者集中在一起，共同参与教师政策的制定工作。因此，在政策制定中，要善于听取不同学科知识人员的意见，借助众人的智慧头脑以弥补决策者个人才智、经验和精力的不足。通过不同科际人员之间的整合，可以避免许多在不尽如人意的情景下出台的教师政策问题，避免那些低效率甚至失灵的政策，以及缺乏前瞻性和针对性政策条文。尤其可以避免政策条文中，概念混乱和随意使用概念现象的发生。比如，"代课教师"一词，在不同政策文件中使用的名称及称谓不同，2006 年及 2010 年教育部政策文件中既使用了"代课教师"又使用了"代课人员"的称谓。使用"代课教师"称谓的在某种程度上还承认代课教师属于教师群体的一部分，而使用"代课人员"称谓的则不承认其是教师群体的一部分。如果注重政策制定者的科际整合和有经验学者、一线教师参与，则可能会避免类似简单问题的发生。

第五，教师政策反馈渠道不畅。

任何群体的利益表达都需要通过特定的组织进行反馈表述（曹信邦，2005）。而在历史上，受集权体制影响，农村教师政策极少有反馈渠道。目前的政策制定过程注意了反馈系统的作用，但是，倾听和收集西部农村教师自身利益的组织机构较少，导致西部农村教师的利益表达渠道不多。在历届全国人大代表中，西部教师代表所占份额长期偏低，西部农村教师代表凤毛麟角。虽然各种媒体对西部农村教师政策问题关注较多，但大多数还局限在有限的空间内，那些远离城市的山村教师的利益诉求还很难得到社会舆论媒体的关注。一些西部农村教师政策的部分效用或功能偏移且不能及时反馈和纠正，西部农村教师政策有可能出现系统性的无效率偏差。目前在一些地方出现的西部农村教师群体事件，其根源多为政策执行反馈渠道不畅。

例如，西北某省（自治区、直辖市）在 2006 年招收了一批计划编外特岗教师，这批教师待遇和特岗教师相同，只是没有编制，3 年后要自动离职。在该政策实施初期，政府部门没有对这批教师 3 年后的就业情况作出明确交代，致使部分教师在蒙昧状态下选择了这种无编制的教师岗位。当他们在学校辛苦耕耘 3 年以为要转正时，才知道政策问题与缺陷，但此时他们已经找不到合理的政策反馈渠道。当他们在再择业过程中受到年龄、学历等方面限制，知道了政策更大缺陷与造成的后果时，已经找不到合理的政策反馈渠道，这些都严重影响到他们的生存与发展。

（四）农村教师政策制定结果问题

第一，从 21 世纪国家西部农村教师政策文本及其实施结果看，国家农村教师政策制定还存在许多缺陷。从支教教师的选择上看，支教教师选择的标准不够明确，影响支教的质量和效率。在支教教师的选择方面，政策只是在总体上要求选择素质和思想政治较好的教师到受援学校去支教，但在优秀支教教师思想素质的界定方面比较模糊，不够具体明确。对支教教师具体的条件，政策没有作出明确说明，导致许多支援学校选择支教人员的时候，仅根据"素质较好"这样的含糊标准来选择支教教师，很难选择合适的教师去受援学校支教。另外，在不明确受援学校缺少什么学科教师的时候，选择支教教师到受援学校支教，很可能造成缺少教师的学科仍然缺少教师，而不缺少教师的学科教师却多余的状况。甚至出现支援学校将本学校即将退休或者不属于教师岗位的所谓的教师选派到受援学校，对受援学校的教育教学工作不仅没有起到促进作用，反而给受援学校增加了不必要的负担。

第二，从支教教师管理方面看，支教教师的考核与管理不够完善，影响支教教师正向功能的发挥。支援学校选派支教教师到受援学校施教期间，因只要求转换临时行政、组织关系，隶属关系不变，而在政策中又缺少受援学校对支教教师的考核制度，导致支教教师到受援学校以后不认真工作，应付了事，等待着两年左右的支教期满即可完成任教任务回原学校。另外，有的教师为了职务评定和转正定级而要求去受援学校支教，因缺少必要的考核管理制度，这些教师在受援学校逃避工作，甚至出现只挂名而不去支教的现象，给受援学校增加了不必要的负担。

第三，从农村教育硕士制定情况看，"农村学校教育硕士师资培养计划"有其优势，但该计划的制订也出现一些问题。首先，计划的实施范围狭窄。"农村学校教育硕士师资培养计划"要求从具有推荐免试硕士研究生资格的高校中选拔部分优秀应届普通本科毕业生作为实施对象，却将有志于农村教育的非推荐免试高校学生拒之硕士门外，也忽视了没有推荐免试硕士研究生资格高校推荐免费师范生的资格。但实际上，许多没有推荐免试硕士研究生资格的高校也有很多学生想参加"农村学校教育硕士师资培养计划"，服务农村教育事业，这些学生因不是推荐免试硕士研究生资格高校成员而没有资格成为"农村学校教育硕士师资培养计划"对象，无形中影响了这些学生从事师范教育的积极性。其次，"农村学校教育硕士师资培养计划"政策要求毕业生到服务地服务3年，并在职学习研究生课程，给其工作学习带来了更大压力。因为应届生没有教学经验，初到农村学校需要有教学适应过程，教学适应本身有压力。在教学适应性没有做好的情况下，在城市接受高等教育，再学习研究生课程显然压力过大。

从职后教师培训、进修政策内容及其制定结果看，接受培训和进修的教师政策内容不够完善。"东西部对口支援计划"极少关涉接受培训和进修教师管理体制方面的内容，这在一定程度上影响了教师进修和培训的效果。虽然西部农村教师培训和进修方面也制定了考核制度和培训制度，但其缺乏行之有效的考核、监督和约束机制，很有可能导致师资培训机构与参加培训的教师共同应付培训，培训和进修的态度不认真，使培训和进修没有起到应有的作用和效果。

从教师政策结构层面看，教师政策内容也不够完善。有的教师政策注重西部地区教师的数量发展和质量提高，但缺乏有力的政策措施去改善西部地区教师的性别、年龄、专业结构，促进西部地区教师结构的优化；更缺乏感情、待遇方面的具体性政策措施来稳固西部地区教师队伍，最终造成西部地区培养和培训出来的各级各类优秀骨干人才大量外流。因此，随着西部教师数量满足和专业、学历层次的提高，国家西部教师政策的重点要放在各级各类学校教师结构优化和现有优秀人才的稳固方面。

总体而言，我国西部农村教师政策缺乏人本关怀，西部农村教师利益未得到很好体现。从20世纪80年代前农村教师政策变革的情况看，计划经济时代，每个社会成员都为集体和整个社会而存在。农村教师政策也只是考虑了政策能为农村地区和农村学生发展做什么，而很少考虑政策能为农村教师本身做什么，进而在一定程度上影响了教师工作的积极性。改革开放以来，特别是21世纪实施新的西部大开发战略以来，西部农村教师获得了更多人本关怀，农村教师利益得到一定程度的落实和体现，进而有效促进了农村教育和农村学生的发展。但是，现在政策设计的初衷仍然是西部地区教育活动的存在与发展，对西部农村教师自身利益关注不够，忽视西部农村教师利益的现象时有发生。一位乡村女老师给研究者表述过："我大学毕业后被分到了一个偏远的农村小学。学校除了我一个女老师之外，全是本村的异性老教师。下午放学后，其他老师都回家住，只有我自己独守学校。寝室还有老鼠，被子常常被它们咬破。每天晚上都不敢关灯睡觉，因为时刻还要做好与老鼠搏斗的准备。第二天，总是疲惫不堪，心情也不好。时间久了便开始厌倦这样的生活。每次'上面'来人检查，都只是关心学生成绩，而对于我们的处境却很少提及。由于在学校没有安全感，每想到这些就不想当老师了。"这位在学校感受不到安全感和人文关怀，过着单调业余生活的乡村女教师便是西部偏远农村学校广大女教师真实生活的一个浓缩。教师不是万能的，他们都需要领导、同事、家长和社会将其作为一个平常人来看待、来关怀。作为普通人——教师也想关爱亲人，也渴望与人沟通，也希望有时间娱乐，同时，他们更需要安全感、住房保障等。但许多问题因相应政策的不足、缺失或空洞而无法得到有效解决。

再比如待遇问题，相对于公务员工资来说，公办教师的工资偏低，而代课教师的工资更是无法与之相比。有调查发现，56.0%的教师对自己目前的工资待遇不满意，88.1%的教师对工作福利不满意（王慧和马晓娟，2007）。对于大多数教师尤其是西部农村教师来说，教师职业是一种谋生手段，即是常人实现生存的手段。但长期以来，一些政府行政部门缺乏对教师作为常人角色的理解和关注。从古至今人们对教师都具有很高的期望值，这种高期望值源于对教师角色中社会价值的极大关注和期待，而忽略其作为常人的角色，甚至使教师对自己也产生很强的期待和要求，自然教师也就承受了更大的压力。这直接影响了合理性农村教师政策的形成，也影响了农村教师的健康发展。

西部教师是西部教育存在与发展的基石和源泉，是西部教育的生力军和推动者，同时也是西部教师政策的制定对象和直接接受者。西部农村教师作为西部农村教师政策执行中最直接的受影响者，对政策实施后果具有重大的影响力。因此，在西部农村教师政策制定时必须关注他们的各种需要，西部教师也最有权利获得各方面的生存发展需要。西部农村教师政策只有"以西部农村地区教师为本"，充分考虑西部农村教师的利益，切实为西部农村教师服务，才能真正满足西部农村教育和学生的发展需要。

二、国家西部农村教师政策执行过程问题

（一）教师政策执行的内涵与要求

1. 教师政策执行的内涵

任何教师政策的提出和制定，都建立在某个迫切需要解决的教师和教师政策问题基础之上。而政策的制定和形成不等于问题的解决，教师政策的制定和

形成也不等于教师教育或教师政策问题的解决。教师政策的提出、制定、形成到教师政策目标的实现，是一个十分复杂的动态过程，或称之为教师政策的执行过程。若缺乏行之有效的执行，再好的教师政策也只能是一纸空文。

关于政策执行有两种基本观点。一种观点认为，政策执行由政策、政策执行者、执行计划及行动措施、目标群体、环境因素等五大要素构成，是政策执行者为实现政策目标、取得预期效果，依据政策指示和要求，不断采取积极措施的动态行动过程（袁振国，1996：179）。这种观点是从横向的空间分布要素构成的角度来理解和把握政策执行内涵的。另一种观点认为，政策执行是指政策在政策实践活动中得以贯彻、落实和推行、实施的全过程（孙绵涛，1997：145），它包括前期的准备工作、组织协调工作和中后期的评价、调节与反馈等。这种观点是从纵向的时间程序排列的角度来解释政策执行内涵的。也就是说，政策执行是政策执行者贯彻、落实政策措施，以达到预期目标的全部活动和整个过程。

借鉴政策执行的概念，本书认为教师政策执行可以理解为一个"过程"，它是教师政策执行者按照一定的政策方案，运用各种政策资源，在一定时期内为实现教师政策目标，把教师政策所规定的内容转化为有效现实成果的双向互动过程。从某种意义上说，教师政策执行是制定教师政策的目的和归宿。由于正式颁布的教师政策在执行过程中还需要进行反馈、修改和进一步完善，因此，教师政策执行又是教师教育政策制定的继续。

2. 教师政策执行的要求

政策执行由检查、指导和调整等几个环节构成，是一个复杂性过程。因此，做好政策执行首先要完整、准确地理解政策的确切内涵，并制订出切实可行的行动计划，在此基础上将执行计划付诸行动并进行不间断地检查、指导和调整方案，最后及时总结执行情况（袁振国，2001：308-317）。执行教师政策时，首先要完整理解教师政策的具体内涵，然后制订切实可行的执行计划。在教师政策实施的过程中，对其实施情况也要不断进行检查、指导并进行调整。最后，对政策执行结果要进行总结。

（二）执行西部农村教师政策的基本要求

1. 加强沟通认识，增强政策权威与政策执行的主体间意识

在执行西部农村教师政策的过程中，一方面，应当让教师政策相关人员特

别是西部农村教育行政人员，对教师政策的内容、政策执行的组织领导、协调和控制环节进行深入认识，提高西部农村教师政策相关人员对政策执行的认识水平，打破传统政策执行的主体感，这既有利于西部农村教师政策执行目标的实现，又能促使西部农村教师政策的民主化进程。另一方面，要加强西部教师政策制定机关和执行机关的沟通，让政策制定人员与执行人员在农村教师政策执行的过程中，共同协商执行目标所需要的人力、物力、财力资源，以及所需要的时间要求及执行的步骤和方法，克服政策执行过程的盲目性和简单随意性。

改革开放以来，西部农村教师政策执行过程中存在"上有政策、下有对策"现象，与西部农村教师政策执行人员缺乏政策权威意识有直接关系。因此，树立政策权威是执行好政策的必然要求。为此，执行西部农村教师政策时，西部农村教师政策执行机关和人员必须在法律和政策的范围内行事。西部农村教师政策执行者不得享有不受法律和政策调节和制约的特权，任何人都不能违背政策和法律规定行事。一切违背法律政策的行为都是违法行为，都要承担法律责任。

2. 优化西部教育执行机构，提高西部农村教师政策执行人员素质

教师政策执行是由教育执行机构具体组织实施的，教育执行机构的特性直接决定着教师政策执行的成效。很难想象一个无战斗力、无效率的官僚主义教育组织机构能够获取政策执行的成功。因此，执行好教师政策需要依据教师政策的特点和教师组织机构运行的基本要求，优化好教师政策组织执行机构。优化教师政策执行机构必须注意从以下几个方面考虑：第一，职责分明，明确规定每一个教师政策执行机关的权力大小和职权范围；第二，集中领导，统一指挥，保持政策目标、行动和指令的一致性；第三，健全执行制度，保障运行机制的有序化。

政策执行机构的运作依靠政策执行人员，教师政策执行机构运行的好坏依靠执行人员对政策的理解程度。因此，政策执行人员对政策的意向、态度和行为与政策执行效果有直接关系。西部教师政策执行人员不仅要具有更高的政治素质，还应具备更好的文化和教育专业知识。而教师政策执行人员良好的素质依赖于选拔好、培训好农村教师政策执行人员。因此，政策执行机构要重视西部农村教师政策执行人员的选择和配备，从懂政策、懂教育、有教师经历的人员中选择教师政策执行人员。同时，要不断提高西部农村教师政策执行人员的素质，让教师政策执行人员阶段性到专门的教育培训机构、教育政策培训机构

系统学习教育政策即教师政策内容，有针对性地把握政策执行的基本要求。

3. 做好农村教师政策执行过程中组织协调工作，提高政策执行力

一项政策的执行及其目标的实现，需要诸多机关、部门和人员之间的相互配合，密切合作。从科学管理的角度看，西部农村教师政策执行的协调要注意如下四个方面：第一，各机关和人员对国家或当地农村教师政策内容的理解要科学准确，不能含糊不清，避免因政策理解不一致、不统一导致政策执行偏差；第二，教师政策执行计划为执行之依据，要依计划而分工，避免发生事权冲突；第三，建立分工明确、统一高效的领导集体，才能集中各方面的政策执行力量，共同实现政策目标；第四，健全监督机制，保障政策的有序进行。

教师政策控制是教师政策执行机关和执行人员根据教师政策执行过程反馈的信息和一定的原设标准，对教师政策执行偏差行为进行矫正的过程。西部教师政策控制的需要来源于政策预设与执行的偏差，任何政策都是面向未来的。由于客观环境的变化和各种随机因素的存在，即使政策方案完全正确，实际效果与政策目标之间也会存在一定的差距。因此，农村教师政策在执行过程中需要不断进行反馈和控制。特别是在市场经济的条件下，在一个社会关系复杂的国度和不断变革的时代，西部地区发展不平衡，政策执行的效果也不一致，更要加强反馈控制，及时调整和矫正教师政策内容。

（三）西部农村教师政策执行问题

从历史和现实及西部农村教师政策预设情况与执行结果看，西部农村教师政策执行过程中存在的许多问题，归纳起来主要体现在以下三个方面。

第一是歪曲型执行。歪曲执行是指故意改变政策内容要求，不按照政策本来的意义去执行。从制度设计层面上看，国家有关教师教育的政策法规越来越有利于农村教师自主发展，但具体到地方和学校层面，许多地方和学校做不到感情留人、待遇留人、事业留人。

"歪曲"分为以下两种情况：一种情况是"故意扭曲"，由于农村教师政策的要求与本地区、本部门的利益不符，农村教师政策执行主体就利用政策的抽象性和概括性，借用本地区、本部门的特殊性，故意歪曲农村教师政策的内容要求，作出与上级所规定的农村教师政策表面一致而违背实质的不同解释，使得上级教师教育政策要求难以得到真正落实，预期的教师政策效果被减弱甚至无法实现。比如，在代课教师政策问题的处理上，一些西部地区不问情况，一概

采取清退而不予补偿的办法，违背了国家清退代课教师政策的精神，造成了不良后果。一些地方违背国家代课教师政策精神和教育工作的本质要求，不断聘任新的代课劳动者而非教育工作者，直接影响了农村教育的质量与效率。另一种情况是"无意扭曲"，主要是农村教师政策的执行者政治、业务素质较弱，理论水平偏低，理解能力较差，对农村教师政策精神的实质认识肤浅，因此把本来正确的农村教师政策理解歪曲，贯彻起来自然"走样""变形"。比如，在西部农村教师培训政策执行的过程中，国家规定每个学校必须派遣骨干教师参加培训，而有些学校为了不影响学校正常教学，常常派一些老、弱、病等无教学能力的教师去参训。这样虽然完成了国家对参训人员的培训任务，但是，并未使需要提升发展的教师得到应有的培训，进而违背了国家农村教师培训政策的初衷。还有一种情况是把本来不正确的政策解释和执行的更加走样。比如，20世纪50～70年代，一些地方对待右派知识分子采取无情打击和迫害的做法，大大超出了国家政策范围，也严重影响了农村教师发展。

造成西部农村教师政策扭曲执行的原因是多样的，一方面是西部农村地区许多教育工作者自身的观念落后，政策能力和水平不高，无法完全理解国家农村教师政策的内容。在西部农村地区，很多优秀的中小学教育工作者受城市学校经费、待遇、环境等因素影响，纷纷流入城市学校。剩下的教师普遍学历偏低、知识层次不高、观念落后、知识更新速度缓慢，加上教育经费不足，广大教育工作者无法获得学习进修机会，难以理解和消化国家相关政策文本。而在年龄结构上，农村教师老龄化现象严重，尤其是一些乡村小学教师的平均年龄都在45岁以上。这些教育工作者仅凭借经验执行相关政策，而不愿意思考和探究如何更好地执行相关政策，进而导致政策执行中的扭曲。另一方面是相关部门对西部农村教师政策宣传不够。西部农村地区的广大教育工作者，特别是教育行政部门官员对国家相关教师政策内容了解不够全面准确。西部农村教师政策宣传的渠道一般只有大众传媒、教育系统内部学习和研究文本三种，也就是既可以利用报纸、杂志、广播、电视等大众传媒对西部农村教师政策进行解释和宣讲，也可以通过教育部门组织系统召开宣传会议层层向下传达，还可以聘请西部农村教师专家和西部农村教师学术权威撰写学术论文。通过各种形式的农村教师政策宣传，可以在更大范围内让广大西部农村教育工作者充分认识到推行西部农村教师政策与西部农村教师自己切身利益之间的紧密关系，使西部农村教育工作者认同并自愿积极地接受西部农村教师政策，从而为西部农村教师政策的有效执行奠定坚实基础。然而现实却事与愿违，相关部门在政策宣传上做的不尽如人意。由于西部农村交通不便、信息闭塞、学校位置比较分散，各级政府对政策的传达采用的主要方式是召开会议传达文件，层层向下传达文件精神。在本研究过程中发现，这种念读文件的会议越往下进行，就越流于形式。一般是教育行政部门领导或学校管理人员去上级部门参加会议，会议结束后，重视上级政策的地方政府行政部门以会议形式继续传达和学习会议、文件精神；不重视上级文件精神的地方往往只是随便说说而已，草草了事。以至于下面办事人员不能完整准确地理解政策文本，出现单靠片面了解和主观猜测执行政策的现象。

第二是机械性执行。机械性执行是指不从实际出发，完全照搬照抄式地执行相关政策的方式。西部教师政策机械性执行是指西部教师政策执行者主体无视西部教师政策的精神实质，不考虑西部教师所处的变化了的客观环境条件，对相关西部教师问题不能因时、因事、因地作出具体分析，机械地照搬其上级所规定的西部农村教师政策；或者表现为无视西部教师管理中出现的各种新情况、新问题、新特点，机械地照搬陈旧的、过时的农村教师政策。受社会环境影响，机械性执行在 20 世纪 80 年代之前非常普遍和严重。20 世纪 80 年代以后，由于国家高压严管方式的放宽，政策执行的机械性有一定缓解。但各地区机械执行国家教师政策的情况仍然普遍存在。比如，清退代课教师政策提出后，很多地方不考虑自身实际状况，只是一味执行政策，导致许多农村学校教师急剧短缺，学校的教育教学工作无法及时开展。

第三是选择性执行。选择性执行是指政策执行主体完全根据自身爱好需要执行政策的方式。教师政策选择性执行是指教师政策执行主体——各级政府在执行国家教师政策的过程中，根据自己对国家教师政策目标体系的主观理解，把一系列教师政策目标分为"硬指标"和"软指标"，然后有选择地执行软指标的一种行动方式。20 世纪 80 年代以前，在计划经济时代和科层管理体制下，地方政府需完全贯彻执行国家农村教师政策，没有任何选择的余地。20 世纪 80 年代后，在市场经济体制下，国家教育控制力在逐步减弱，各地选择性执行农村教师政策的可能在增大。比如，特岗教师工资发放政策，西部特岗教师待遇问题：国家政策在《农村义务教育阶段学校教师特设岗位计划实施方案》规定，"农村义务教育阶段学校教师特设岗位计划"所需资金由中央和地方财政共同承担，以中央财政为主。中央财政设立专项资金用于特设岗位教师的工资性支出，并按人均年 20 540 元的标准与地方财政据实结算。特设岗位教师聘任期间执行国家统一的工资制度和标准；其他津贴补贴由各地政府根据当地公办教师年收入和中央补助水平综合确定。凡特设岗位教师工资性年收入水平高于 20 540 元的，高出部分由地方政府承担。地方政府负责统筹落实资金，用于解决特设岗位教师的地方性补贴、必要的交通补助、体检费和按规定纳入当地社会保障体系，享受相应的社会保障待遇（政府不安排商业保险）应缴纳的相关费用，以及特设岗位教师岗前集中培训和招聘的相关工作等费用。然而，不少西部地方政府以财政不足为由，除了给特岗教师国家每年支付的 20 540 元固定收入外，由地方财政所担负的地方性补贴、交通补助等基本都不能落实。另外，许多农村地区的地方政府部门为了更好地保护自身利益，也会选择或拒绝执行相关政策。例如，尽管随着人事制度改革的不断深入，国家近几年培养了几十万师范类大中专毕业生，而且国家相关部门也不断下发文件，要求地方部门都要做好大中专毕业生的就业工作，避免师范类毕业生转行。但不少师范类毕业生却不被地方政府部门接受，不能顺利走上教师工作岗位。这其中有地方政府用人机制上的问题，如一些西部农村地方政府部门甚至拒绝接收新毕业的大中专毕业生。因为这部分人的工资要求要比民办或代课教师的工资高出几倍，地方政府财政无力支付也不愿意支付这笔费用。这些现象的存在客观上影响了国家农村教师政策执行的进程。

三、国家西部农村教师政策执行结果问题

从半个多世纪西部农村教师队伍的发展情况看，随着国家经济社会发展水平的逐步提高，国家对西部农村教师的社会价值给予了更多肯定、对教师生活给予了更多关怀，国家对西部农村教师队伍建设方面的投入有了明显增加，西部农村教师数量也有了明显增加。西部农村教师的素质从学历层次、专业水平、教学能力等方面也都有大幅度提高。但相对城市和东部地区而言，西部农村教师队伍的建设依然处于落后状态，这当然与西部农村教师政策的制定和执行有密切关系。从数十年来国家制定的多项西部农村教师政策效果分析来看，国家西部农村教师政策执行结果上的问题很多，归纳起来主要体现在以下两方面：从教师角度讲，西部农村地区优秀师资贫乏，优秀教师资源大量流失，教师队伍整体素质不高。这既可以从西部农村教师队伍演变的历史进程中看出，也可以从西部农村教师队伍现状中系统分析说明。而导致此问题的根源之一就是国家形成的西部教师政策内容不合理、政策倾斜度不够、资金投入不足、留不住优秀教师，使西部教师队伍无法得到快速发展。资金不足的同时教育资源匮乏，

使本地很难培养出合格教师，而外地教师则苦于待遇的偏低、环境的艰苦，流入更少，最终导致教师素质普遍较低。而民族地区长期实施双语教学，这就既需要掌握少数民族语言的教师，又需要接受过专业教育的教师，这对当地教师的素质提出了更加苛刻的要求。由此以来，在西部农村教师队伍数量上都无法保证，更谈不上质量问题。虽然国家不断制定和更新一系列吸引人们扎根西部农村学校的教师政策，然而相对于东南沿海和大中城市天然优良环境和高额待遇的吸引，西部农村地区的优惠措施显然逊色了很多。就连西部本土的很多优秀的高学历师范生也流入城市和东部发达地区。有人对甘南藏族自治州367名教师调查以后发现，具有大中专学历的教师仅占80%；1991～1997年没有分配来一名理工科大学生，教师特别是数学、物理、化学、英语、计算机教师全线告急（李发军，2004）。

从高校毕业生支教政策执行结果看，该政策有其优势，也有一些缺陷和不足。其缺陷和不足主要表现为：首先，服务前的许多配套政策不到位，服务期满后的再就业政策不明确，影响了支教者服务期间的稳定性。依照相关政策规定，每位支教者依照"三支一扶"计划、"大学生西部志愿服务计划"到西部农村服务两三年后，普遍需要重新择业。虽然政策上给予了这些支教毕业生重新择业上的一些优惠办法，但仍然存在重新就业方面的许多问题，这无疑会影响支教大学生支教心理和支教行动的稳定性。为了能尽快找到一份稳定工作，许多支教人员在服务期间，就开始参加社会上的各种招聘考试，以求迅速实现职业身份的转换。因此，多数支教人员都将支教活动视作暂时的生存方式。一旦被社会考试成功录取，他们会毫不犹豫地选择离开。支教学校对这种现象也无可奈何，只能承受因此而造成的不便和损失。其次，受服务年限和服务规定限制，支教教师不能在支教工作结束后，继续利用自己逐渐积累起来的教育智慧开展工作，影响了自己能力和水平的发挥。"三支一扶"计划和"大学生西部志愿服务计划"服务期是1～3年，这对于刚毕业的大学生来讲是事业的起步期，他们没有教育经验，无法有效开展教育教学活动。对于师范院校毕业的学生来讲，他们需要慢慢积累经验，学会将教育理论与实践结合起来。而对于非师范类专业毕业的学生来讲，一切都是从头开始，既需要一边学习又需要一边工作。3年时间，在训练学生的过程中、在课堂锤炼的过程中、在与农村学生相互磨合的过程中，这些支教教师逐渐成为有经验的老教师。然而经过3年时间的锻炼，在教育工作刚刚走向稳步上升阶段的时候却面临着转岗的境遇。他们有的留在了教育岗位继续从教，有的却离开了教育岗位。多数离开工作岗位的教师均已初步掌握了教学方法和技巧，成为一名可以胜任教学的新教师。如果基本训练成型的新教师离开了教师岗位，既会影响新教师自身发展，无形中也会给受援学校带来一些损失。最后，支教计划由基层教育行政部门单向组织实施，增加了政策实施的弹性和不公平性。从支教教师的利用效率看，依据各学校的教学需求，将支教教师均衡的分配下去有利于有效发挥其作用。但在支教教师的分配过程中，绝大多数受援学校没有选择教师的权利，而是由教育行政部门统一分配。各教育部门往往将素质比较好的教师留在了县镇工作，而将县镇不愿接收的学生分配到了农村，造成县镇与农村学校不能公平选择支教教师的情况。

就免费师范生政策而言，其制定实施问题的后果也是显而易见的。首先，它过早地限制了学生的专业和职业发展。免费师范生合同规定，免费师范生要从事中小学教育十年以上，并在农村学校服务两年，否则要酌情退还学费。而普通高中毕业生在没有接受大学教育之前，还没有设计好自己的职业规划，对自己将来喜欢和愿意从事哪一个行业还没有明确的想法。因此，他们的职业选择只是表面上对自己就业方向的一种选择，是一种不成熟的选择。而许多家长只看重眼前的优惠政策，对免费师范生政策的具体内容又缺少必要的了解。在这种不了解和盲目的情况下签订的免费师范生合同，无形中限制了这些高中生今后的职业选择。因此，免费师范生政策强制了不少不确定自己职业特质的高中生的人生选择，命令其到农村学校工作两年以上并在中小学从教十年以上，无疑影响了他们的自由、自主发展。其次，该政策的细节也存在许多漏洞，主要表现为：一是政策规定免费师范生上学期间不缴纳任何费用，毕业后相关省（自治区、直辖市）还要为其提供有编有岗的教师工作岗位，这可能使得部分免费师范生容易形成"上学不交学费、毕业就有工作"的安逸状态。免费师范生上学期间享受着其他的大学生所没有的优惠待遇，不仅上学不用交学费，毕业之后还有工作，可能还会导致部分免费师范生形成消极心理和消极行为：在大学里不认真学习，浪费宝贵的学习时间进行人生游戏活动。二是免费师范生政策规定免费师范生应到农村服务两年。但是，刚毕业的大学生没有教学经验，他们到农村还是一个积累经验、实习学习过程，对所去的农村学校并不能起到应有的积极作用。另外，对于两年农村服务期限，很多家长和学生都耿耿于怀。免费师范生多数来自生活条件比较差的家庭，这些学生读大学是为了不在农村而是在城市生活。但合同规定毕业后要到农村服务两年，这使得广大准免费师范生和家长签订免费师范生合同时顾虑重重。最后，存在区域间的不公平问题。免费师范生政策要求免费师范生毕业后回生源地任教，这对不同户籍区的学生不公平。如果是宁夏银川市的学生毕业后回到银川工作，两年的农村服务是到银川郊区，两年后回到银川市；而对于西部农村学生来讲只能是回到贫困山区服务两年，再回到西部城市工作，对于西部农村学生来讲存在一定的不公平性。银川城市生源学生的能力不一定比西部农村生源学生强，只用生源地分配免费师范生，无形中会导致一定的不公平问题。

就农村特岗教师政策实施结果而言，农村特岗教师政策也有不少问题。主要表现为政策制定目标与政策执行结果的不统一。特岗教师政策的最初目标是西部农村地区和西部农村教育，但在实施过程中逐步推向了城市和东部地区，影响了西部农村教师队伍的补给。因此，国家特岗教师政策的制定与地方执行上的不统一，影响了特岗教师政策实施效果。此外，从特岗教师的来源方式和招聘办法上看，不加区别地看待和招聘师范专业毕业生与非师范专业毕业生，影响了农村新上岗教师的整体教学质量和水平。因为师范专业毕业生大都有实习实践经历，可以按程序进行教育教学活动，而非师范专业毕业生大都没有教育实习经历，不懂教育教学的基本规程，直接影响其教育质量和水平。

从清退代课教师政策看，清退代课教师对学校教育教学质量的提升和学生发展的积极之处显而易见，清退的代课教师个体对社会的负面效应也非常明显。首先，不加区分地清退代课教师会给社会带来负面影响。清退代课教师政策是在国家宏观教师教育政策指导下，由各级地方政府分步具体操作完成的。有的地方教育行政部门采取"一刀切"的方法，将代课教师全部清退，给予的补偿极少甚至没有，无奈之下，一些被清退代课教师通过示威游行等请愿方式维护自己的合法权益，却给社会带来了负面影响。有的代课教师被清退后因年龄过大而无法再就业，连基本的生活都无法保障，直接影响其存在与发展。其次，清退代课教师政策内容弹性不足，增加了清退难度。我国解决代课教师的问题已经持续了多年，农村大部分代课教师因此已被清理出教师队伍，余下的代课教师多分布在西部及边远贫困地区。这些地区公办教师不愿意去，即使去也留不住，只能由代课教师填补空缺。若将这部分教师清退出教育行列，这些地区的学校很可能面临停课危险。而且，从国外发达国家来看，代课教师也是形成正式教师过程中不可或缺的一个重要环节。只有经历代课教师环节、被检验为合格的教师，才可以成为终身教师。未经历代课教师环节而直接成为正式教师的不合格教师，往往会给教育教育教学活动和教育教学管理带来更大的麻烦。

具体而言，国家西部农村教师政策在农村教师队伍自身上的后果体现主要有以下几点。

1）农村教师待遇低下，年轻教师外流严重，教师队伍不稳定。西部本来就是欠发达地区，自然条件差，教育经费欠缺，教师待遇相对城市或东部发达地区偏低，而西部农村教师待遇问题更是处于不良运行状态。西部农村教师和西部城市教师的收入和教学条件，就存在很大差异：农村教师无论从办公用品还是网络资源的摄取上都远远落后于城市教师。以宁夏银川市西夏区某实验小学和固原市某村小学相比，无论从生源还是办公条件来讲相差都很悬殊。银川实验小学的教师每逢过年过节都有一定津贴补助，并附加一些慰问品，而固原农村小学的教师就很少有如此待遇。基于这种现实，不少农村教师为了养家，不得不兼职以增加经济收入，缓解生活压力，从而导致教师无法专心从事教学工作，也导致年轻教师纷纷流向城市或经济发达地区。笔者从宁夏某市了解到，2012 年一个暑假，该市所属的一个县的农村就流失教师 100 多人，而该市所辖农村教师流失高达 600 多人。就是那些仍然"坚守岗位"，原本出自"热爱教师职业"而走上教育工作岗位的农村中小学教师，也逐渐开始厌倦这个职业。这种公办教师不愿意承担，代课教师"亦农亦教"的现象，造成西部农村教师队伍极不稳定，也使西部农村基础教育雪上加霜。

2）教师资源配置不均衡，学科结构不合理。在西部不少农村中小学中，由于历史上缺乏教师专业化的发展要求，现实中教师专业化政策执行乏力，不少学校的教师资源配置不均衡，教师学科结构不合理。据了解，西部农村小学的大部分专任教师是语文、数学教师，有些省（自治区）如广西、甘肃和宁夏部分小学的语文、数学教师比例高达 90% 以上，其他课程的教师极少，大部分学校的美术、音乐、体育、英语和计算机专业教师严重短缺（马立，2006：219）。有一些学校甚至没有这方面的专业教师，只能由其他专业教师兼任。这种教非所学、学非所用的状况不仅不符合基础教育的改革要求，同时也大大制约了农村学生的全面发展。

3）教师课业负担沉重，工作和心理压力过大。由于教师政策制定、执行上的问题，工作量过大是西部农村中小学教师面临的普遍问题。笔者通过访谈了解到农村中小学教师的工作量过大主要表现在两个方面：一是任课科目明显偏多。西部不少农村地区地广人稀、学校规模普遍偏小，教师编制相应较少。但国家规定的课程却都需要开设，这无形中加大了教师的工作压力。由于农村教师数量不足，农村小学教学点、复试班和少数民族学生人数比例相对较高等特点，有相当一部分教师被迫进行包班任教。有些小学无论语文、数学还是其他科目，都是一位教师担任，甚至还存在一个教师同时担任几个年级课程的现象

（马立，2006：218）。二是平均每周课时数明显偏多。西部地区的不少农村中小学教师的平均课时一般为每周 20 节，小学相对更多一些，远远超过了国家规定。教学负担过重，成了压在他们身上的一块巨石。同时，按照课程改革的要求，西部农村教师还肩负着由单一知识的传授者转变为综合型、科研型或创新型教师的任务，由传统的教学方式转为现代化教学方式的重任。要完成这样的转变，农村教师就需要参加各种各样的培训，但紧张的教学生活使亟待自我更新的农村教师望洋兴叹，这也给农村教师带来了工作和生活上的双重负担。此外，农村中小学教师还要承受各种沉重的心理压力。小学教师的心理压力主要来自超负荷的工作量，而初中教师的心理压力除工作量大之外，还有晋职、晋级、发表论文方面的科研压力。这里不仅缺乏科研环境和科研条件，又缺乏科研指导，希望通过撰写发表科研论文获得职务职称晋升无疑比城市教师更困难。

此外，西部农村教师政策执行后果还体现在学生的存在与发展上。所谓"名师出高徒"，让能力不行的师资队伍培育出大批优质学生的确不太可能。然而如果国家不在西部教师政策制定和执行过程中加强倾斜力度，制定出一整套科学有效、适合西部农村教师发展，满足其切身利益的政策，西部农村学生可能永远无法和城市及东部学生在师资需求上达到公平和平等，从而对西部农村学生的发展带来更大困难。改革开放以来，西部农村学生大规模城市化迁徙，一个重要原因就是对农村升迁流动教师的追逐，也是对城市优质教师队伍的追逐。设想在合理的农村教师政策引导下，农村地区依然会有优秀师资队伍存在，农村学生也不会大规模向城市流动。

第二节　西部地方农村教师政策问题

一、西部地方农村教师政策制定问题

在科层社会管理体制下，各地区农村教师政策制定上的问题有许多相似之处，但西部各地情况不同，各地农村教师政策制定部门、制定者不同，各地制定农村教师政策的方式、方法不同，导致各地农村教师制定上存在不同问题。

20 世纪 80 年代之后，各省（自治区、直辖市）制定农村教师政策的次数和频率逐渐增加，反映了教师政策受到高度关注的同时，农村教师政策的稳定性在降低。反过来又说明，农村教师政策总体上在执行国家农村教师政策精神的同时，开始根据本地区特点，灵活制定各自的政策措施。

20世纪90年代至21世纪，云南、贵州、青海等许多西部省（自治区、直辖市）依据国家农村教师政策精神，就民办教师、支教教师、教师培训和知识分子到农村地区改造等方面制定了许多农村教师政策。从政策内容及特征看，各省（自治区、直辖市）各项农村教师政策紧紧依靠国家教师政策，亦步亦趋地围绕国家教师政策展开，有些政策要求甚至超出了国家教师政策范畴。在民办教师政策方面最突出的问题是，各地方普遍存在机械性执行国家民办教师政策的情况。因此，受国家民办教师政策变化等因素影响，西部各地方民办教师政策普遍不稳定，影响了农村教师队伍建设中数量与质量关系的合理性建构。在知识分子改造政策方面，有些地方只注重知识分子思想意识改造，而忽视了其内在需要的满足；有些地方运用客观审视主义态度，对知识分子采取了过度排挤和打压的方式；有些地方为了提高农村教师政治地位而将农村骨干教师引向政府机关，在不同程度上影响了农村教师队伍建设的速度和质量。而各个省（自治区、直辖市）普遍存在机械性执行国家知识分子改造政策现象，在总体上损害了农村教师队伍建设的速度和质量。

21世纪之后，西部地区依据国家西部农村教师政策和国家农村教师政策的精神制定了许多农村教师政策措施，其中有些政策在实践中产生了良好效果，有些政策在制定上有问题，给实践带来了消极后果。

（一）西部地方农村教师政策制定问题

1. 西部地方大学生到农村支教政策制定问题

从21世纪西部地方大学生到农村地区支教政策内容及其特点可以看出，21世纪西部地方大学生到农村地区支教政策有其优点，也有一些明显的缺陷与不足。从宁夏"大学生志愿服务西部计划"内容及特点看，宁夏大学生到农村地区支教政策有四个明显不足。第一，该政策缺乏强制措施和要求，对扶贫支教学生没有行之有效的约束办法，导致扶贫支教过程中相关部门对支教学生放任自流，从而影响了活动的实效性，甚至影响许多农村学校正常的教育教学秩序。第二，扶贫支教活动内容不统一，有些地区支教活动过于简单，不能深入到支教学校的课堂活动中去，对支教地区教育教学活动缺乏实际有效的影响。第三，政策的形式目标与内容目标不统一，影响了支教效果。支教的形式目标是支援农村教育教学活动，内容目标实际是解决大学生就业问题。第四，一些政策过多地强调统一性，缺乏特殊性。21 世纪大学生到农村地区支教政策重要支点——"三支一扶"计划是针对支农、支医和支教三方面提出来的，但宁夏地区农业、医疗和教育三个行业发展水平明显不同，对从业人员的知识、技能素质要求也具有明显的差异性。因此，以统一的政策方式对待和要求三类志愿者人员，不利于每个行业和行业人员的发展。

从新疆"大学生志愿服务西部计划"内容及特点看，大学生到农村地区支教政策的不足主要体现在以下四点：第一，政策的形式目标与内容目标不统一，影响了支教效果。支教的形式目标是支援农村教育教学活动，内容目标实际是解决大学生就业问题。因此，在支教方面该政策仍然是一种临时性措施，只能暂时缓解农村教师紧缺的问题，不能从根本上解决新疆农村地区急需师资的问题。第二，扶贫支教活动缺乏强制措施，不能保证扶贫支教学生都能扎扎实实地进行扶贫支教活动，从而影响扶贫支教的质量和效果。第三，扶贫支教活动内容非常有限，造成扶贫支教的学生不能从支教活动中真正受益，从而影响支教的质量和效果。第四，注重精神激励而忽视物质激励，不利于全面调动支教人员支教的积极性。

从四川大学生到农村地区支教政策内容及其特点看出，四川大学生到农村地区支教政策的主要不足主要有：第一，一些政策过多地强调项目在宏观上的统一要求，缺乏具体特殊性内容。第二，部分政策条文规定过细，给政策执行带来了一定难度。尤其休假制度在不同行业中有所不同，应区别对待。教师职业更加特殊，不应与其他行业一样进行休假。

总之，通过以上分析可以看出，西部地方大学生到农村地区支教政策都是国家为了缓解大学生就业难问题，解决社会就业矛盾而采取的临时措施，不少地区大学生到农村地区支教的政策都具有临时性、间接性等特征，不能有效保证大学生到课堂教学活动中去，对当地农村教师队伍建设和农村教育教学质量提升不能产生实质性作用。

2．大学生到农村就业政策问题

（1）西部地方农村义务教育阶段特岗教师政策问题

依据辩证唯物主义思想，任何政策都有其可借鉴之处，也有其缺陷。西部地方特岗教师政策的优势显而易见，但西部地方特岗教师政策也有一定的不足。

就宁夏地区而言，首先，从用人权利层面分析，应聘者面试分值高时，用人学校没有面试筛选教师的资格；面试分值低时，用人学校有了面试筛选权，但筛选的权利极其有限。这反映了用人学校始终没有良好的用人自主权，影响了被选特岗教师的针对性。 其次，从用人范围分析，越来越注重宁夏户籍考生，不利于面向全国招录教师，不利于优化教师队伍地缘结构，也不利于教师队伍建设。最后，相比较而言，更注重小学教师的专业化水平，忽视中学教师的专业化程度，拉大了中小学专业化差距，影响了中学教师的专业化发展。

从新疆地区来看，新疆地区特岗教师政策的优势非常突出，但特岗教师政策也有一些问题和不足。首先，分类招募不同学历教师，也会导致教育发展水平不高的县市仍然缺少高水平教师，不利于本地教育均衡发展。同时，招聘教师的学历差异还可能进一步拉大各市县的教育差距。其次，对教师专业化水平要求不高，特别是对本科以上学历者的师范专业状况不作要求，直接影响了农村教师队伍的师范专业化发展，影响初入职教师的整体教育教学能力，继而影响学生发展。

从四川地区看，四川地区农村特岗教师政策的优势显而易见，但其特岗教师政策的不足也不容忽视。首先，特岗教师加分政策存在某种不合理性，特别是对优秀考生的加分可能会引起更大的不公。优秀考生完全可以凭借自己的"优秀"和能力脱颖而出，顺利进入特岗教师行列。对优秀考生的加分可能会给社会上造成一种影响：优秀考生不一定本来就很优秀，或许有很大水分，或许存在人为制造的优秀考生，从而造成社会信任危机现象蔓延。其次，过于注重应聘前的教育教学经验，影响了具备一定专长的应届大学生进入特岗教师行列，继而造成一些优秀教育类人才的流失。最后，过于注重聘用教师的行政能力，忽视了教师主要素质和专门素质的发掘和考察，进而影响高质量、高水平教师的录用。

从以上三个省（自治区）特岗教师的政策问题分析中可以看出，西部地区特岗教师政策在补给当地教师数量与质量的同时，也存在一些明显问题。其中有些问题是个性化的，如四川特岗教师政策过于关注农村教师一般行政能力的考核，新疆特岗教师过于关注不同区域教师的学历差异，宁夏特岗教师政策过于关注当地籍教师的录用。也有许多问题是共性的，如普遍对特岗教师的专业化要求不高，影响了农村教师队伍的专业化发展。各地方招聘特岗教师政策的内容和方式上也存在问题，也影响了招聘的实际效果。

（2）西部地方免费师范生政策制定问题

根据辩证唯物主义理论，任何政策都有它的两面性。宁夏地区免费师范生政策有其积极之处，也有许多问题与不足。首先，就免费师范生就业去向看，实施免费师范生政策以来，宁夏地区绝大多数免费师范生都至少在县城以上学校实现了就业，极少有免费师范生完全到农村学校就业的情况，这违背了国家及宁夏实行免费师范生政策的初衷。该情况不利于将国家有限的教育经费用于农村教育事业上来，也不利于缩小宁夏城乡教育差距，促进城乡教育一体化发展。其次，就免费师范生的就业方式来看，宁夏确定了统筹安排和双向选择两种安排方式。相对而言，统筹安排的免费师范生没有选择的余地，其就业方式不够公平。就宁夏地方招收的免费师范生政策而言，将其招生范围限定在一般性地方院校，难以招收到高素质免费师范生。而且，将免费生招生和就业范围局限在小学教育专业，就业过程中又没有农村要求，不能确保农村地区和中等学校教师队伍发展。

新疆地区免费师范生政策也有一些明显不足。首先，只是鼓励非定向免费师范生从事教育事业，不通过强制措施不能确保非定向免费师范生投入到教育事业中。在地方教育经费非常有限情况下，这种现象必然给地方造成极大的教育经费浪费。其次，在招生政策上，新疆规定免费师范生招收范围仅限于新疆地区，不招收其他省（自治区、直辖市）的学生，这实际上不利于优化新疆地区免费师范生的地缘结构，不利于不同地域文化的交流和沟通，更不利于扩大视野，促进免费师范生知识结构的改善和未来工作的开展。

就四川地区而言，四川免费师范生政策也有不足之处。首先表现为，政策没有要求对免费师范生知识、技能、能力等情况进行详细地鉴别、规定，就要求给免费师范生全部安排教师工作岗位，这会使一些不适合做教师工作的免费师范生进入教师队伍行列，从而影响教师队伍整体的质量和水平。其次，将免费师范生就业任务分派到各个市（州），强制其完成免费师范生就业任务。而且，政策规定没有完成免费师范生就业任务的市（州）不得新进教师，这种规定过于刚性。因为有的地方本身不缺教师，强行安排的教师反倒可能造成本来紧缺的师资资源浪费。就地方免费师范生招生政策而言，四川新出台的免费师范生政策提出的分数线不高，难以选拔到高素质的免费师范生，必然影响免费师范生的质量。就地方免费师范生培养政策而言，新出台的四川地方免费师范生招生政策将四川地区免费师范生的培养学校扩大到全省多个学校，各个学校办学水平参差不齐，也难以保证培养质量。

总之，西部各省（自治区、直辖市）免费师范生政策有其优势，但不同省（自治区、直辖市）免费师范生政策也有其缺陷。例如，宁夏国家免费师范生在城镇就业，地方免费师范生在小学就业，新疆免费师范生可以跨行业就业，四川强行摊派免费师范生就业任务并将地方免费师范生降低分数线，难以招生到高素质免费师范生，必然会影响农村地区的师资队伍建设。而从免费师范生政策的发展趋势看，随着从最初的教育部直属的六所师范大学培养免费师范生政策到各省（自治区、直辖市）大规模培养免费师范生，免费师范生质量下降又成为总体趋势。

（3）21世纪西部地方"农村学校教育硕士师资培养计划"政策制定问题

从唯物辩证法和矛盾论的观点看，任何政策都有其优点，也有其缺陷和不足。从21世纪西部各地"农村学校教育硕士师资培养计划"看，21世纪西部各地方农村学校教育硕士师资培养政策具有其不同的优势，也有其相应的不足和缺陷。宁夏"农村学校教育硕士师资培养计划"可能的缺陷与不足：① 形式单一。宁夏农村教育硕士只有特岗硕士一种，不能从应届本科生中获取更多、更好的生源。② 激励措施不足，不能有效调动基层学校与教育行政部门的积极性，影响该项政策的有效贯彻和执行。③ 学费来源方式不合理，学费自理，影响农村硕士的学习积极性。④ 报考条件不合理。报考的前提是工作三年期间年终考核要有一次优秀，增加了报考条件，影响了报考效率。而且，年终考核优秀名额少，评比过程中人为因素多，很难真实地反映一个教师的教学成绩。⑤ 教育方式不合理。在不同教育阶段就业的农村教师接受相同的教育专业硕士课程内容，不利于高等院校根据中小学不同教育阶段学生知识特点和需要进行相应教育，也不利于各教育阶段"农村硕师"依据自身知识特点获得相应提高。

从21世纪新疆"农村学校教育硕士师资培养计划"变更情况看，该政策具有显著优势，但也有一些缺陷和不足。其缺陷与不足主要表现为：① 认证方式不合理。以寒暑假在职学习为主，集中系统学习一年知识的上课方式，既能获得研究生毕业证书又能获得学位证书，对统招研究生的学业成长可能会造成负面影响。② 培养方式不合理。在中小学不同教育阶段就业的农村教师接受相同的教育专业硕士课程内容，不利于教育硕士培养院校根据中小学不同阶段"农村硕师"不同知识特点进行相应教育，也不利于不同教育阶段"农村硕师"利用自身知识特点获得有效发展。

从21世纪四川"农村学校教育硕士师资培养计划"变更情况看，该政策的可能问题、缺陷与不足主要表现为：①政策内容维持了国家农村教师政策的统一要求，缺乏灵活性和地方特点。四川农村硕士政策基本是国家农村教育硕士政策的简单传递，较少结合地方实际进行变化。② 政策组织实施方式不合理，忽视了省级教育行政部门在农村教育硕士培养方面的责任，将农村教育硕士培养的主动权完全交给了地方，无疑会影响各个地方农村高学历教师的平衡发展。

从以上三个省（自治区）大学生到农村地区就业政策问题的分析中可以看出，西部大学生到农村地区就业政策在给农村地区带来教师数量与质量提升、促进农村学校得到发展的同时，也存在一些明显的问题，其中有些问题是本地性的。例如，四川特岗教师政策可能过于关注农村教师一般行政能力的考核，新疆特岗教师政策可能过于关注不同区域教师的学历差异，宁夏特岗教师政策则可能过于关注当地籍教师的录用。当然，也可能有一些共存的问题与不足。例如，各个省（自治区）普遍对特岗教师的师范专业身份不作要求，影响了农村教师队伍的专业化发展。各地方招聘特岗教师政策的一些具体内容和方式也可能存在问题，影响了招聘的实际效果。就免费师范生政策而言，各地方也都有其缺陷。例如，宁夏免费师范生在城镇就业、宁夏地方免费师范生在小学就业的政策，不符合国家免费师范生精神；新疆免费师范生可以跨行业就业，有可能浪费了有限的教育资源。四川强行摊派免费师范生就业任务并将地方免费师范生降低分数线，会影响农村地区师资队伍建设。而从免费师范生的政策发展趋势看，随着从最初的教育部直属六所师范大学培养免费师范生政策到各省（自治区、直辖市）在二本院校大规模培养免费师范生，免费师范生生源质量下降又成为总体趋势。在"农村硕师"计划方面，有的地方报考条件苛刻，有的地方培养方式单一，有的地方管理体制紊乱，这在一定程度上都会影响"农村硕师"计划的落实及其目标的达成。

3. 西部地方代课教师政策制定问题

从西部地方代课教师政策内容及其特点中可以看出，西部地方代课教师政策也有一些突出问题，如宁夏代课教师政策问题表现为：①代课教师由各学校自行聘用，政府部门不承认其"教师"身份，代课教师身份不清问题引起社会对政府及学校强烈不满。宁夏一位代课教师子女给中央电视台写信说，1997年由于宁夏教师数量短缺，自治区政府专门招收了一批代课教师进行补充。这些非正式教师群体中多数热爱教育，信仰教师职业。在国家九年义务教育验收中，他们吃苦耐劳，尽职尽责，不计个人利益，埋头苦干多年，培养出一批又一批的合格人才。起初他们的月工资仅有 60 元，现在为 200 元。在生活无法保障、子女无法完成学业的困境中，他们求助地方政府帮助解决其面临的问题。当地政府不但不解决其身份及待遇问题，反而将代课教师的原始档案一并销毁，答复是根本不存在代课教师。恳请上级政府出面调查，还他们一个公平。[①] ②对代课教师生活保障不力，严重影响部分代课教师日常生活的正常进行。1996年在固原黎套村当代课教师的王小荣，2003年7月前还能领到90元工资。2003年7月固原"撤乡并镇"，她原来工作的乡撤销以后，她再也没有领到工资，却在继续当代课教师（张目等，2005）。③与新疆清退代课教师政策不同的是，宁夏缺乏针对性解决办法，影响了代课教师的自身发展。宁夏代课教师转正时，与应届大学生一视同仁，只能通过参加特岗考试等办法进行，在一定程度上影响了代课教师转正的可能性。

新疆清退农村代课教师政策的问题与不足表现为：①代课教师聘用办法单一，缺乏科学合理的任用方式。新疆代课教师政策规定，代课教师的考核不是一般意义上的笔试、面试，而是学生和家长的反映，不能全面反映代课教师的真实情况，难免有片面性。②上级政策与下级规定不统一，影响了政策执行的实际效果。按照新疆维吾尔自治区政府规定，代课教师的问题解决重在实际教学成绩和学生、家长的反映情况。但调查发现，新疆伊犁11名代课教师因身高未达标被拒绝转正。38岁的张培菊是莫乎尔乡牧业小学代课教师的典型代表。尽管每月只有不到400元的工资，她却在这所寄宿制小学坚持任教了18年。任教期间，张培菊经常被评为优秀教师。2008年，在小学毕业生升学考试中，她教的班级成绩在全县45所学校中排名第一。在巩留县莫乎尔乡阿勒马勒小学自然课教师的岗位竞争中，张培菊的笔试、面试及综合成绩均为第一名。但因为其身高只有1.49米，达不到1.5米的最低标准，被认定为体检不合格，丧失了转为正式教师的机会。[②] 这在社会上特别是教育界引起了一定反响，也影响了农村教师政策执行的效度。

四川清退代课教师政策的问题与不足表现为：①始终将代课教师作为问题看待，而且要限期解决，必然导致问题发生。代课教师有问题的一面性，也有非问题的一面性。②政策传播渠道单一，导致政策理解上有偏差，进而造成地方政策制定与国家政策衔接及政策实施上的问题。在四川西昌凉山彝族自治州金阳县马依足乡马可村，一个村落海拔三千多米、典型的靠天吃饭的山村，由

---

① 某代课教师子女. 关于宁夏西吉代课教师的不公平待遇. tieba.baidu.com/p/2826194009[2014-01-21].

② 赵春晖. 新疆伊犁11名代课教师身高未达标被拒转正. http://news.QQ.com/a/20090118/00025/.htm[2009-01-18].

于村民对孩子教育的重视，一个被清退的彝族代课教师依旧坚守着教师岗位。1996年，金只黑初中毕业之后进入村里公办的小学任教。六年间，他以优异的教学成绩四次荣获县教育局颁发的特等奖。热心的乡亲们得知"连续三年获得教学特等奖就能破格转正为正式教师"的国家政策之后，便自发到县教育局请愿。然而，三个月之后，乡亲们的愿望落了空（段离，2010）。

总而言之，从以上三个省（自治区）的大学生到农村地区支教政策、大学生到农村地区就业政策、代课教师政策问题分析中可以看出，21世纪西部地方农村教师政策在给农村地区带来教师数量与质量提升的同时，也存在一些明显问题。其中最突出的问题是忽视了农村教师的专业化发展要求，如四川农村教师政策过于关注农村特岗教师一般行政能力的考核，新疆农村教师过于关注不同区域教师的学历差异，宁夏免费师范生在城镇就业没有很好地满足农村地区的实际需要。在"农村硕师"方面，对中小学教师不加区别的培养方式，影响了农村教师队伍的专业化发展。从农村教师的质量看，随着从最初的教育部直属的六所师范大学培养免费师范生政策到各省市在二本院校大规模培养免费师范生，免费师范生生源质量下降又可能成为一种趋向。从农村教师管理体制和办法看，在"农村硕师"计划方面，有的地方规定的报考条件苛刻，有的地方培养方式单一，有的地方管理体制紊乱，在一定程度上影响了"农村硕师"计划的落实及其目标的达成。在代课教师清退政策方面，有些地区上下级形成的代课教师政策不统一，有些地区转正和聘用办法单一，有些地区解释力度不足。但总体而言，各地区都将代课教师作为问题来处理，没有将代课教师作为一个中性概念对待，难免出现措施不力、行为僵硬、效果不佳的问题。

（二）西部地方农村教师政策制定问题

从西部各省（自治区、直辖市）现阶段农村教师的政策内容、特点及其问题上看，西部各地现阶段农村教师政策问题形成和变化的原因是多方面的。这里既有政策制定者构成上的原因，也有政策体制上的原因，还有政策信息量多少上的原因。

从政策制定者构成上看，政策制定者构成不合理是引起农村教师政策问题的直接原因。从四川农村教师政策内容、执行情况看，四川农村教师政策制定上的主要问题是忽视教师参与教师政策制定的权利。四川教师政策亦是在国家有关政策法规的推动下形成和完善起来的，国家西部农村教师政策的出发点是西部地区教师队伍发展和西部农村教育事业发展。但调查发现，四川农村教师政策的制定没有很好地考虑到四川农村教师自身的意愿和心声，影响了农村教师队伍建设和地方教育发展。以四川教师继续教育政策为例：在现行教育成本分担支付体制下，教师也是教育成本的付费者。那么在达到培训要求的前提下，他们可以根据自我发展需求自主选择其培训服务，如培训项目、培训机构、地点、形式等。但在现实中，教师在继续教育中的选择权不大。在对四川中小学教师继续教育内容、地点及选择权抽样调查中，被调查教师认为"个人选择权不大"是继续教育的首要问题。由于目前农村教师培训实行的是地域上的分片区划定，教师只能到学校所属片区的培训机构进行培训。49.6%的教师认为是按上级的安排参加某一个培训单位的培训。调查也显示，如果本人能自由选择培训单位，68.7%的教师认为选择培训单位的第一标准是教学质量；其次是"收费高低"，占15.4%；再次为"地域远近"，占12.2%。另外，在教育内容及教材上，74.5%的教师认为自己不能选择教材。在教育类型上，教师多以学校需要为出发点，而不能以本人实际需要为着眼点进行培训。有的教师想参加某一类型的培训，但由于经费、名额、职称、学历上的限制，往往不能参加骨干教师培训、外出观摩教学等培训形式，影响了农村教师发展的自主权及其发展的质量和水平（四川省教科文卫工会课题组，2005）。宁夏农村教师政策制定的过程也存在许多问题，其主要的问题也是教师政策制定机构专业人员不足。宁夏教师政策制定机构主要由宁夏回族自治区人力资源和社会保障厅、教育厅师资处和各个市县人事局、教育局组成。政府机关工作人员在制定师资政策时，大多是仿效国家西部农村教师的政策内容演绎和制定相应政策，很少独立自主地创设适宜本地特点的农村教师政策。由于宁夏教师教育政策制定者的学历普遍不高、分析制定政策的能力不强，所以，纵览宁夏地区数十年教师政策演变历程可以看出，宁夏地区制定的农村教师政策基本都是国家农村教师政策、国家西部地区师资政策演绎的结果，而非具有自身个性特点的政策文本。这既造成农村教师政策本本主义和脱离实际倾向，也影响了农村教师政策的实际效果。

以宁夏回族自治区人力资源和社会保障厅、教育厅师资处负责制定的中小学教师培训政策为例，师资处有关教师政策专业人力资源明显不足，无法从调研问卷的起草，到调研数据结果的处理，再到调研报告的撰写，得到外在专门力量的专业化、系统化指导，也不能很好地借助当地教育学院的学术研究力量开展工作。虽然学术研究对政策制定有极强的指导意义，然而两者之间还存在着一定距离。所以，即使有些学术力量参与了有关政策制定，但因各种客观因素，得出的结果通常缺乏现实指导性。然而，无论从利益角度出发，还是从责任方面考虑，各级教育行政部门教育政策专业人员的缺失，对本地区教师政策制定的失真都有着不可忽视的消极影响。

从政策形成前期所掌握的信息量上看，信息量不足是西部地方农村教师政策问题失效的深层次原因。从新疆地区多项农村教师政策内容、特点看出，新疆农村教师政策制定过程中明显存在对农村教师信息把握不够准确、充分的问题，影响了农村教师政策的科学性和准确性。现代社会是信息社会，教师政策制定的科学性与教师信息被掌握的完备准确性成正比。而现实中，在新疆农村教师政策制定的过程中，对农村教师信息掌握不够准确充分，影响了政策的科学性。新疆地区农村教师政策信息不够完善的表现及原因体现在以下三个方面：①信息渠道不畅通。新疆是一个多民族聚居地区，少数民族人口占全疆总人口的 60% 以上。民族地区语言不通、沟通困难，而且少数民族多以小聚居、大杂居形式分布，导致信息系统建设的难度较大，使信息来源渠道太狭窄，与公众信息交流不够，进而影响了农村教师政策制定的科学性和准确性。②一些新疆教师政策的制定者不能深入基层调查研究，倾听农村教师的呼声，充分发扬民主。有些组织和个人又不善于或不屑于搞调查研究和艰苦摸索。他们往往坐在办公室仅凭几份文件、几个相关资料或几个人主观臆测、经验推断就草率行事（高桐杰和尹兆红，2001）。加之不少新疆农村教师的民主参与意识不强，进而造成政策制定者与公众之间信息交流沟通上的问题。③所获信息缺乏准确性。据了解，由于许多政策制定者不能亲自深入地方调查研究，仅凭下面逐级上报的数据下结论。而下级为了讨好上级部门，往往是报喜不报忧，导致新疆农村教师政策制定者所获取的信息往往要么失真，要么过时。加之某些政策制定者"没有时间和精力"去核实各项数据的真伪，难免出现政策制定失误问题。从宁夏地区教师政策信息把握情况看，一些农村教师政策制定前的调研流于形式，农村教师的合理诉求被忽视，也是其政策失效的根本原因。在宁夏农村中小学教师培训政策制定的前期，教育行政部门调研组通过问卷、访谈及座谈会等多种形式，对全区多所中小学教师进行了周密调研，但最后载入调研报告的教师意见只是凤毛麟角，而在实际培训中采纳的教师意见更是少之又少。很多地区在培训中仍然采用单一的请专家做讲座的灌输式培训方式，中小学教师所期望的"去区级重点、示范级学校进行实地学习"，"请高级骨干教师进校园进行实地长期指导教学"等方式则不被重视或忽略。其中的原因可能由多方要素所致，如教育经费的紧缺、制定人员意见分歧等，当然还存在一定的人为主观因素。

从教师政策体制看，西部许多地区在教师政策制定过程中都有一个体制和机制问题。所谓体制就是国家机关、企业事业单位的机构设置、隶属关系和权责划分等方面的体系和制度的总称（陈振明，1998：153）。体制状况决定政策制定的过程、方式和效果。因此，形成良好的体制机制极其重要。但研究发现，在新疆农村教师政策制定过程中，存在许多体制机制之间的制约问题：①新疆农村教师政策的制定受到当地各级主管部门相关政策的制约。新疆农村教师政策是否切实可行，不得与自治区其他部门相关政策相抵触，同时还不得损害上级主管部门的利益。②新疆农村教师政策的制定也受到同级部门之间关系的影响，有时会涉及或抵触同级部门的政策，有时政策制定者不得不考虑政策执行问题。政策制定的再合理，如果执行部门不配合，政策目标也很难实现。③党政关系不顺畅也会影响新疆农村教师政策制定。党政的权限没有清晰地分开，在制定地方政策时往往会发生冲突。例如，有些地方政府所制定的政策可能涉及党的管理权限，或有些地方政策可能影响对应政府的利益，因而制定相关政策时不得不兼顾两者之间的利益和管理权限之间的关系（王瑞丰，2005）。从四川地区农村教师政策问题中也可以看出，农村教师政策责任机制、监督机制不健全是形成其农村教师政策问题的重要原因。中国共产党在十六大报告中第一次提出要"发展社会主义民主政治，建设社会主义政治文明"的命题。报告也指出，要"改革和完善决策机制。完善专家咨询制度，实行决策的论证制和责任制，防止决策的随意性"。之后，党的十六届四中全会通过的《中共中央关于加强党的执政能力建设的决定》谈到，要不断提高发展社会主义民主政治的能力，"建立决策失误责任追究制度，健全纠错改正机制"。因此，建设"责任政府"已经成为中央政府乃至许多地方政府所确定的政府发展取向。但当下的四川教育主管部门的政策检查行动，往往重视对教师政策执行的监督和检查，而很少去注意教师政策制定、出台过程的合理、合法性，也就是忽视了教师政策制定的起始环节。而且即使有监督，也因为监督机制的不健全，存在着有名无实，仅仅停留在口头上或文件中的现象。实践证明，在四川教师政策制定的过程当中，责任机制、监督机制缺失现象依然存在。教师政策仅仅设计了预期达到的目标，而没有在教师政策目标实现过程的各环节建立责任机制约定，这就出现了教师政策执行过程中的效果不佳现象。从一位研究者的研究中也可以发现：教育行政主管部门和各学校基本上都出台了许多措施，制定了系列规章制度，但往往只是写在文件中，很少落实。其主要原因：一是督查不到位。一些学校虽然建立了领导分片包点制度，但不少包点领导很少到农村小学进行调研督查和工作指导。个别极为偏远的农村小学常年无人光顾。二是工作欠深入。

一些学校在检查农村小学工作时"走马观花""蜻蜓点水",不深入课堂贴近师生,更不接触实际问题(王瑞丰,2005)。另外还存在问责机制不完善的情况,这些大大影响了政策执行的效果。

利益博弈则是农村教师政策问题产生和变化的根本动力。利益博弈是一个长期而普遍的现象。利益争夺对西部地方农村教师政策制定效果必然产生不良影响。戴维·伊斯顿(1993:129)认为,公共政策的价值在于对社会价值作出有权威的分配。利益争夺在新疆农村教师政策制定中也可能比较明显,主要是地方政府与上下级的利益之争会影响新疆地方农村教师的制定。不少新疆农村教师政策的制定者不能处理好自身利益与下级利益的关系,自身利益与上级利益的关系。还有一些新疆农村教师政策制定者以牺牲基层乃至上级利益为代价为自身谋取利益。当然,政策在制定的过程中,平衡农村地区不同民族教师之间的利益比较复杂,也影响了科学合理的农村教师政策的制定与出台。新疆是一个民族关系比较复杂、"人情"比较浓厚的区域,制定政策要想面面俱到、利益均等很难实现。每个民族都想使自己的利益最大化,使自己民族教师需求达到最大化满足,这无形中给新疆农村教师政策制定带来了困扰。

二、西部地方农村教师政策执行问题

从 21 世纪之前西部地方农村教师政策的执行结果看,由于改革开放前,西部农村教师政策执行人员的文化素质不高、政策理解能力不高,青海、云南、贵州等各省(自治区、直辖市)在自行执行国家农村民办教师政策、教师培训政策、支教教师政策,以及农村知识分子政策的过程中,普遍存在机械性执行的问题,造成执行过程表面强势、实际结果并不如愿的情况。随着改革开放政策形势的变化及基层教育工作者素质的逐步提高,无论是各省(自治区、直辖市)的民办教师政策、教师培训政策、支教教师政策,还是农村知识分子政策,在执行过程中机械性和歪曲性成分都在减少,政策执行过程中的灵活性、规整性在逐步加大,但政策执行乏力的现象一直在延续。

21 世纪以来,随着农村教师政策执行人员素质的逐步提高,以及西部农村教师政策执行环境的明显好转,教师政策执行情况在不断改进。但是受社会体制、政治体制,以及各地区特殊因素影响,各地教师政策执行过程仍然不同程度地存在一些明显问题。从新疆农村教师政策执行情况看,新疆地区农村教师政策的执行虽存在合理性,但也存在不少问题,其突出的问题体现在两个方面。

一方面，新疆学校布局特别分散，政策执行监管难度大。新疆面积为 166 万平方千米，占全国总面积的 1/6，而总人口 2181.33 万（根据第六次人口普查），每平方千米仅有 11 人左右。新疆 91 个县（市、区），平均每个县只有 23.97 万人，人口最少的县只有 3 万多人，说明其人口密度较低，但这里每个县至少包含两个以上的民族。由于新疆地域辽阔，地区与地区之间、县与县之间距离较远（王颖，2004），学校布局点多、面广、线长，交通不通达、信息闭塞等一系列客观因素，农村教师政策在执行过程中的反馈信息难以得到及时收集，致使农村教师政策执行过程中出现的问题难以及时发现，农村教师对政策的不同意见难以及时反馈到政策制定部门，农村教师政策执行过程中出现的问题不能得到有效监管，许多不合理的教师政策内容也不能及时得到调整和修订。另一方面，新疆民族种类较多，导致语言不通、人际沟通渠道不通畅和教师政策宣传的难度加大。在新疆民族社会的长期演进过程中，几个主要少数民族都形成了本民族的语言文字。目前新疆不同中小学累计使用的教学语言包括汉、维吾尔、哈萨克、柯尔克孜、蒙古、锡伯和俄罗斯等 7 种语言，除满族、回族和大多数达斡尔族用汉语授课，塔吉克族、塔塔尔族和乌孜别克族用维吾尔语或哈萨克语授课外，其他各民族都用自己的语言文字授课（王颖，2004）。这种状况导致农村教师政策在执行过程中较难理解和解释：一方面，一线政策执行人员在解释政策的过程中，没有能力用多种语言对国家及新疆农村教师政策的内涵、要义和目的进行具体说明；另一方面，许多少数民族教师在理解政策的具体内容方面，由于语言障碍而无法领会政策精神实质，在政策执行过程中产生抵触情绪。

从四川农村教师发展目标和发展结果看，四川农村教师政策总体上能得到贯彻执行，地方农村教师政策有力地促进了农村教师队伍发展。但四川农村教师政策在执行过程中也存在一些突出问题，主要包括以下两点：一是政策执行环境不良。政策执行环境包括执行部门的重视程度、执行人员自身素质及教师政策执行组织之间的沟通、协调等一系列主客观因素。四川教师政策执行人员作为教师政策的执行主体，由于自身知识能力、职业道德等方面参差不齐，一些政策人员对教师政策也没有真正理解和领悟，在执行中难免产生偏差。有些基层领导为了政绩，不顾当地实际，盲目执行政策。另外，政策执行组织，即各级政府部门之间，由于自身的决策体制、组织制度、主体的权利与威信、机构的层级与幅度、组织间的协调与沟通等方面的不足或欠缺，使得政策执行出现困难与失误。二是四川地区少数农村教师政策本身存在可行性问题，导致教师政策难以落实。四川相对于其他多数西部省（自治区、直辖市），无论在经济还是教育方面都处于比较优先发展的状况。然而政策制定者水平不同，少数农村教师政策在制定上缺乏可行性论证，只是照搬其他省（自治区、直辖市）的政策，没有做到因地制宜和本土化，更没有做到合理化、客观化，进而造成政策执行过程中的问题。比如，四川省政府对中小学教师专门化的继续教育学时做了明确规定。但由于受训教师都有教学任务，一般只能将短期继续教育时间安排在节假日进行，而且往往是集中在几天内完成一定的内容。在这种情况下，大部分教师反映培训信息量过大，消化时间相对较短，不能有效实现既定的继续教育目标。尤其是有些继续教育内容根本不可能在短时间内达到较好的效果，还需要在日常的教学实践活动中逐步消化。对于长期集中培训活动而言，许多集中培训安排都与任课时间相冲突。由于中小学教师人数编制控制较严，四川偏远农村地区的许多小学教师任教班级多，甚至存在跨年级上课的现象，导致其教学任务普遍偏重，平时很少有富裕的时间让教师参加长期的继续教育学习。如果遇到上级分派下来的外出集中培训任务，这些学校还需要让一些工勤人员来接替工作。因此，政策制定的不科学、不合理，导致政策在执行过程中，中小学教师参加继续教育学习与教学工作之间的矛盾比较突出，这在很大程度上影响了教师参与继续教育的积极性、主动性和实际效果（四川省教科文卫工会课题组，2005）。

从宁夏农村教师队伍数十年的发展情况看，宁夏农村教师政策执行情况总体良好，但农村教师政策执行过程中也存在一些突出问题，主要表现在两个方面：一是政策宣传解释过程不到位。宁夏现行农村教师政策下达方式和渠道主要是开会、电脑互联网、电视播报等，这仅适于部分工薪阶层和养成规律生活习惯的人群，而县级以下基层单位和群众接收政策信息的渠道很有限，有些信息根本接收不到。因此，亟待建立健全有效的政策宣传解释系统，使农村教师也能够对政策的目的、内涵及长足发展动向有比较深入的了解，对政策中存在的问题进行及时有效的反馈，从而使政策本身能够得到及时有效的修订，进而使农村教师政策能够更加符合农村教师发展需要。二是执行人员素质不高和本位主义利益取向突出。宁夏农村教师政策的实际执行人员水平不高，往往也会影响国家、地方农村教师政策的贯彻执行。这里具体包括三个方面的内容：①不少教育政策执行人员在政策实施的过程中，自身缺乏是非判断能力和纠偏能力，盲目执行政策。宁夏农村中小学领导都是宁夏农村教师政策执行组织中的重要一员，由于长期受生存环境的不良影响，部分农村中小学领导与外界信息缺乏交流，因而对政策的解读、认识存在偏差，进而出现对政策的扭曲执行现象。②主体参与式执行偏差问题。参与式执行偏差是指在政策执行过程中渗透了主体的主观意识，政策输出后经过主体执行机制的非正常转换，有的使正确的政策精神偏离方向，有的把原有的错误政策加以扩大或知其有误而不主动弥补，进而使执行偏差扩大。教师政策执行偏差问题非常普遍，但在宁夏地区，由于教师政策执行者的能力、水平有限，农村教师政策执行偏差尤为突出。③政策执行人员从心理上缺乏足够的纠偏勇气。缺乏纠偏勇气与盲目纠正执行偏差在被动性上是相同的，但又有区别。区别在于政策执行人员在主观上有一定的判断能力，即使明知上面政策有错误，也不去指出和纠正，甚至还一味从主观上违心地执行错误的政策。这类人通常抱着所谓"上梁不正下梁歪"、法不责众的心理执行有关政策。

由此看来，导致西部地方农村教师政策执行上的问题很多，但产生问题的原因主要体现在政策环境不良，人员素质不高，信息不畅等方面。这也是许多西部地方有一致性农村教师政策问题的原因。而各地方政策环境、人员素质又各个不同，因此，其政策执行的过程也会有显著差异。

三、西部地方农村教师政策执行问题

从青海、云南、贵州等地的农村教师队伍、农村教育和农村学生六十多年的发展情况看，西部农村教师培训政策在给西部学校带来教师质量、教育教学质量提升的同时，也存在一些明显问题。从时间阶段看，主要表现为20世纪60年代前，西部地区教师培训政策普遍关心农村教师的思想改造，农村教师思想意识形态受到较大影响，但其专业水平并没有获得真正提高。20世纪60年代后，西部地区农村教师培训政策较多地关注农村教师专业发展，农村教师专业化水平有了一定提高，但其专业化水平提升有限。从整体上看，其主要问题表现为：①培训安排过分关注培训的数量、每次培训的人数和总的培训次数，对培训质量与培训效果的保障措施考虑不够，造成培训针对性不强，走过场、走形式而缺乏实效性的现象。②培训政策过于关注培训的任务和要求，对培训的过程和结果重视不够，造成许多培训机构只考虑培训任务完成的情况，对培训的实质效果考虑不够。③以多样化方式进行师资培训，但各种培训方式效果参差不齐。

在农村民办教师、支教教师政策方面，改革开放前，当地农村民办教师、支教教师政策的执行给农村地区提供了基本的教师数量，在不同程度上促进了当地农村教育、农村教师队伍和农村学生的发展。但是，这些政策普遍关心农村教师数量的发展，农村教师质量并没有得到根本性提高；改革开放后，各省（自治区、直辖市）自行制定的民办教师缩减政策、教师学历达标培训政策，以及知识分子待遇政策的执行，在更大程度上促进了当地农村教育、农村教师队伍和农村学生的发展。但是，有些政策如讲师团支教政策向农村地区派去了大批机关干部，这些人并没有专业的教育教学知识，也没有从教经验，他们的存在对农村地区教育教学的正面影响力是有限的。有些政策如落实知识分子待遇、地位政策，较多地体现了"政策建议"，并不能真正落实到实际工作中去，也不能真正提高农村教师的工作积极性。有些省（自治区、直辖市）如青海农村知识分子政策在较大程度上提高了民族地区教师的工作积极性，如云南农村知识分子政策在较大程度上促进了农村教师流动。这说明各个时期各地农村教师政策的内容不同、各地农村教师政策执行人员、各地农村教师政策的执行方式不同，导致各地农村教师政策执行结果不同。

通过西部地区农村教师政策近年发展情况可以看出，地方农村教师政策的改革调整和变化将会大大促进农村教师队伍发展，继而促进城乡教师队伍均衡化发展，以及地方基础教育质量的整体提高。但是，由于地方农村教师政策制定和执行上的一些问题，地方教师政策执行在以后难免会出现一些新问题，其主要表现在以下五个方面。

第一，实施不合理的教师政策以后，在很大程度上造成了少数民族教育教学质量下降的情况。2000 年以来，新疆及各地方部门组织了不同类型的教师考试。分析各种考试统计数据可以看出，新疆少数民族中小学教师队伍整体素质偏低，还不能适应教育教学改革和实施"双语"教学的需要。高考录取分数是一项检验普通高中教学质量的有效指标。2000～2005 年，少数民族学生与汉族学生高考理科录取分数线的差距，一批次从 2000 年的 154 分减少到 2005 年的 149 分，仅降低了 5 分；二批次从 132 分减少到 2005 年的 98 分，降幅达 34 分。说明少数民族学生与汉族学生一批次变化不大，二批次变化十分明显。中考成绩是检验初中学校教学质量的基本指标。2002 年，新疆部分地、州、市维吾尔语、汉语理科成绩统计显示：I 卷少数民族与汉族考生数学、物理、化学三科平均分相差 33.5 分，及格率相差 53.3 个百分点；II 卷少数民族考生与汉族考生之间数学、物理、化学平均分相差 13.5 分（吴福环等，2008）。这说明无论何种类型考试，少数民族学生理科学业成绩稍逊于汉族学生。造成此结果的原因，一方面可能是少数民族学生知识基础不足；另一方面也是民族地区教师素质偏低的结果。由于民族地区条件艰苦，难以招聘到优秀教师。为了吸引教师前来任教，各级政府部门长期采取降低招录门槛的办法招录教师，导致招录的教师学历和专业层次不高，由此又影响了教育教学质量的提高。

第二，少数民族中小学教师，特别是偏远民族地区中小学教师队伍总量不足，缺编严重，教师质量偏低。随着各项边疆民族地区教师政策的贯彻执行，新疆农村教师结构有了较大改善，但农村中小学教师数量短缺和结构性失衡矛盾仍然突出。全疆中小学教师特别是农牧区教师水平、教学能力和整体素质还不能满足要求，有待进一步提高。不少农村中小学教师学历虽已达标，而实际教学水平较低。教师队伍数量短缺和结构失衡并存，教师数量不足和素质不高并存，一些地区教师超编与缺编并存，教师队伍的民族分布和城乡分布不平衡并存。在边远农牧区代课教师还占有相当大的比例，其教学能力和教学质量难以满足提高农牧区基础教育水平的需要。截至 2005 年底，南疆五地州中小学教师缺编 16 952 名。2006 年，该地区中小学教师缺编问题没有明显变化。截至 2006 年 6 月，克孜勒苏柯尔克孜自治州教师缺编 1052 名，其中仅阿克陶县一个县就短缺教师 740 名。在编教师短缺，导致代课教师数量总体偏多，仅喀什地区 2004 年就有代课教师 2772 名，占全疆代课教师的 43.10%（吴福环等，2008）。虽然北疆地区教师总量基本满足，但也存在结构性短缺现象，学非所用的教师占一定比例。新疆农村教师短缺的表层原因：一是农牧区人口稀疏，学校布局仍然点多、面广、线长，因而占用教师多；二是部分地、州自然减员虽有空余编制，但由于有些地方政府的官僚主义作风而无法及时补充教师。除此之外，还有新疆农村地区师资数量、质量均达不到要求，以及政策不配套、不完善等方面的原因。

第三，推进"双语"教学的根本问题并没有解决。尽管通过国家、地方政府民族地区教师政策的不断改进，新疆农村双语教师数量与质量情况得到了明显改善。但新疆"双语"教师总体上仍表现出"一缺二低"局面：数量短缺、汉语水平低、教学能力低，这已成为阻碍新疆中小学"双语"教学推进的瓶颈。2005 年，新疆全疆中小学"双语"课程专任教师 7073 人，仅占少数民族中小学教师总数的 5.15%，远远不能满足全疆"双语"教学班和学生人数不断增长的学习需要。而造成当地双语教师短缺的根本原因是，新疆少数民族中小学教师的汉语水平比较低。根据教育部规定，少数民族地区获取教师资格证的基本要求是小学教师汉语水平考试达到三级，初中教师达到四级，高中教师达到五级。但事实上，全疆 40% 的中小学教师都达不到这一要求。而全疆汉语水平达到六、七、八级的教师比例均未超过 17%。一些地区如和田为解决汉语教师不足的困难，不得不抽调乡镇汉族干部到中小学当汉语老师（吴福环等，2008）。这种情况导致农村中小学少数民族"双语"教师汉语普通话发音普遍不标准，甚至不具备基本的沟通能力，说明民族地区"双语"教师政策制定的仍然不是很科学和完善，仍需要进行改进提高。

第四，农村代课教师特别是农牧区代课教师数量多、待遇低，工作生活条件差。尽管在 1998 年出台取消民办教师政策后，并没有明确提出要实行代课教师政策，但代课教师却在无声中长期存在并无法得到根本消除。2004 年，全疆有小学代课教师 10 563 人，其中农牧区 8019 人，占 75.9%。到 2006 年，全疆代课教师发展到 11 000 余人，其中 90% 以上的是农村教师。代课教师不能享受正式教师待遇，大部分代课教师的收入维持其个人基本生活都十分困难。例如，墨玉县代课教师 450 人，他们的月工资为 150～200 元不等，疏附县代课教师最低月工资仅为 50 元，更难满足其其他开支。而实行教师聘任制以来，教师在县与县、乡与乡之间流动性增强，又出现了一系列新问题：代课教师住房无人管，还得承担租房资金、来往交通费，大大增加了农村教师的生活负担。此外，代课教师没有医疗保险、失业保险、养老保险和住房公积金，同工不能同酬。在皮山县乡镇工作的代课教师，白天在教室上课，晚上就住在教室里。代课教师的基本权益得不到保障，严重影响其正常教育教学活动的开展（吴福环等，2008）。

第五，高付出，低回报问题。四川农村教师队伍近年发展情况表明，四川农村教师政策总体上大大促进了四川农村教师队伍结构的改善，促进了四川地区城乡义务教育均衡化发展。但是，由于四川教师政策制定和执行方面的问题，四川农村教师政策结果上也有一些突出问题，其中最突出的问题是"高付出，低回报"。以四川教师继续教育政策为例，国家出台政策的根本目的就是促使教师不断充电、不断学习，提高教学质量和水平。因此，国家投入了大量经费支持该政策的落实，这项政策在四川也进行得轰轰烈烈，然而在具体的操作过程中，因占据教师的大量业余时间、参训方式老套及对参训教师年龄限制等问题，引起了不少教师的反感，极大地挫伤了教师参训的积极性，进而造成了"人在曹营心在汉"或"空城计"的尴尬局面，违背了该项政策的原本意图，使高投入的资金和人力资源只得到低廉的回报，而这种情况在本地区多项农村教师政策中都有反映。从宁夏农村教师队伍发展情况看，宁夏农村多项教师政策措施，在很大程度上促进了宁夏农村教师队伍结构的改善，促进了宁夏地区城乡义务教育的均衡化发展。但是，由于宁夏农村教师政策制定和执行上的问题，宁夏农村教师政策施行的结果也有一些突出问题。宁夏农村教师政策制定和执行过程中表现出的问题，延伸到农村教师政策执行结果上的凸显病症是农村教师政策实效性较低，收效性不高。虽然在农村教师政策制定、执行过程中花费了大量的人力、物力及财力，但是"高效输入"却并未换得高质量农村教师"大量输出"的回报。依旧以农村中小学特岗教师政策制定、执行为例，宁夏无论在农村特岗教师政策的制定过程中还是在政策的执行过程中都做了精细安排，进而为农村地区补充了大量师资，缓解了农村地区师资紧缺的矛盾。但是，政策执行过程逐渐出现了城镇特岗教师越来越多的现象，进而造成农村特岗硕士政策实施以后，农村教师的学历水平没有得到实质性提高，城乡高学历教师比例进一步失衡的现象。从"三支一扶"计划执行的结果来看，该政策确实缓解了大学生就业压力、维护了社会稳定。但是，该政策并没有从根本上解决大学生的就业问题。不少到农村学校去的支教大学生都是"身在曹营心在汉"，随时考虑着跳槽、转行。他们的随时离去常常会影响农村学校正常教育教学秩序，影响农村学生的发展。

第七章
西部农村教师政策走向与改进

　　西部农村教师政策的发展与改进需要依据教师政策的发展走向而定，教师政策的改革也需要依据教师政策的发展走向因势利导、自然成就，而把握教师政策走向就是做预测。美国著名社会学家米尔斯（2005：126）甚至认为，人类工程或社会科学真正的终极目标就是"预测"。因此，认真研究预测西部农村教师政策走向，并提出切实的引导和改革方式极为重要。从西部农村教师政策五十多年的发展演变历程与现实状况看，无论是国家层面还是地区层面，无论是农村教师政策的制定还是执行都有一些新趋向。

第一节　西部农村教师政策制定与执行走向

一、西部农村教师政策制定走向

（一）国家制定西部农村教师政策走向

　　教师政策制定无外乎是制定什么教师政策和怎么制定教师政策的问题，教师政策制定走向也无外乎是可能制定什么教师政策和将来可能怎么制定教师政策的问题。因此，分析西部农村教师政策走向需要从政策内容和方式两方面进行。

1. 国家制定西部农村教师政策内容的走向

从国家西部农村教师政策五十多年沿革，特别是近几年的发展变化情况看，国家西部农村教师政策内容制定方面存在以下几个方面趋势。

一是政策从关注农村教师数量发展到农村教师质量发展（李霞和符淼，2012）。20世纪80年代前，农村教师政策的重心是发展民办教师队伍。农村教师政策关注的是农村教师数量上的发展，希望以增加民办教师数量的方式，弥补农村教师队伍数量上的不足，维护农村教育继续存在之需要。随着各级各类师范院校的扩招和农村教师数量问题的基本解决，国家开始实行取消民办教师政策，提升农村教师队伍的质量和素质，以满足农村教育质量、缩小东西部地区和城乡教育质量差异之需要。而随着民办教师的消逝、高校扩招和大学生就业难问题的凸显，以及新的代课教师问题的出现，国家又实行特岗教师、"农村硕师"、免费师范生和取消代课教师政策，其目的一方面是稳定农村教师数量；另一方面是提高农村教师质量，缩小东西部、城乡教育质量差异，促进教育公平发展。

二是政策从关注农村教师数量发展到关注农村教师专业化发展。首先，教师队伍专业化发展是教师队伍建设的趋势和要求，也是农村教师队伍发展的路径与走向。只有实现了教师队伍专业化发展，才可以真正提高教师队伍的社会声誉和地位，才可以更好地保证农村教育的教学质量。教师队伍专业化的核心是学历达标化，以满足学生对专业知识的基本需要。清除农村地区不具备合格学历的教师，才能更好地满足农村学生获取正确知识的需要。这在国家2006年后出台的各项农村教师政策条款中体现得越来越明显。其次，师范专业化发展，以形成农村学校教育教学方式的科学性、合理性，有效提高农村教育的教学效率。师范专业化在国家招聘小学教师政策中越来越凸显。国家多项农村教师政策中，已将师范专业作为应聘教师的基本条件，这在过去是少有的。最后，专业对口、学用结合，最大限度地发挥教师的作用，最大限度地提高学校教育的教学质量。现在农村教师在招聘过程中，越来越注重根据农村基层学校的实际需要选聘所需学科教师，逐渐减少了学非所用的情况。在农村教师数量得到基本保障的情况下，给农村教师队伍提出专业化发展的政策要求，才可以保障农村地区的教育教学质量。

三是政策从单一化、独立化走向具体化、多样化和兼容化。中华人民共和国成立以来，国家制定的许多西部农村教师政策，如民办教师政策、支教教师政策、教师培训政策既相对独立，又有一定的连续性，是以往相关农村教师政策的继承和发展。但由于社会及农村教育发展变化速度的加快，国家相关政策制定的速度也在加快，国家农村教师政策内容越来越具体化、多样化。2000 年后国家出台的各项农村教师政策类型，已经超过了改革开放 20 多年以来西部农村教师政策类型的总和。与此同时，农村教师政策制定的过程开始越来越关注各项政策的兼容性，注意到了支教教师、特岗教师、"特岗硕师"和代课教师政策之间的兼容性，逐渐开始运用系统论方法和整体哲学思想，看到农村教师的数量保障政策、地位保障政策和素质保障政策的相容性、统一性，避免政策过多而出现政策之间相互"打架"现象的发生（胡伶，2009）。

四是从加强管理到促进发展。从管理为主到促进发展是教师政策调整的总体趋势（王继平，2005）。单纯管理违背人事管理的基本精神，也不利于调动职工工作的积极性。只有将单纯的人事管理变成促进教师职业发展、促进教师素质发展的工作，才能取得更好的教育社会效益。

2. 国家制定西部农村教师政策方式走向

从全球范围看，随着国际政治体制变化，教师政策形成的集权或分权方式也在改变。20 世纪 80 年代以来，日本政府在教师政策上采取的是国家控制与地方自治相结合的方式，英国政府在某些方面实施的是中央集权制。与此同时，英国政府又在不断放权，将影响教师的权力移交给许多分权的部门（罗博·麦克布莱德，2009：133）。从国内看，20 世纪 90 年代之前，特别是计划经济时代，在高度集权的体制下，国家相关部门制定西部教师、西部农村教师政策的时候，政策制定者往往只注重少数几个，甚至是一个部门、一个领导的意见，而这些意见常常成了农村教师政策的核心。各地农村教师政策基本上是国家农村教师政策的具体体现，较少存在自我创新成分。这既是政策制定者考虑问题不够周全、不够成熟的体现，也是为了满足农村教师队伍简单化发展的需要。

随着改革开放和社会民主的进步，整个社会对农村教师政策的科学性、严谨性、准确性要求越来越高，国家制定西部地区和西部农村教师政策的时候，开始越来越注重发扬民主、集思广益。本书通过国家科研课题的形式和大量调查研究，以获取真实有效的客观事实，并据此提出有说服力的建议对策。尽管有些农村教师情况的调研停留于表面而缺乏说服力，有些真实有效的调研结果不能全部体现在新政策的制定内容中。但这在一定程度上避免了以往教师政策在形成过程中，"拍脑袋"、个人主义、主观主义决策方式，促进了农村教师政策的科学化、合理化发展。而西部各地区农村教师政策更多地有了自身的独特声音，适应了当地教育的发展需要。

（二）地方农村教师政策制定走向

1. 地方制定农村教师政策内容走向

从半个多世纪国家西部农村教师政策内容与西部部分省（自治区、直辖市）农村教师政策内容比较看，受国家集权体制影响，国家有什么样的农村教师政策，各地区就会相应出台具体的政策。国家没有出台某项农村教师政策之前，地方也不会轻易出台各种创新性农村教师政策。各地区宏观上的一系列农村教师政策与国家教师教育政策、国家西部农村教师政策内容将会长期保持一致。否则地方政府的教育行为往往要受到质疑和批评指责，地方教育官员也会受到严重影响。但从国际教育政策、国际教师政策内容趋势看，各个国家多数地区教师政策内容的选择，既会分析国家宏观教师政策的内容，也会有较大的地方特色。从 2000 年后西部各省（自治区、直辖市）特岗教师、支教教师、免费师范生和清退代课教师政策的内容看，西部农村教师政策内容的个性化、多样化也是基本趋势。因此，西部农村教师政策内容的统一性与多样性结合将是农村教师政策内容演变的根本趋势。

2. 地方制定农村教师政策方式走向

在中央集权制国家，各级地方政府部门制定教师政策的时候，往往都紧密结合国家相关政策而展开。可以说，许多地方教师政策都是国家相关政策演绎的结果。而各省（自治区、直辖市）在制定教师政策的时候，依然不能摆脱国家政策体制模式，依然要先理解和消化国家出台的相关教师政策，以此为基础考虑本地区师资政策出台。

随着国家政策环境的变化及西部各省（自治区、直辖市）政策制定人员思想觉悟和文化素质的提高，西部各个省（自治区、直辖市）制定当地教师政策的时候，也开始逐渐关注本省（自治区、直辖市）各个地方农村教育发展的形势、特点与不同需要，开始考虑国家西部农村教师政策在当地的适切性问题，开始将国家教师政策的统一性与当地教师政策的灵活性结合起来，以满足本地区农村教育发展的不同需要。

二、西部农村教师政策执行走向

（一）国家农村教师政策执行方式走向

从近几年国家相关部委执行农村教师政策的情况看，国家各个部门在执行业已制定的农村教师政策的时候，一方面，通过电视、报纸，特别是越来越注意通过网络媒体形式宣传相关政策，尽可能扩大政策的影响力。同时，组织召开各个层次的会议，专门传达相关政策精神，以期获得基层相关部门、相关人员的理解和支持，甚至通过政策命令要求的形式，要求各地方将国家农村教师政策文件演绎成本地区农村教师政策的具体行动方案和细则。另一方面，通过督促检查指导的方式，要求各地方积极按照已经制定的方针政策措施建设农村教师队伍，保证国家各项农村教师政策尽可能地得到地方相关部门的贯彻执行。有关政策制定部门在执行政策的过程中，也会通过管理机构调研和科研课题形式，及时了解政策执行的情况、政策执行中遇到的问题及其原因，并根据变化情况，及时进行政策调整。

（二）地方农村教师政策执行方式趋向

随着国家宏观调控政策的凸显及其对地方掌控力度的减弱，西部各地在执行国家农村教师政策过程中，开始根据本地实际情况，更多地采取选择性执行方式。选择性执行可以充分调动地方教育政策执行机关的工作积极性，提高政策执行的目的性和针对性，有其积极意义。但如果选择性执行的动机不良且避重就轻，仅仅执行一些有益于执行者单位与个人利益方面的政策内容，而不去贯彻执行与单位、个人利益关系不大的内容，则容易造成各地教师政策执行结果差异性增大，也会影响政策执行的全面性和公平公正性。而本地教育基层行政部门、农村学校在执行本地农村教师政策的时候，也出现了选择性执行的趋势。许多农村学校执行上级政策时，开始更加注重政策对自身的有利性问题。多数基层教育行政部门、农村学校都会自觉执行有利于自身的农村教师政策，而不愿意执行不利于自身现状的农村教师政策。同时，各地区也开始不断根据情况变化调整政策内容，调整政策执行的时间期限，甚至采取更加灵活的办法，开始逐渐放宽执行的力度。

第二节 西部农村教师政策改进

改革是事物发展的必然要求，是事物从可能性走向现实性的唯一途径。政策改革既是政策不断发展的基本要求，也是政策完善的根本方式。西部农村教师政策改革既是西部农村教师政策发展的要求，也是西部农村教师政策不断得以完善的基本方式。虽然农村教师政策改革的面大，关涉的问题领域很多，无法在微观层面——细述。但总体而言，农村教师政策改革需要从政策目标、政策内容及政策方式上统筹实施。

一、西部农村教师政策目标的改进

（一）国家西部农村教师政策目标的改进

政策目标改革是政策改革的出发点和归宿，是影响政策改革全局的关键。因此，国家相关部门进行西部农村教师政策改革时，首先要做好教师政策目标改革。教师政策目标总体上包括教师数量政策目标、教师质量政策目标及教师结构政策目标三个方面。不同时期制定和改进教师政策目标时，对教师政策的各个方面都要考虑进去，但不同时期、不同地区教师政策目标改进的重点不同。其中，数量目标是教师政策的基础性目标，没有基本的数量就无法论及质量与结构问题。历史事实证明，教师数量政策是西部农村教师政策的长期性目标，是西部农村地区教育始终要考虑的主要问题，也是当前西部农村教师教育需要继续思考和调整的政策目标重点之一。当前西部农村边远贫困地区、少数民族地区学校教师数量依然严重不足，需要通过物力、财力和精神激励等方面的一些具体、切实的有效措施，保证这些地区在短期内有足够的教师进行教育教学活动，以维持这些地区和学校教育教学活动的正常运转。

教师质量目标政策是教师政策目标改进的关键。新形势下，西部农村学校不仅需要教师去上课，更需要有合格和优质的教师去上课，以保证农村教育教学的质量和效率。因此，在西部农村教师政策的改革过程中，需要正确处理农村教师数量和质量的关系，改革单纯追求数量的政策目的，形成农村教师政策质量化目标。教师数量是进行教育教学活动的前提，没有基本的教师数量，难以正常开展教育教学活动。但仅有教师数量，难以保证学校教育教学质量。因此，在西部农村教师数量基本得到满足的情况下，教师政策的重心必须要转变到教师质量上去。为此，要改革西部农村教师的聘用条件，从为农村地区补给志愿者、支教者，到取消没有教师资格的大学生志愿者、不合格的支教教师，形成以特岗教师、免费师范生、农村硕士教师为主的教师队伍，是西部农村教师质量政策目标形成的关键。

教师结构目标既包括上述教师数量与质量方面的基本结构，也包括教师学历结构、年龄结构、职称结构、专业结构等，它是西部农村教师目标政策追求的终极目标。西部农村教师结构的不合理性既体现在数量与质量的不协调方面，也体现在高级职称教师比例偏低、专业化教师偏少等方面。近些年随着年轻农村特岗教师的大量补给，西部农村教师老龄化趋势有所缓解。但是，年轻教师职称普遍不高，特岗教师招考过程也不再强调师范专业教师，导致西部农村教师队伍出现高级职称及师范专业教师比例下降的趋向。因此，国家在西部农村教师队伍建设的过程中，应当逐步树立起长远而又明确的结构目标意识，随时处理好教师队伍中的年龄结构、职称结构与专业结构的关系。

（二）西部各省（自治区、直辖市）农村教师政策目标的改进

在国家集权体制下，各省（自治区、直辖市）农村教师政策有统一目的：贯彻国家相关农村教育政策、农村教师政策精神，服务于当地农村教师队伍整体发展，服务于当地农村教育发展。在改革国家教师政策目标内容和国家农村教师政策目标内容时，对西部各省（自治区、直辖市）农村教师政策目标内容要进行相应改进。但是，各省（自治区、直辖市）、各市县农村教育具有特殊性，教育发展的质量、水平各个不同。各省（自治区、直辖市）、各市县农村教师队伍都具有特殊性，教师队伍数量、质量、结构各个不同，教师政策目标也应具备特殊性。各个省（自治区、直辖市）农村教师政策目标改革都应当由农村教育基层部门从本地各农村学校教师实际出发，制定出适合其数量和质量的政策目标，农村教师学历、专业、年龄、身份、性别结构的政策具体目标，指导本地区农村教师队伍健康发展。

二、西部农村教师政策内容的改进

（一）国家西部农村教师政策内容的改进

政策内容改革是政策改革的核心，因此，教师政策内容改革是教师政策改

革的中心。政策目标确定以后，政策内容的科学性、合理性是实现政策目标的关键。但农村教师政策内容既有宏观上的也有微观上的。因此，国家西部农村教师政策内容改进既要从宏观上进行，也要从微观上考虑。农村教师宏观上的政策改革主要是教师补给政策的改革。改革农村教师的聘用内容和聘用条件，从为农村地区补给常规性教师、支教教师、特岗教师等维护农村教育存在性教师，到完善特岗教师政策，形成免费师范生、农村硕士等发展性农村教师政策内容；从补给特岗教师、支教教师等学历性教师，到形成免费师范生、农村硕士等专业性教师，是西部农村教师政策更新、更高的要求。西部农村教师政策的第一阶段任务和内容是形成西部农村地区基本的教师数量，西部农村教师政策发展的第二阶段任务和内容是从师资数量满足到质量形成，从一般的因素质量到系统质量形成是政策发展的第三阶段。因此，如何保证农村免费师范生、农村硕师质量，扩大免费师范生和农村硕师规模、质量，将成为国家西部农村教师政策今后改革的重点。为此，需要从免费师范生、农村硕师培养问题入手，及时发现各项政策中的问题，及时进行解决。

农村教师政策微观内容的改革则主要从结构性政策入手进行，既要注重农村教师学历结构的改革，也要注意农村教师年龄、职称、专业、性别的结构改革。在农村教师学历基本达标的情况下，农村教师年龄结构、职称结构、专业结构和性别结构的改革，将成为农村教师政策内容的重点。这需要根据西部农村教师年龄结构、职称结构、专业结构和性别结构存在的问题和发展趋势，通过农村教师结构的全面系统性优化，促进农村地区教师质量和水平的全面提升。

（二）西部各省（自治区、直辖市）农村教师政策内容的改进

教师政策内容的改革关键在地方。没有地方积极的政策行动，国家再科学合理的农村教师政策也不会变成事实。因此，在教育变革大背景下，西部各省（自治区、直辖市）要结合国家农村教师和国家西部农村教师政策内容精神，以及本地农村教师的实际，积极进行农村教师政策内容改革，推动各地区农村教师政策内容的个性化、特色化发展。在目前农村教师政策的实施过程中，既要考虑国家特岗教师、免费师范生、农村特岗硕士、支教政策的总体精神，又要避免不顾当地实际、不顾政策效果、形式主义实施相关政策的做法。具体而言，经济欠发达的内陆小省（自治区、直辖市）农村教师政策更多地要考虑欠发达省（自治区、直辖市）农村教师政策特征。宁夏作为内陆面积较小省区，其特岗教师、免费师范生、农村特岗硕士、支教教师政策要融入欠发达地区、省（自

治区、直辖市）、内陆改革开放特区特性，有更多的创新性和灵活性。边疆民族地区农村教师政策也应更多地渗透边疆民族地区教师政策特点。新疆特岗教师、免费师范生、代课、支教教师政策要有边疆性、民族性和多元性特征。而文化多元地区和人口大省农村教师政策内容要更多地渗透人口大省、文化多元地区农村教师政策特征。四川作为西部人口大省和文化多元地区，其特岗教师、免费师范生、农村特岗硕士政策要更多地融入大省（自治区、直辖市）、多元文化地区农村教师政策特征。

三、西部农村教师政策制定与执行方式的改进

（一）西部农村教师政策制定方式的改进

1. 国家西部农村教师政策制定方式的改进

第一，农村教师政策制定需要处理好继承与创新的关系。没有继承就没有发展前提，没有继承也就没有改革和创新的基础。但只有继承也不可能有发展，只有继承也就没有改革和创新。只有在继承以往农村教师政策制定好的经验和传统的基础上，革除其弊端和不利之处，才可以赢得更好的发展。西部农村教师政策制定既要继续继承国际社会，特别是发达国家农村教师政策制定方面好的经验，也要结合中国西部农村教育实际，进行农村教师政策的创新和发展。

第二，国家西部农村教师政策制定，需要组织国家相关部门及西部各省（自治区、直辖市）有关部门对西部农村教师结构和生活状况进行深入调研，全面系统地了解农村教师的结构状况，切实把握他们的需要和生活状况，才能为制定和形成科学合理的农村教师政策提供切实合理的事实依据。在以往西部农村教师政策制定的过程中，也有一定的调研内容，但许多调研是为了完成课题任务而不是为了解决问题，导致许多调研不深入、不全面、不系统，以至于所形成的政策不能真正解决问题甚至误导实践。因此，在今后的政策调研过程中，要抱着真正解决问题的态度和方式进行，提高政策调研的质量和水平。

第三，要逐步精简农村教师政策制定机构，促进农村教师政策的科学性和连续性。前文研究说明，现有的西部农村教师政策制定系统存在多方面的问题与缺陷，主要表现为，层层汇报、"报喜不报忧"和等级制的信息收集系统造成信息收集环节过多，从而导致收集到的信息出现错误和失实等。而决策部门没有时间和精力深入实际调查研究，造成决策的主观片面性强，也影响了西部农

村地区教师政策制定的客观性。反过来则是政府管了很多不该管也管不好的事，影响了决策的质量和效率。因此，精简机构、减少政策形成环节，提高决策机构的办事效率，是农村教师政策改革的主要方面。

第四，组织农村教师及相关专业人员参与农村教师政策的制定，将自上而下的政策方式与自下而上的政策方式有机结合起来，保证农村教师政策的民主化、科学化，提高农村教师政策的前瞻性和针对性。农村教师政策的根本目的是满足农村教师生存发展需要，调动农村教师教育教学热情，提高农村教育教学质量。农村教师缺乏什么、需要什么，农村教师最清楚。因此，在今后西部农村教师政策制定的过程中，要通过问卷和访谈的形式，做好政策出台前期的需求调查，加大不同区域环境下农村教师参与农村教师政策制定的力度，逐渐形成最适宜农村教师特点的政策措施，以发挥政策的最大效能。

第五，从经验型、技术型农村教师政策到研究型、探究型农村教师政策方式的建立（刘复兴，2003：240-243）。经验型、技术型教师政策的目标是利用既有经验形成新的经验型教师政策，研究型教师政策的目标是采取理性思维判断的方式，形成较为科学合理的教师政策。由于不同时期政策制定者知识、能力水平不同，政策内容和结果也各不相同。传统时代政策的形成依靠的是感觉经验，传统西部农村教师政策是经验型、技术型教师的输入政策，以满足经验社会知识传递需要；现代社会政策的形成，依赖的是理性和科学思维，现代农村教师政策逐渐走向研究和探究性教师的形成，以实现信息社会知识生成之需要。

2. 西部各省（自治区、直辖市）农村教师政策制定方式的改进

从西部各省（自治区、直辖市）农村教师政策制定走向看，西部各地制定本地区农村教师政策时，不仅需按照以往的方式，套用国家农村教师政策，同时还要更多地进行政策的创新和发展。从总体上套用国家西部教师、农村教师政策的基本内容和形式，形成本地教师政策，是国家社会政治体制的需要。但制定地方教师政策，更需要从地方实际出发，形成切合地方实际的农村教师政策。单纯套用国家政策来形成本地区教师政策的做法，是一种教条主义和本本主义的做法，难以形成有本地特点、能切实有效解决当地教师教育问题的教师政策。因此，各地区在制定本地农村教师政策的时候，要求相关领导及政策具体制定人员既要深入研究国家相关政策内容，分析该政策出台的前因后果，仔细领会其基本精神，又要对照国家的相关政策内容，积极分析国家相关政策与本地教师实际切合点、可资利用之处，在探寻解决本地教师问题、本地教师政

策问题的过程中，形成既不违背国家相关政策精神，又有地方特点的当地教师政策。

(二)西部农村教师政策执行方式的改进

1.国家西部农村教师政策执行方式的改进

一般而言，政策实施不是一个单向性的过程，政策执行的效果与政策制定者、政策执行者及政策对象相互合作的效果紧密相关。农村教师政策的执行不是简单地给地方下任务、提要求的过程，更多的是对地方实施教师政策情况进行调研、分析，力促政策制定者、政策执行者与政策对象共同合作的过程。

实践证明，西部农村教师政策在执行过程中存在歪曲型执行、机械型执行、选择型执行等问题，这直接影响了政策执行的信度和效度等系列评价指标。而出现这一系列问题的主要原因是相关部门对西部农村教师的政策宣传不够，西部农村的广大教育工作者，特别是教育行政部门的官员对国家相关教师政策内容了解不够全面准确，导致其合作的主动性不足，合作精神不佳等问题。当然，一些地方政府部门不能完整地理解国家的相关政策精神，为了更好地保护自身利益，也会选择或拒绝执行相关政策。因此，为了提高教师政策的执行质量，各级教育行政部门在执行国家农村教师政策时，要增加媒体传播相关政策的力度和广度，准确传递相关政策信息，帮助农村教育基层政策执行人员全面准确地理解政策内容；也要通过强制性学历进修和自主学习方式，提高基层教育工作者的文化修养和领悟政策精神的能力。同时，要加大对地方政府行政行为的检查和约束力度，避免地方政府为保护自身利益，采取有意违背国家农村教师政策精神的方式，才可以避免政策执行过程中的歪曲型执行、机械型执行、选择型执行现象的发生。

2．西部各省（自治区、直辖市）农村教师政策执行方式的改进

与国家农村教师政策执行方式相似，西部各省（自治区、直辖市）农村教师政策执行的改革，首先，要依据西部各省（自治区、直辖市）农村教师政策执行走向，通过报纸、杂志、电视、网络等各种媒体渠道，加大教师政策的宣传力度，帮助基层人员充分了解农村教师政策的全部内容、基本精神和深刻内涵。避免农村基层教育工作者因不理解政策内容而不愿意与政策制定者合作、随意执行教师政策现象的发生。其次，营造良好的政策运行环境，争取教师政

策运行过程得到社会各方面力量的支持，消除影响政策运行各种负面因素。最后，要实施行之有效的政策培训活动，提高政策培训的层次和质量，通过高层次、高质量的政策培训学习渠道，提高政策组织者、实施者与政策对象的素质水平，使地方政策组织者、实施者和政策对象能相互合作，共同开展政策实践活动。

参考文献

白晓明，柳国梁，等. 2011. 基础教育教师发展：政策与制度. 杭州：浙江大学出版社.

班固. 1937. 白虎通义. 上海：商务印书馆.

毕诚. 2002. 科教兴国与教育创新. 南昌：江西教育出版社.

毕正宇. 2008. 我国教育政策执行受阻的执行者原因探析——以农村中小学教师政策执行为例. 滁州学院学报，10（6）：76-79.

蔡寿福. 2001. 云南教育史. 昆明：云南教育出版社.

曹信邦. 2005. 中国农村社会保障制度缺位的政治学分析. 云南社会科学，（5）：21-24.

柴江. 2008. 东西部地区农村教师队伍现状比较 // 东北师范大学农村教育研究所. 农村教育与农村发展高端论坛论文集. 长春：东北师范大学农村教育研究所：95-101.

柴江. 2009. 论农村地区教师队伍建设——基于东西部地区的比较研究. 盐城师范学院学报（人文社会科学版），29（2）：105-108.

柴永广. 1997. 我国卫星教育电视面临的形势及对策. 教育研究，（11）：54-58.

陈富. 2009. 西北地区中小学教师队伍结构与质量变化调查研究. 基础教育研究，（8）：27-28.

陈琦. 2001. 教育心理学. 北京：高等教育出版社.

陈永明，朱益明，胡章萍，等. 2003. 教师教育研究. 上海：华东师范大学出版社.

陈振明. 1998. 公共政策. 北京：中国人民大学出版社.

戴冰青. 2012. 2012年宁夏报考普通高等学校填报志愿指南. 银川：宁夏人民教育出版社.

戴维·伊斯顿. 1993. 政治体系——政治学状况研究. 马清槐译. 北京：商务印书馆.

《当代中国》丛书编辑部. 1989. 当代中国的贵州·下册. 北京：中国社会出版社.

《当代中国》丛书编辑部. 1992. 当代中国的科学技术事业. 北京：当代中国出版社.

邓涛，孔凡琴. 2007. 关于推进基础教育师资配置均衡化的思考——吉林省城乡师资差异和教师流动意愿的调查与分析. 中国教育学刊，（9）：34-37，41.

邓小平. 1994. 邓小平文选. 第 2 卷. 北京：人民出版社.

邓旭. 2007. 我国教师政策执行问题及路径选择. 辽宁教育研究，（7）：88-91.

丁金泉. 2005. 我国义务教育均衡发展问题研究. 华东师范大学博士学位论文.

丁念金. 2004. 研究方法的新进展. 北京：教育科学出版社.

董云虎. 2000. 中国人权年鉴（1949—1999）. 北京：当代世界出版社.

杜俊梅. 2005. 农村教师与农村教育的问题与对策. 农业与技术，25（1）：39-40.

杜小明. 2006. 青海教育史. 西宁：青海人民出版社.

杜晓利. 2012. 教师政策. 上海：上海教育出版社.

段离. 2010-4-28. 被清退了，我们请你. 南方周末，5.

凡勇昆，邬志辉. 2012. 论我国农村人口发展趋势与农村教育布局调整. 教育与经济，（4）：1-5.

冯大鸣. 2008. 处境变迁与文化回应——西部农村教师专业发展研究. 华东师范大学硕士学位论文.

冯涛，成爱武. 2007. 高素质师资培养与新农村和谐教育环境的构建——"农村学校教育硕士师资培养计划"探析. 黑龙江高教研究，（5）：30-32.

冯之浚. 2006. 论西部大开发. 杭州：浙江教育出版社.

高桐杰，尹兆红. 2001. 行政决策失误的原因及预防. 政策科学，（8）：35.

高耀明. 1999. 从高等教育通向农村角度论乡村教育运动. 江苏高教，（1）：45-47.

顾建新，牛长松. 2008. 南非教师教育政策的变革及其启示. 比较教育研究，（6）：25-29.

贵阳市教育委员会. 1993. 贵阳教育年鉴（1992）. 贵阳：贵州人民出版社.

贵阳市教育委员会. 1994. 贵阳教育年鉴（1993）. 贵阳：贵州人民出版社.

贵阳市教育委员会. 1995. 贵阳教育年鉴（1994）. 贵阳：贵州人民出版社.

贵阳市教育委员会. 1996. 贵阳教育年鉴（1995）. 贵阳：贵州人民出版社.

贵阳市教育委员会. 1999. 贵阳教育年鉴（1998）. 贵阳：贵州人民出版社.

贵州省人民政府. 2000. 贵州年鉴（1999）. 贵阳：贵州年鉴社.

贵州省人民政府. 2001. 贵州年鉴（2000）. 贵阳：贵州年鉴社.

贵州省人民政府. 2002. 贵州年鉴（2001）. 贵阳：贵州年鉴社.

国务院教育工作研讨小组办公室，国家教育委员会人事司. 1990. 各地改善教师待遇文件汇编. 北京：中央广播电视大学出版社.

韩春艳. 2012. 关于对中国西部农村卫生政策缺陷的探讨. 中国农村卫生事业管理，32（7）：664-666.

郝诚之，周玉纯.1986. 论稳定不发达地区现有人才的对策.科学管理研究，（2）：39-45.

何东昌.1998. 中华人民共和国重要教育文献（1949—1975）.海口：海南出版社.

胡春梅.2007. 制度分析方法与教育政策执行研究.教育理论与实践，（10）：28-29.

胡伶.2009. 义务教育均衡发展背景下农村教师政策的问题与改进.教育发展研究，（22）：4-8，29.

胡寅生.1995. 小学教育学教程.北京：人民教育出版社.

黄白.2008. 农村教师专业发展：中国教师教育研究新动向.教育理论与实践，（1）：40-44.

黄小莲.2009. "师范生免费教育"政策的利益与风险.全球教育展望，38（10）：66-71.

霍尔特，等.1980. 新实在论.伍仁益译.北京：商务印书馆.

纪芝信.1995. 职业技术教育学.福州：福建教育出版社.

简明社会科学辞典编辑委员会.1984. 简明社会科学辞典.上海：上海辞书出版社.

江泉.1989. 云南教育大事记.昆明：云南大学出版社.

江秀玲.2009. 农村教师专业化发展现状与对策研究——以西安市郊县农村中小学为例.中国成人教育，（21）：123-125.

姜沛民.2008-11-16. 加快改革发展步伐推进新时期义务教育工作迈上新台阶.中国教育报，1.

教育部财务司，国家统计局人口和社会科技统计司.2003. 中国教育经费统计年鉴（1998—2002）.北京：中国统计出版社.

教育部发展规划司.2007. 中国教育统计年鉴（2006）.北京：人民教育出版社.

教育部基础教育司.2003. 新编基础教育文件汇编.北京：北方交通大学出版社.

教育大辞典编纂委员会.1992. 教育大辞典.第六卷.上海：上海教育出版社.

《教育规划纲要》工作小组办公室.2010. 教育规划纲要学习辅导百问.北京：教育科学出版社.

金东海，任强，郭秀兰.2010. 西北民族地区农村义务教育阶段学校教师资源配置效率现状调查.当代教育与文化，2（2）：1-6.

井波.2012. 新疆代课教师将有机会转正.http://www.177liuxue.cn[2012-03-06].

孔令中.2004. 贵州教育史.贵阳：贵州教育出版社.

劳动人事部.1983. 知识分子政策文件汇编.北京：劳动人事出版社.

劳凯声.2009. 中国教育改革30年：政策与法律卷.北京：北京师范大学出版社.

劳伦斯·纽曼.2007. 社会研究方法：定性和定量的取向.第五版.北京：中国人民大学出版社.

雷豫湘.2007. 浅析农村学生辍学的原因及控辍对策，湖南省社会主义学院学报·统战理论与实践，（2）：23-24.

李臣铃.2005. 青海民族教育近代化的困境与选择.北京：民族出版社.

李发军.2004. 西部开发与少数民族教育发展.天水师范学院学报，24（4）：86-87.

李继星，任春荣.2001. "小康后农村地区教育问题研究"成果鉴定会在京举行.教育研究，（5）：26.

李继星，徐美贞，李荣芝. 2005. 关于中小学教育经费、教师工资及专用教室建设状况的调查. 教育科学研究，27-32.

李开兵. 2011. 从农村教师的生存状态看教师专业化发展. 科教导刊，1（34）：101-102.

李连科. 1991. 哲学价值论. 北京：中国人民大学出版社.

李连科. 1999. 价值哲学引论. 北京：商务印书馆.

李西顺. 2009. 教育政策类型研究. 教育学术月刊，（3）：21-23.

李霞，符淼. 2012. 改革开放以来我国农村教师政策变迁与特征分析. 教学与管理，（4）：41-43.

李彦博. 2009. "新起点"下审视农村教育质量问题与归因. 现代教育论丛，（7）：87-89.

李元华. 2008. 农村学校教学质量的提高策略. 中国农村教育，（12）：35.

李中恢，石俊. 2007. 农村学生厌学心理分析及对策研究. 农业考古，（3）：367-370.

李重阳. 2011. 我国近30年农村教师政策研究的反思与展望——以中国期刊网录入论文为例. 当代教育理论与实践，3（6）：24-26.

廖其发. 2006. 中国农村教育问题研究. 成都：四川教育出版社.

刘朝晖. 2006. 农村地区中小学生辍学现象剖析. 和田师范专科学校学报（汉文综合版），3（6）：88-89.

刘复兴. 2003. 教育政策的价值分析. 北京：教育科学出版社.

刘冠生. 2005. 城市、城镇、农村、乡村概念的理解与使用问题. 山东理工大学学报（社会科学版），20（1）：54-57.

刘克亚. 2010. 农村教育现状分析与改进措施. 三峡大学学报（人文社会科学版），（S1）：244-245.

刘丽华，杨乃定. 2005. 针对案例研究局限性的案例研究方法操作过程设计. 科学管理研究，23（6）：118-121.

刘琼. 2010. 民办教师政策研究三十年回顾与展望. 当代教育理论与实践，2（1）：79-82.

刘秋红. 2006. 我国农村教师发展现状及我国农村教师发展指标体系研究. 东北师范大学硕士学位论文.

刘学明，赖毛毛. 2002. 论政策的本质与特征. 江西社会科学，（12）：96-99.

刘延东. 2011-09-06. 国务院已制定一揽子政策措施支持学前教育. 中国青年报，6.

刘英杰. 1993. 中国教育大事典（1949—1990）. 杭州：浙江教育出版社.

刘中枢. 1995. 中国卫星教育电视的现状. 广播电视信息，（Z1）：10.

罗博·麦克布莱德. 2009. 教师教育政策：来自研究和实践的反思. 洪成文等译. 北京：北京师范大学出版社.

马春梅，王安全. 2011. 特岗教师政策合理性审查. 人大复印资料《中小学教育》，25（8）：1-4.

马立. 2006. 全国中小学教师队伍现状预测与对策研究. 北京：人民教育出版社.

马玉麟. 1992. 青海教育大事记（1949—1991）. 西宁：青海人民教育出版社.

毛翠香. 2000-07-05. 青海省第三所"卫星电视教育中心"在互助四中建成. 青海日报, 2.

孟宪承. 1981. 中国古代教育史资料. 北京：人民教育出版社.

孟旭, 马书义. 1999. 中国民办教师现象透视. 南宁：广西教育出版社.

潘启洪. 2006. 提高农村学校教育质量的思考. 黔东南民族师范高等专科学校学报, 24（3）：123-124.

庞建涛. 2010. 农村初中教师生存状态调查研究. 江西师范大学硕士学位论文.

庞丽娟, 韩小雨. 2006. 我国农村义务教育教师队伍建设：问题及其破解. 教育研究,（9）：47-53.

庞丽娟, 夏婧. 2010. 进一步妥善解决代课教师问题的政策建议. 教育科学, 26（1）：71-74.

彭波. 2008. 农村义务教育质量问题溯源. 当代教育论坛,（11）：14-16.

彭赟. 2007. 基于新农村建设的农村教师队伍建设. 安徽农业科学, 35（28）：9029-9030.

裴娣娜. 1995. 教育研究方法导论. 合肥：安徽教育出版社.

平仑. 2001. 2000年中国国民经济和社会发展最新统计2010年中国国内生产总值翻一番. 中国经贸,（4）：10-11.

秦新林. 1997. 元代社会生活史. 郑州：河南大学出版社.

芩章志, 李越. 2010. 高校对口支援与协调发展. 北京：高等教育出版社.

曲铁华, 袁媛. 2010. 我国师范生免费教育政策的百年历史考察. 社会科学战线,（1）：213-219.

任吉麟. 1985. 贵州教育年鉴（1949—1984）. 上篇. 贵阳：贵州人民教育出版社.

任玉贵. 1997. 现代学校科学管理概论. 西安：陕西人民教育出版社.

桑新民. 1993. 呼唤新世纪的教育哲学：人类自身生产探秘. 北京：教育科学出版社.

陕西省档案馆. 1956. 情况简报第91号, 全宗123, 目录40, 案卷43.

陕西省陶行知研究会. 1989. 陶行知论乡村教育改造. 西安：陕西师范大学出版社.

尚立富. 2007. 隐痛与希望：解读中国西部农村教育. 兰州：甘肃人民美术出版社.

沈承刚. 1996. 政策学. 北京：北京经济学院出版社.

石长林. 2005. 中国教师政策研究. 华中师范大学博士学位论文.

石长林. 2006. 我国教师职业要求政策的反思及其建构. 教育研究与实验,（5）：46-48.

舒志定. 2012. 教师教育哲学. 北京：北京大学出版社.

司晓宏, 杨令平. 2010. 当前我国西部地区农村义务教育形势分析. 教育研究,（8）：13-19.

四川省教科文卫工会课题组. 2005. 中小学教师继续教育存在的问题与对策——关于四川省中小学教师继续教育现状的抽样调查. 中小学教师培训, 10：24-27.

苏婷. 2009-10-17. 教育部有关负责人就 2010 年"硕师计划"答记者问——为农村造就更多高素质骨干教师. 中国教育报, 1.

孙葆森. 1998. 教育法学基础. 长春: 吉林教育出版社.

孙诚. 2007. 人力资源与西部开发——我国西部地区人力资源开发研究. 北京: 经济科学出版社.

孙翠香, 卢双盈. 2013. "双师型"教师政策变迁过程、特点及未来态势. 职业技术教育, 34 (28): 48-54.

孙绵涛. 1997. 教育政策学. 武汉: 武汉工业大学出版社.

孙绵涛. 2001. 教育行政学. 北京: 高等教育出版社.

孙培青. 2000. 中国教育史. 上海: 华东师范大学出版社.

孙勇. 2011-12-8. 中央财政安排 500 亿元重点支持发展农村学前教育. 经济日报, 3.

唐德海, 梁文明, 阚金童. 2006. 东部—西部边境地区教育对口支援发展研究. 桂林: 广西师范大学出版社.

唐松林. 2005. 中国农村教师发展研究. 杭州: 浙江大学出版社.

陶军明. 2007. 欠发达地区农村中小学教师流失的政策学分析. 南京师范大学硕士学位论文.

田慧生. 2003. 关于农村教师发展问题的思考. 教育研究, (8): 5-8.

田馨. 2007. 贵州省小学教师学历大专化相关政策浅析. 贵州工业大学学报(社会科学版), 9 (4): 227-229.

涂怀京. 2003. 新中国中小学教师法规研究 (1949—2000). 华东师范大学博士学位论文.

汪晶晶. 2009. 新加坡的中小学教师资格制度及启示. 师资建设, (1): 113-116.

王安全. 2012. 一个西部农村县教师结构五十年的变迁. 陕西师范大学博士学位论文.

王安全. 2014. 西部农村地区教师结构变迁研究. 北京: 中国社会科学出版社.

王炳照, 郭齐家, 刘德华, 等. 1985. 简明中国教育史. 北京: 北京师范大学出版社.

王慧, 马晓娟. 2007. 西部农村教师的生存状态——来自甘肃省的调查. 当代教育科学, (12): 3-6.

王继平. 2005. 合理调整我国教师政策价值取向初探. 教师教育研究, 7 (6): 3-9.

王嘉毅, 李颖. 2008. 农村学校义务教育教学质量研究. 教育研究, (2): 21-32.

王金祥, 姚中民. 2006. 西部大开发重大问题与重点项目研究(青海卷). 北京: 中国计划出版社.

王靖雅, 付静, 李斌. 2011. 国家免费师范生政策与就业问题研究. 出国与就业, (11): 38.

王坤庆. 1996. 现代教育哲学. 武汉: 华中师范大学出版社.

王明达. 1994. 在全国教育对口支援协作工作会议上的讲话. 中国民族教育, (1): 5-8.

王强. 2007. 理想与现实: 美国农村普及教育史研究. 华东师范大学博士学位论文.

王瑞丰. 2005. 地方政策制定的制约因素及对策探讨. 红河学院学报, (2): 29-32.

王世军. 2005. 我国当代农村教师队伍建设研究. 西南师范大学硕士学位论文.

王仕军，刘玉红. 2003. 农村孩子也需要好教师——对农村教师进城热的思考. 山东沂源县职教中心中小学管理，（8）：40.

王献玲. 2008. 中国民办教师始末. 北京：知识产权出版社.

王雪迎，刘冰. 2011-1-29. 新疆实行地方免费师范生政策. 中国青年报，3.

王延文. 2004. 教师专业化的系统分析与对策研究. 天津大学博士学位论文.

王颖. 2004. 采取特殊政策发展新疆少数民族教育事业. 广西民族学院学报（哲学社会科学版），（7）：5-7.

王振岭. 2001. 在改革和探索中发展少数民族女童教育. 民族教育研究，12（4）：26-31.

王政. 2008-10-14. 西部大开发 8 年纪实. 人民日报，2.

魏兆清. 2010. 提高农村学校教学质量初探. 中国农村教育，（7）：13-14.

文吉星. 2008-3-11. 农村小学教师的安居梦. 中国教育报，4.

邬焕庆. 2001. 北京学校首次接受西部骨干教师挂职交流.http://news.xinhuanet.com/news/2001-11/06/content_101498.htm[2001-11-06].

邬跃. 2010. 教育政策分析——以农村学校教师"特岗计划"为例. 教育理论与实践，30（1）：28-30.

吴福环，葛丰交，姚文遐，等. 2008. 改革开放以来新疆少数民族教育的发展. 新疆社会科学，（2）：47-63.

吴海鸿. 2004. 宁夏：欢迎西部计划大学生志愿者到宁夏建功立业.http://www.sina.com.cn[2004-5-13].

吴红军，周福盛. 2011. 西部农村教师培训的实践与研究. 银川：宁夏人民出版社.

吴康宁. 1997. 教育社会学. 北京：人民教育出版社.

吴亮，陈晓晨. 2007. 教师队伍再定标杆. 瞭望，（37）：40-41.

吴云龙. 2003. 中国西部人口与发展问题研究. 人口学刊，（4）：35-39.

夏杏珍. 1999. 五十年国事纪要. 文化卷. 长沙：湖南人民出版社.

晓光. 2008. 教育部 2007 年万名中小学班主任国家级远程培训总结表彰会议在北京举行. 中小学教师培训，（2）：2.

新疆公路学会. 2002. 依靠科技进步推动西部交通基础设施建设. 公路运输文摘，（4）：26-27，39.

徐莉. 2008. 论教师发展文化场及其构成. 西南大学学报（社会科学版），（1）：116-121.

薛正斌. 2011. 西北地区中小学教师流动问题研究. 陕西师范大学博士学位论文.

杨东. 2013-8-9. 渠县召开清退在岗代课教师工作动员会.http://www.qx818.com.

杨东平. 2007. 中国教育公平的理想与现实. 北京：北京大学出版社.

杨柳桥. 1985. 荀子诂译. 济南：齐鲁书社.

杨润勇.2007.农村地区"中小学代课教师"政策终结的障碍因素分析与思考.教育理论与实践，
　（9）：21-25.

易海华，刘济远.2010."特岗教师"如何更好地落地生根？——关于农村教师"特岗计划"
　工作的思考.湖南第一师范学院学报，10（3）：13-16.

于东晓.2010.新疆免费师范生就业方案出台.新疆党建网.http://www.xjkunlun.cn/[2010-11-22].

于革胜，杨占武.2006.突破·跨越：宁夏区域开发研究.银川：宁夏人民出版社.

于鸣超.2002.现代国家制度下的中国县制改革.战略与管理，（1）：87-98.

于维涛.2009.县域教师发展支持体系建设研究.华东师范大学博士学位论文.

余子侠，冉春.2007.近代西部地区教育变迁发展的历史反思.河北师范大学学报（教育科学版），
　9（3）：15-19.

袁桂林.2009.中国农村教育发展指标研究.北京：经济科学出版社.

袁振国.1996.教育政策学.南京：江苏教育出版社.

袁振国.2001.教育政策学.南京：江苏教育出版社.

袁振国.2003a.建立教育发展均衡系数，切实推进教育均衡发展.人民教育，（6）：11-13.

袁振国.2003b.全面建设小康社会时期的教育政策.教育研究，（6）：15-21.

云南教育厅.2002.云南教育50年.北京：教育科学出版社.

云南省教育志编纂委员会.1989.云南省教育大事记（公元前121年—公元1988年）.昆明：
　云南大学出版社.

张春园.2000.关于解决西部地区水资源问题前建议.中国水利，（8）：33-35.

张国庆.2004.公共政策分析.上海：复旦大学出版社.

张瑾.2013.四川2013年起将开始培养免费师范生，今年计划2000名.http://www.scol.com.
　cn[2013-4-26].

张克兢.2003.我国公共政策制定系统亟待改进.开放导报，（Z1）：56-57.

张乐天.2006.发展中国家农村教育补偿政策实施状况及其比较——中国、印度、马来西亚、
　尼泊尔四国案例分析.比较教育研究，（11）：51-54.

张目，顾玲，黄会清.2005.关注西部代师.青年教师，（3）：59-61.

张谦.2009.农村中小学教师流失问题研究.中南大学硕士学位论文.

张瑞麟.2006.积极开展农村远程教师教育工作大面积提高农村教师素质.中小学教师培训，
　（4）：7-10.

张天雪，邓旭.2011.教师流动问题研究的文本检视.集美大学学报（教育科学版），12（2）：
　13-18.

张秀陶，郑晓婷.2011.农村特岗教师政策的问题及改进.湖北函授大学学报，24（8）：77-78.

赵静，武学超. 2006. 英国教师教育政策的演变及评析. 教育发展研究，（4）：69-73.

赵静. 2013-05-29. 宁夏师范学院今年将招收百名免费师范生，固原日报，2.

赵旭红. 2005. 贫困地区村级小学存在的问题及对策. 基础教育参考，（1）：46-48.

中共中央马克思恩格斯列宁斯大林著作编译局. 1963. 马克思恩格斯全集. 第19卷. 北京：人民出版社.

中共中央马克思恩格斯列宁斯大林著作编译局. 1974. 马克思恩格斯全集. 第26卷. 第三册. 北京：人民出版社.

中共中央文献研究室. 1992a. 建国以来重要文献选编. 第一册. 北京：中央文献出版社.

中共中央文献研究室. 1992b. 建国以来重要文献选编. 第十八册. 北京：中央文献出版社.

中国大百科全书编纂委员会. 1987. 中国大百科全书. 哲学卷. 北京：中国大百科全书出版社.

中国教育科学研究所. 1984. 中华人民共和国教育大事记(1949—1982). 北京：教育科学出版社.

《中国教育年鉴》编辑部. 1984. 中国教育年鉴（1949—1981）. 北京：中国大百科全书出版社.

《中国教育年鉴》编辑部. 1994. 中国教育年鉴（1994）. 北京：人民教育出版社.

中国社会科学院语言研究所词典编辑室. 1988. 现代汉语词典. 北京：商务印书馆.

中国新闻周刊编辑部. 2006. 教育部的理想. 中国新闻周刊，（21）：65.

周虹艳. 2000. 教育对口支援"两个工程"在我省启动. 青海教育，（9）：7.

周险峰. 2011. 农村教师研究30年回顾与反思. 武汉：华中科技大学出版社.

周晔. 2009. "特岗教师"政策的现实困境与出路. 教育发展研究，（22）：5.

朱新民. 2008. 改革开放以来农村小学教师待遇政策变迁研究——以P县为个案. 南京师范大学硕士学位论文.

朱旭东. 2010. 师教育标准体系的建立：未来教师教育的方向. 教育研究，（6）：30-36.

C. 赖特·米尔斯. 2001. 社会学的想像力. 陈强，张永强译. 北京：生活·读书·新知三联书店.

M. 石里克. 1997. 伦理学问题. 张国珍，赵又春译. 北京：商务印书馆.

R. B. 培里，等. 1989. 价值和评价——现代英美价值论集粹. 刘继编选. 北京：中国人民大学出版社.

Bao C. 2010. The problems of urban-rural teachers exchange policy and reforms in China. Procedia-Social and Behavioral Sciences, 2(2): 4826-4830.

Easton H. 1953. The Political System: An Inquiry into the State of Political Science. New York: Kropf.

Lindblom C E. 1959. The science of "Muddling through". Public Administration Review, 19(2): 79-88.

McDonnell L M. 2009. A political science perspective on education policy analysis//Sykes G,

Schneider B, Plank D N (Eds.). Handbook of Education Policy Research. New York: Routledge: 57-70.

Monk D H. 2007. Recruiting and retaining high-quality teachers in rural areas. The Future of Children, 17(1): 155-174.

Robinson B. 2008. Using distance education and ICT to improve access, equity and the quality in rural teachers' professional development in western China. International Review of Research in Open and Distance Learning, 9(1): 1-17.

Robinson B, Yi W. 2008. The role and status of non-governmental ('daike') teachers in China' s rural education. International Journal of Educational Development, 28(1): 35-54.

Yin R K. 1994. Case Study Research: Design and Methods. Thousand Oaks, C A: Saga.

后　记

　　可能因为我是农村教师出身，对农村教师有更多的了解和理解。也可能是因为我思考和研究过农村教师政策问题，有研究农村教师政策的经验和知识基础。或许更重要的理由是2010年我申报的国家社会科学基金项目"西部农村教师政策问题研究"，获得了全国社科规划办的立项与资助，在很大程度上把我的时间和精力引向了农村教师政策研究。

　　历经五年时间的磨炼、整理与思考，一部簿册终于完工了。有欣慰，但始终有缺憾时时萦绕在心头。欣慰的是终于可以将研究的基本工作告一段落，也有资格交付相关部门、相关专家学者和读者进行审核了。而不安的是由于时间、精力和资料限制，本书仍有很多不足，要想在短短的五年多时间里，将二十五万字的博士论文《一个西部农村县教师结构变迁研究》（该论文被华东师范大学终身教授丁钢先生称作是国家社科基金课题"西部农村教师政策问题研究"的奠基之作）和近三十万字的《西部农村教师政策问题研究》文稿修改得没有任何问题，恐怕是不可能的。将本书修改到仅有小问题，也不是短期内靠笔者能力所能完成的。况且寻找各地区的教师教育历史政策绝非易事，有些教师政策文件早已失传。所以，完善好本书还需要一段路程要走。

　　尽管如此，我对本书的预期完成还是比较欣慰的。对完成本书过程中得到过帮助的一些同志还是要表示感谢。首先特别感谢我的导师、中国教育哲学学术委员会副主任委员、陕西师范大学教育学院原院长、博士生导师郝文武教授，感谢国务院教育学学科评议组成员、东北师范大学教育学部部长、博士生导师邬志辉教授百忙中为本书出版审核指导。其次，对宁夏大学科技处原处长、现任宁夏大学学科建设处处长李建设教授、宁夏大学科技处处长李学斌研究员及教育学院前任院长石文典教授等相关领导表示感谢。是这些部门领导同志的督促指导，才有了该项目成立；是这些部门的督促指导，才让本书得以顺利完成。再次，要感谢青海师范大学教育学院副院长郭辉教授、云南艺术学院罗宇佳教授及宁夏教育科学研究所副所长解光穆教授，他们为本书的写作提供了许多重要的资料。最后，感谢我的硕士研究生魏光霞、黄蕊、马友慧、王文文、刘飞，他们分别承担了第一至第五章内容中相关资料的收集整理工作，为本书的顺利完成奠定了基础。我的教育学原理专业硕士研究生杨洁、张冲做了文字和参考文献校对工作，一并感谢。

另外，要感谢宁夏育才学校杨淑霞老师，二十多年一直默默支持着我的工作。二十多年来，在我的带动和影响下，我们家已经形成和习惯了一种固定化的生活模式，无论周末还是假期，都是那样的简单和单调：看书、写作、备课、研究，几乎没有时间带着家人外出休闲旅游。所以，我内心对她们一直抱有深深的歉意。

最后，还要特别感谢科学出版社及其责任编辑苏利德先生等，正是在科学出版社及苏先生等的细心指导下，本书的许多问题和不足得到了矫正，也使得本书能以更好的面貌呈现给读者。

由于时间关系和研究者掌握资料的所限性，以及自己研究能力上的不足，书中尚有不少问题，期待相关读者、同行、专业理论工作者的批评指正。

作　者

2017 年 6 月 29 日于宁夏大学金波湖